中世史研究叢書28

# 戦国期の地域権力と惣国一揆

長谷川 裕子 著

岩田書院

# 戦国期の地域権力と惣国一揆　目次

序　章　本書の視角と構成……7
第一節　本書の視角　7
第二節　本書の構成　14

**第一部　戦国期地域権力の構造**

第一章　戦国期「家」権力論の成果と課題……25
はじめに　27
第一節　戦国期在地領主論の成果　29
第二節　戦国期在地領主論の課題　36
おわりに　42

第二章　畿内近国「国衆」の動向とその性格……49
はじめに　49
第一節　戦国期における今井氏の動向　51
第二節　戦国期における今井氏の所領　57
第三節　今井氏の領主権力としての性格　64

おわりに　71
第三章　「大原同名中与掟写」にみる「同名中」領の基礎構造……………83
第一節　新出「大原同名中与掟写」の伝来と特徴　83
第二節　全文翻刻と文書のデータ　85
第三節　交名部分について　96
第四章　戦国大名被官としての土豪……………………………………109
はじめに　109
第一節　氏照に重用された土豪―小田野氏―　110
第二節　氏照領土着の土豪集団―三沢十騎衆―　115
おわりに―氏照領国の土豪の行方―　120
第五章　戦国期における村請の構造と土豪………………………123
はじめに　123
第一節　郷村の内部構造と請負の実態　125
第二節　年貢・諸役の請負と土豪　134
おわりに　143

第二部　戦国期地域権力の特質

第六章　用水相論の実態と戦国大名権力……153
はじめに　153
第一節　姉川流域の用水相論　155
第二節　高時川流域の用水相論　169
第三節　近世における用水相論　180
おわりに　187

第七章　紛争裁定にみる戦国大名権力の特質……195
はじめに　195
第一節　家中の「喧嘩」とその要因　197
第二節　戦国大名裁判の方法とその特質　209
おわりに　224

第八章　惣国一揆権力の紛争裁定……233
はじめに　233
第一節　他氏同名中との相論裁定方法　236

第二節　近隣裁定の方法とその位置　243
第三節　「三方」「郡中惣」の成立過程　250
おわりに　259
第九章　惣国一揆権力の平和維持と軍事行動……273
はじめに　273
第一節　惣国一揆の軍事行動　274
第二節　「甲賀衆」「伊賀衆」と他国被官化の構造　279
第三節　平和の崩壊と一揆の形成　288
おわりに　302
第十章　十五～十七世紀における村の構造と領主権力……313
はじめに　313
第一節　十五～十七世紀における村と村請　315
第二節　村の存立とその構造　325
第三節　戦争／平和と村の構造　331
おわりに　340

補　論　太閤検地・兵農分離と中近世移行期研究……349
はじめに　349
一　一九八〇年代までの太閤検地・兵農分離論　350
二　村論以後の中近世移行期研究　353
おわりに　357
あとがき……363
初出一覧……367

# 序章　本書の視角と構成

## 第一節　本書の視角

本書は、戦国期に形成された「地域権力」と「惣国一揆」という二つの戦国期権力を軸に、戦国期社会の実像およびその特質を解明しようと試みたものである。特に、両権力の形成過程やその構造を、村との関係に留意しながら分析することにより、前時代である室町期とは異質な戦国社会の特徴を明確化し、その近世社会への継承・展開過程を見通すことを主眼としている。

戦国期は、「家」権力と「一揆」権力という、権力構造の異なる二つの権力が併存していた時代と捉えることができる。本書においてこの異なる二つの戦国期権力を分析対象とした理由は、権力構造は異なるものの、両者のあいだには共通する特質が指摘できると考えるためである。両権力が共通する面をもつのは、ともに戦国争乱という社会状況・歴史的段階において生み出された地域権力であったということに由来していよう。戦国期に展開したこの二つの権力について、現在までの研究の到達点に至る主要な議論については、本書中第一章や第八章において整理しているため、ここでは本書を貫く基本的な考え方や研究視角について、きわめて簡潔に述べておくにとどめたい。

まず、本書のキーワードである地域権力と惣国一揆について説明しておきたい。地域権力とは、戦国期以降に一定領域を排他的・一円的に支配した権力を指している。その特徴は、戦国内乱のなかで自力によって勢力を拡大した一つの「家」が、一定領域内において他者の支配や干渉を排除し、一円的な支配領域である「領(国)」を創出したこと、およびその「家」に個々の領主たちが自身の存立のために結集し、一元的な主従関係によって結ばれた「家中」を形成したことの二点に求められる。こうした特徴から、地域権力は「領域権力」あるいは「家」権力とも呼ばれ、具体的には戦国大名や「国衆」を指す歴史用語として使われている。本書においても、一円的所領および「家中」の形成を実現した「家」権力を地域権力と概念規定している。

一方の惣国一揆とは、同じく戦国内乱のなかで形成された一定領域を支配する権力である。惣国一揆も、その支配領域が国や郡規模で展開し、かつ戦国大名や国衆といった他の戦国期権力とのあいだの「国境」によって、他からの介入を排除していた点において、地域権力あるいは領域権力と呼びうる特徴をもつ権力であった。しかし、「家」権力のように突出した「家」への結集ではなく、理念的に同列な者同士の横への結合である「一揆」という形態を取る点において、「家」権力とは異なる構造をもっていた。そのため本書では、戦国期以降に一定領域への支配を確立した「一揆」権力を惣国一揆と概念規定する。

これら二つの権力に関する研究は、戦国大名研究および一揆研究として蓄積されている。とりわけ、一九八〇年代から現在までの約三十年間で研究は飛躍的に進展し、戦国期権力の位置づけや研究視角などは大きく転換したといえる(戦国大名研究および地域権力論については、拙稿『中近世移行期における村の生存と土豪』(1)の補論2参照。なお、以下の叙述において、「前書」はこの著書を指す)。例えば戦国大名研究においては、従来主流であった大名領国制論に代わり、戦国大名機能論ともいうべき議論が提示され、戦国大名の領国支配を紛争解決や平和創出という側面から把握する研究が一つの主流となりつつある(2)。さらに近年では、東国や西国のように強大な戦国大名が存在しないとされていた畿内近国における戦国大名についての研究も進み、畿内近国における戦国大名領域支配の具体像が解明されつつある(3)。本書第六章・第七章も、そのような認識のもとに進めた研究であるが、これらは、畿内近国の戦国期研究においては主流であった戦国期守護論に対して、自立した領域支配、とりわけ紛争解決・裁判に注目することで、守護権の有無や幕府―守護体制といった室町期的な権力基盤の議論から脱却した点で、新たな潮流と位置づけられよう。同様のことは国衆についても指摘できる。従来、畿内近国の戦国期領主は室町期と同様に「国人領主」と称され、戦国期には戦国大名家中に組み込まれた存在と捉えられてきた。しかし、東国における国衆論の展開によって、戦国大名領国の周縁地帯に国衆という、戦国大名と同様の権力構造および領域を形成した地域権力が存在していたことが解明された。これにより、畿内近国の戦国大名領国周縁に存在した領主の位置づけについても再検討が必要となったといえる。本書第二章も、そのような視角のもとで分析を行った研究である。

一方、惣国一揆については、一九八〇年代初めに、『一揆』シリーズ(4)が刊行されて以後、「惣国一揆」に注目した専論は、戦国大名研究に比べてそれほど多くはない。惣国一揆研究は、戦国期権力に対抗する動きとして、主に人民闘争の視角から論じられてきた。しかしその後、室町末期の全国内乱における所領保全を主眼とした諸階層の動きが、戦国期の「家」権力と同時に惣国一揆権力をも生み出したとする研究が提示されたことで(5)、惣国一揆研究も大きく転換した。惣国一揆を、戦国大名などの権力と対立する一時的な組織体としてではなく、「家」権力と同様の性質をもった領域権力と捉えることで、惣国一揆の構造的特質や機能に関する議論を可能にしたのである。本書における一連の惣国一揆論も、こうした研究動向の上に位置づくものである(6)。

現段階の研究状況では、戦国大名をはじめとする「家」権力とともに、「一揆」的結合によって形成された惣国一揆権力も、戦国の列島社会において同様に排他的・独立的な「国家」を確立した権力体として理解されつつある。しかし一方で、各権力の構造と機能を分析するための研究は、それぞれ個別の事例に即して論じられるため、必然的に戦国大名研究と惣国一揆研究は別々に進められている状況にある。両権力を戦国期に併存した地域権力として、同じ議論の土俵に上げられることがあまりない現状を打開するため、本書ではあえて両者を区別することなく、戦国時代という歴史的段階に形成された権力としてその権力的特質と機能について検討を試みようとした。それにより、両者に共通する特質を抽出するごとが可能となり、また逆に両者の根本的な相違点も明確となるため、結果として近世的転換を見通すことが可能になると考えたからである。

次に、地域権力・惣国一揆を構成した諸階層について言及しておきたい。戦国期、戦国大名や国衆の家中の中核は、「家」権力によって知行(所領)を宛行・安堵された個別領主(給人)であったが、権力の兵力の大半は、平時には在村し戦時に軍事動員された地侍層によって構成されていた。こうした地侍層は、たいていは自身が負担すべき年貢分を知行として与えられる(免除される)代わりに軍役を果たすという存在であったが、なかには、居住村における年貢免除以外に在村しながら知行を与えられた者も存在した。しかしその場合においても、知行地は居住村以外に与えられたのであって、地域権力の家臣となることで居住村の領主(給人)となったわけではなかった。[7]したがって、戦国大名や国衆を支えた家中の多くは、居住村以外では領主である一方で、居住村では年貢以外の諸役を負担する百姓であるという、支配層と被支配層の両面をあわせもつ存在でもあったといえる。

こうした地侍的な存在は、これまで領主制論の観点から権力と村との中間に位置する「中間層」と捉えられ、その性格をめぐって小領主・地主などと位置づけられてきた階層であるが、本書においては彼らを「土豪」という名称で表現している。その理由は、前書においても指摘したように、彼らがもつさまざまな生業や動向をふまえれば、彼らを単に小領主・地主といった土地経営の側面のみで一括りにすることは不可能と考えるためである。[8]そこで、戦国期権力を下支えする人びとの実像をより豊かに描き出すために、「村と直接関係を持ち、村の生存を支える活動を行っていた人びとを総称」して土豪という名称を使っているのである。しかし、筆者の使用した土豪という概念規定をめぐって若干の誤解や、理論的枠組みおよび考え方の相違があると感じられる。前書にも書いたことではあるが、ここでもう一度筆者の意図を確認しておきたい。

前書において、筆者は土豪を「実際には村に居住し、村のなかで指導的な立場にありながら、その一方で権力と結びつき、その被官として奉公する存在でもあった。しかも、そのなかには、大名権力の代官となって所領を貰っている領主層もいれば、これまで「有徳人」と分類されてきた商人衆、さらには名主を務める百姓身分もいた」と定義している。この定義に対して、久留島典子氏は、「土豪を村落と敵対する契機も持つ存在として二重性の中で位置づけてきた小領主論とは逆に、土豪が村落の規制のもとにある点を強調する」とし、「全体に、中世村落の自立性を主張する研究動向を、直接的に土豪論、領主論に結びつけてしまっている点で再考の余地」があると批判する。(9)久留島氏の議論は、筆者が土豪と称した対象を「在地領主」と捉える立場にあり、その点において湯浅治久氏と同じ考え方にあるが、(10)先に前書から引用したように、筆者の定義するところの土豪概念には領主層（給人）も含意している。つまり、彼らが領主であった可能性を排除しているわけではないし、また場合によって土豪が「村落と敵対する契機も持つ存在」であったことも承知しているのである。

しかし、筆者のいう領主と、久留島氏や湯浅氏が規定する在地領主とは別の意味をもつこともまた明らかである。というのも、在地領主という定義は領主制論の観点からの位置づけであり、その定義には必然的に在地領主による個別百姓支配、という状況が前提とされているからである。近年の村論の展開をうけて、個別百姓支配の部分は後景に退き、村落との関係が前面に押し出されてはいるが、基本的には敵対する対象として村を措定して領主の立場から歴史を捉えようとする領主制論を基軸とした考え方であるといってよい[11]。一方筆者は、前書・本書ともに領主制論の立場は取らない。あくまでも、村の自力および村請を基軸とした村論の立場、すなわち村側の視点から歴史を捉え、村との関係のなかで彼らのような立場の者を土豪と位置づけているのである。したがって、土豪概念に領主層を含むとしたのも、個別百姓支配を基礎とした領主制論の観点からではなく、村請の村に対峙し、村の再生産や村の生存といった場面においてみられる彼らの動向を基準に規定しているのである。久留島・湯浅両氏とは歴史をみる視点や考え方が異なるのであるから、領主に対する理解や土豪層の捉え方についての見解が異なるのは当然の結論といえる。

同様のことは、小領主論についてもいうことができる。小領主論とは、領主のように公方年貢を収取するのではなく、在地剰余であった加地子の取得をもって、加地子収取者を個別百姓支配を行った領主に準じる存在と捉える議論である。しかし加地子は、戦国大名検地、あるいは太閤検地を通じて新たに把握されていく剰余分ではなく、そもそも本年貢に加徴されるべき分が、軍役など、何らかの奉公に対する反対給付として、村に対して免除された分と理解されている[12]。このように、加地子を権力によって村に認定された年貢免除分と捉えるならば、たとえそれが村のなかの個人に取得されていたとしても、その差配は年貢を村請する村が行っていたことは明らかである。さらに、村論の展開により村についての研究が進み、領主への年貢の納入や免除分の差配、また年貢が賦課されている耕地の名請人確定などが村請の村を通じて行われていたことをふまえれば、村を飛び越えて加地子収取を通じた小領主、あるいは在地領主の個別百姓支配が展開していたとは想定しがたい[13]。

だが、筆者が村論の立場から土豪を取り上げ、村との関係において彼らを位置づけていくと、ほぼ必ず領主制論をはじめとした「これまでの学説」と正面から向き合うことが必要、などと批判される[14]。しかし、なぜ筆者が村論に拠って歴史を叙述したのか、といえば、それは中近世移行期社会を見通すためである。具体的には、太閤検地・兵農分離論を克服し、戦国から近世への新たな移行期像を描き直すために、戦国期の村を中核に据え、領主制論に拠らない土豪像を追究しようとしたのである。戦国期の土豪の存在・動向が近世まで維持されていた実態をみたとき、太閤検地・兵農分離によって中世と近世とを大きく分断するのではなく、連続した側面を抽出しつつ、中近世移行期社会の実像を描き出そうと考えたからである(15)。逆にいえば、領主制論に依拠した在地領主論を展開することによって、どのような中近世移行期像を想像しているのか、ということである。久留島・湯浅両氏の議論から、この点についての明確な見解をうかがうことはできないが、個別百姓支配を排除しない在地領主という概念を使う限りにおいて、導き出される移行期像は太閤検地・兵農分離による断絶という叙述にならざるをえないであろう(16)。

さらにいえば、在地領主という名称を用いて戦国期にどのような領主像を捉えているのか、という点もきわめて不明瞭である。武力を独占して個別百姓支配を行う在地に密着した武家領主を在地領主とこれまでは概念化してきたが、実際に武家のみに武力が独占されていたわけでも、また実際には在地していなかったことも近年の研究によって指摘されるなかで、現状では在地領主と呼称することは適当ではなくなってきている。しかも、単に領主と一口にいっても、さまざまな階層が想定されていることは、湯浅氏の指摘するところでもある(17)。戦国争乱によって個別領主の自力での支配が不可能となった段階においては、独力での領域保全という指標からみれば、領主と呼びうるのは戦国大名や国衆に限定されることとなる。一方で、戦国大名や国衆などの地域権力によって所領を保全、宛行われ、「給人」と呼ばれたかつての個別領主たちも、従来の研究のなかでは領主と捉えられている。本書の第一章でも指摘したように、何をもって戦国期の領主と捉えるかは非常に難しい問題なのである。したがって、その点をふまえた上で戦国期の領主を在地領主と称して論じるのであれば、まずどのような概念規定をするのか、という点を明確化する必要があるのではないだろうか。村論において、「領主の責務論」として領主像を提示したように、領主側の論理、すなわち領域支配という側面から領主像を捉えようとするならば、その領域支配の具体的なあり方にもとづいて領主像が提示されない限り、議論はすれ違うばかりであろう[18]。

また筆者が、土豪概念を領主層までを対象に含むとしたことで、逆に適用される範疇が広くなり、土豪概念が曖昧であるという批判や、身分論を軽視しているとの意見も寄せられている[19]。たしかに、領主権をもち、一定領域を支配する領主層と、個々の土地をを経営する侍・百姓層とでは制度的身分が異なるという批判は当然あるだろう。だが、戦国期の村社会をはじめとする多様な在地動向には、領主権の有無や制度的身分では区別しきれないほど幅広い階層の参入や相互関係が存在している。慢性的飢饉状況のなかで、村人の生存を第一義とした村の視点から社会をみるとき、制度的な身分を超えた多様な人びとを取り込んでいくことは当然ありうることである。そのなかには、領主的属性をあわせもつ者も少なからず存在する。そのため、そうした村の生存に関わっていた者たちを、社会的身分・階層としての土豪と規定したのである。そうすることにより、戦国から近世前期、すなわち慢性的飢饉が克服されるまでの移行期社会を、より立体的に描くことが可能になると考えたためである。

以上のような視角にもとづいて、本書は戦国期における地域権力の構造と特質、さらにはそこからみえてくる戦国期社会の実像について、特に紛争裁定や平和領域の形成という観点から追究した論文を収載している。

## 第二節　本書の構成

次に、本書各論の内容について、簡単に概観しておきたい。

第一部では、戦国期地域権力の内部構造や、戦国大名権力を支える末端家臣としての土豪の存在、および権力の体制基盤である村と村請の仕組みについて追究した。

第一章では、戦国期の領主とは何か、という観点から、戦国期領主と呼びうる人びととして、戦国期の「家」権力から所領を宛行われていた給人と、宛行主体であった戦国大名・国衆、さらに権力の末端に連なっていた土豪層を措定し、それぞれの研究の到達点について整理した。その上で、室町期以来の個別領主（給人）と被官化した土豪の一部、および直轄領における戦国大名・国衆を戦国期領主と位置づけ、今後の課題として戦国期領主を構成した三者（戦国大名・国衆、給人、土豪）の相互関係の追究を指摘している。具体的に本章では、人びとの生存・生業を可能にするために必要となる勧農と訴訟・裁判（紛争裁定）という側面から、各領主がどのような役割分担をしていたのか、という点について若干の検討を加えたものとなっている。

第二章は、東国を事例とした戦国期領主研究の成果、とりわけ国衆論をふまえて、畿内近国の領主の構造および性格について再検討したものである。従来、畿内近国の領主は国人領主あるいは在地領主と定義され、土豪層の個別把握を通じて村支配を可能にした存在として、領主制論の視点から位置づけられてきた。しかし本章では、村論の展開以後、国人領主（在地領主）による個別百姓支配が成り立たなくなった研究状況、および戦国大名領国周辺に展開し、戦国大名と従属関係にありながら、自立的な領国を有していた国衆領の解明を受けて、従来国人領主として戦国大名家臣団に組み込まれたと捉えられてきた畿内近国の領主の所領支配について、近江国坂田郡の今井氏を事例に検討し、国衆のような独自の所領を形成していた点を指摘している。これにより、畿内近国の領主について、戦国大名家中に組み込まれた給人と、戦国大名との軍事同盟によって従属関係を結びつつも自立した領国を形成していた国衆とを腑分けしていくことが、今後の課題として浮かび上がってきたといえる。

第三章では、惣国一揆の内部構造について理解するために、甲賀郡中惣を構成した基礎単位である「同名中」のうち、大原同名中を事例として、その内部構造を検討した。大原同名中は、「大原同名中与掟写」を伝えていることで以前より有名であったが、従来知られていた大原勝井家に伝来した史料以外に、国文学研究資料館に同文の史料が所蔵されていたことが明らかとなり、しかも大原勝井家の史料には記載されていなかった掟に賛同した一揆のメンバーの署名も伝来していたことから、この史料の分析によって大原同名中の構造がより明確となった。その結果、「大原同名中与掟」に署名した三二〇人の一揆には、同名中組織を主導した同名中構成員だけではなく、多くの村人たちが含まれていたこと、さらには村の百姓たちも一揆の掟の適用を受ける存在と認識されていたことが確認された。

第四章は、戦国大名の軍勢や領国支配を下支えしていた土豪層が、どのようにして戦国大名に被官化していくのかという問題について、戦国大名の軍事動員の側面から、その契機を、戦国大名北条氏の一族で八王子城主であった北条氏照領国を事例に追究したものである。戦国大名領国下では、領国の危機に際し、家臣化していない領内の有力土豪、すなわち無給の土豪に対しても広く軍勢催促を行っていた。その際に、働き次第によっては給分を与えるとして呼びかけたわけであるが、その呼びかけに対して「郷土防衛」という観点から動員に応じた者が、その後、領域権力との間に給分を媒介とした被官関係を形成していったことを、本章では明らかにしている。また、危機的状況下での軍事動員によって被官関係が結ばれたのち、被官関係に特化して在所を離れ、戦国大名の家臣(給人)としての側面に傾斜していく土豪もいれば、逆に被官関係を結びながらも、自身の在所の防衛を第一義とした土豪も存在していたことを指摘し、その違いが北条氏滅亡後の土豪の進退を大きく左右したことを見通している。

第五章は、戦国大名が領国支配の基礎とした村請の内部構造と請負の実態について検討したものである。戦国期における村請は、村論の根幹をなす議論であったが、基本的には畿内近国の村を事例にした研究がほとんどであった。一方で、東国の戦国大名領国下においては、その村を「郷村」に当てはめて理解してきたが、典型的な畿内の「惣村」と比較して東国の郷村は領内にいくつかの小村を抱えるなど、その内部構造には相違点もみられる。そのため、そうした違いをすりあわせ、村請の村とは何かということを考えるために、下総国の八木郷と上野国の北谷郷という東国の村を事例に検討したのである。その結果、東国の郷村では、郷村単位での村請であっても、実際はその内部の小村単位での年貢・諸役徴収が行われていたことを明らかにし、さらに近世において、それらの小村が一村として自立する場合と、郷村の枠組みが継承される場合があったことから、どのまとまりを政治的な村、すなわち村請の村とするかは、村の生存が可能となるその時々の村の経済的・政治的状況に左右される流動的なものであったことを指摘している。本章の分析は、その後の第十章とも関わるところであるが、東国と畿内近国の村を「後進的」「先進的」という区別をせずに、同じ土俵で議論するための下地となる事例研究であったといえる。

第二部では、戦国期地域権力の特質を捉えるために、特に地域社会の紛争解決の仕組みや平和形成の方法について追究した。

第六章では、近江国姉川・高時川流域において発生した用水相論を事例に、戦国大名の紛争裁定方法を追究している。姉川・高時川の用水相論については、前書においても取り上げているが[20]、より具体的な史料をもとに、戦国大名浅井氏の紛争裁定方法を検証すること、さらに村落間相論や戦国期の裁定の近世的展開を見通すことを目的としている。本章は、第七章の下地ともなっているが、戦国大名の紛争裁定方法の近世における規定性や、自力による解決が規制されつつも、近世初頭まで大名裁判に一元化されない在地の実態について特に描き出そうとしたものである。

第七章では、第六章における具体的な紛争裁定方法の解明を受けて、戦国大名領国内における紛争の根本的要因を追究し、それを解決するための裁判方法について、戦国大名浅井氏・六角氏を中心的な事例として検討している。戦国大名裁判の具体像および画期性が明らかにされたことにより、室町期とは異なる戦国大名権力の特質が領内平和を維持するという役割にあったことが明確化したといえる。その上で、訴訟・裁判による紛争裁定がより一般化・定着化する近世社会における裁判の方法、とりわけ「内済」という仕組みが創出されるに至る過程について解明していく必要があることも明らかとなった。

第八章は、戦国大名などの「家」権力の裁判方法と比較するために、惣国一揆権力の紛争裁定方法について追究したものである。前書において指摘したように、惣国一揆の基礎単位である同名中は、同名中領内の紛争を調停することを一つの目的として生み出されてきた権力体であった(21)。しかし、「家」権力とは異なり、内部に多くの同名中を抱える惣国一揆では、同名中を超えたところで発生する紛争の調停が課題となる。そのため、甲賀郡中惣を事例に、その領域内部で発生した相論を内容によって区別しながら、同名中間の紛争調停や近隣の紛争への介入といった場面を経て、同名中同士のつながりや地域的連合が形成されてくる過程を明らかにしている。一方で、惣国一揆への広がりは、紛争裁定を契機としたものではなく、対外的な危機を眼前に形成されたものであったことを指摘し、危機的状況下において、惣国一揆が近隣の「家」権力とも対等に同盟を結んでいたこと、また領内においては「家」権力と同様に紛争裁定を役割としていたことから、両権力を、共通する性格をもつ戦国期に併存した権力体であった位置づけた。それにより、今後は、「家」権力と「一揆」権力という違いが生じた理由について追究していくことが課題となったといえる。

第九章では、惣国一揆の特質を理解するために、惣国一揆の軍事行動と他権力との関係について、平和領域の形成という観点から追究している。従来の研究においては、惣国一揆そのものが対権力闘争を目的として形成されたと捉えられてきた。しかし、第八章でも指摘したように、惣国一揆としてのまとまりは対外的危機から形成された一時的な組織ではなく、内部には「家」権力と同様に紛争裁定を行っていた同名中を抱え、それが領域の平和を維持する役割を担っていたことからすれば、惣国一揆としてのまとまりが形成され維持された理由について追究しなければならないであろう。この問題について、本章では惣国一揆の構成単位である同名中構成員や惣国内の足軽の他国奉公に注目し、彼らが各地の戦国大名との間に被官関係や傭兵契約を結ぶことにより、惣国一揆領内が「中立」地帯として認知されたこと、そして中立を維持する限りにおいて惣国一揆領内の平和が保たれていたことを明らかにしている。また、最終的には「家」権力によって消滅させられてしまう惣国一揆のまとまりは、その後「公」権力としての機能は失いつつも紛争裁定を担う役割は地域社会のなかに継承されていったことを見通し、近世への移行に際して、両権力の進退を決定的に分けた要因の追究が課題であることを指摘している。

第十章は、これまでの各章を受けて、十五～十七世紀における村と領主との関係、および地域社会の構造を解明しようと試みたものである。本書の視角においても述べたように、本書は前書と同様に戦国期から近世前期を見通してその社会構造を追究することが目的であるため、戦国期に形成されたさまざまな仕組みや構造が、どのように近世社会に継承され、あるいは変革されたのか、という点についても明らかにしていく必要があると考える。そのため、十五～十七世紀を一つの時代として捉えて検討しているのである。その際に本章では、村請の実態と、それを支えていた土豪の諸機能に注目し、その特徴を戦争から平和へという中近世移行期社会のなかに位置づけようと試みた。その結果、村請の仕組みや年貢納入方法は、戦国期から江戸初期まで変化していなかったこと、また村の存立を支える土豪の機能として、戦国期においては年貢の立て替えや融通をはじめとした経済的機能とともに権力の軍事動員に応じる軍事的機能が主であったが、近世における戦争の停止にともなって軍事的機能が縮小していくことが明らかとなった。本章での成果により、従来の時代区分である「中世」「近世」という枠組みの再検討が必要となること、さらに中世から近世への移行を考えるためには、少なくとも十五～十七世紀までを分析対象とすべきことが明確化されたといえよう。

補論は、太閤検地・兵農分離という、中近世移行期研究における最大の難問について、現在までの通史類においてどのように叙述されてきたのか、ということを整理したものである。ここでは、一九八〇年代を画期に、中近世移行期社会を理解するためのパラダイムが大きく転換したこと、それを受けて太閤検地・兵農分離に関する捉え方も変化してきている点を指摘している。

註

(1) 拙稿『中近世移行期における村の生存と土豪』(校倉書房、二〇〇九年)。
(2) 代表的なものとして、黒田基樹『中近世移行期の大名権力と村落』(校倉書房、二〇〇三年)・同『戦国大名 政策・統治・戦争』(平凡社新書、二〇一四年)をあげておく。
(3) 畿内の戦国大名については、天野忠幸『増補版 戦国期三好政権の研究』(清文堂出版、二〇一五年)がほぼ唯一の成果としてあげられる。
(4) 『一揆』1~5(東京大学出版会、一九八一年)。
(5) 久留島典子「領主の一揆と中世後期社会」(『岩波講座日本通史 第9巻中世3』所収、一九九四年)。
(6) その他、川端泰幸『日本中世の地域社会と一揆—公と宗教の中世共同体』(法藏館、二〇〇八年)も同様に、惣国一揆を一揆の特質と機能の面から追究した研究と捉えられる。
(7) 黒田基樹「大名被官土豪層への視点」(同前掲註(2)著書所収、初出一九九八年)。
(8) 拙稿前掲註(1)著書序章。

(9) 久留島典子「甲賀山中氏に関する二・三の問題」(佐藤和彦編『中世の内乱と社会』所収、東京堂出版、二〇〇七年)。

(10) 湯澤(久留島)典子「中世後期在地領主層の一動向―甲賀郡山中氏について―」(『歴史学研究』四九七号、一九八〇年)、湯浅治久『中世後期の地域と在地領主』(吉川弘文館、二〇〇二年)・同『中世東国の地域社会史』(岩田書院、二〇〇五年)・同「惣村と土豪」(『岩波講座日本歴史』第九巻中世四所収、二〇一五年)。なお、久留島・湯浅両氏の議論の根源には、石田晴男氏の研究がある(石田晴男「両山中氏と甲賀「郡中惣」」『史学雑誌』九五編九号、一九八六年)。

(11) 在地に配置された「同名中」という領主組織の庶子層が、在地の論理にとり込まれていくとする久留島氏の「衆惣」の議論(久留島前掲註(10)論文)や、「同名中」が村落に設置した「侍」を介して領主の論理と村の論理がせめぎ合うと捉える湯浅氏の「侍」身分論(湯浅前掲註(10)『中世後期の地域と在地領主』第六章)の根底には、日常的な領主対村落という構図が想定されている。もちろん、筆者も対立する側面を全く排除しているわけではない。しかし、強権的な上からの支配と、それに対抗する村の力量を評価するだけでは、生存すら厳しい戦国から近世への移行期社会の実像を描ききれないのではないか。人びとの生存という視角から歴史を捉えるならば、領主や侍(土豪)などの身分は、そのための役割分担の結果として創り出され、維持されるものと筆者は考えている。

(12) 中口久夫「「内得」の意味と歴史的性格」(同『太閤検地と徴租法』所収、清文堂出版、二〇一二年)、黒田前掲註(2)『戦国大名 政策・統治・戦争』。なお、田中克行氏の「村の「半済」と戦乱・徳政一揆」(同『中世の惣村と文書』所収、山川出版社、一九九八年)によれば、軍事動員の報酬として半済を付近の郷民に宛行ったするが、こうした事例も村に対する加地子認定のあり方と同じ文脈で理解することができるのではないだろうか。同様に、牧原成征氏が「戦国・織豊期の土地制度と「小領主」―近江余呉庄東野家を事例として―」(同『近世の土地制度と在地社会』所収、東京大学出版会、二〇〇四年、初出二〇〇一年)において分析した東野家の土地帳簿によれば、公方年貢と得分を合わせた額が分米高として計上され、その分米高が平均一石五斗代であったことをふまえれば、太閤検地によって一括された一石五斗代に含まれるこの得分こそが、村のなかで加地子として認識されていたものなのではないだろうか。なお、牧原氏は公方年貢と公事免の合計を分米高と捉えているが、誤りであろう。

(13) 湯浅氏は、筆者が前書で取り上げた近江国箕浦村の井戸村氏について、「(井戸村氏の)経営は村落に包摂されず、村請とは別の論理により行われている」とし、「年貢や債務の代納は「お救い」であるが、同時に百姓らとの個別的な被官関係を構築する術でもあり、そこにはミニマムな支配と従属の契機が内包されていた」と述べている(湯浅前掲註(10)「惣村と土豪」)。実際に、井戸村氏と個別百姓とのあいだに被官関係が結ばれていたことは確かである。しかしそれを、「成長の方向性」と捉えるのであれば、かっての小領主論と同じである。神田千里氏が明らかにしたように、井戸村氏は被官関係の継続は求めるが、そのための得分(負債)の回収にはさほどこだわっていないのである(神田千里「「天正十九年作職書上」に関する一考察」大野瑞男編『史料が語る日本の近世』所収、吉川弘文館、二〇〇二年)。また湯浅氏は、井戸村氏の経営を「村請とは別の論理」と捉えているが、井戸村氏が具体的にどのように収取を行っていたのかについて明言してはいない。村請とは別の論理、と位置づけるのであれば、その証左となる井戸村氏の経営について、勧農や収納の実態を含めた詳細な分析が必要となろう。

(14) 呉座勇一「書評 長谷川裕子著『中近世移行期における村の生存と土豪』」(『史学雑誌』一一九編九号、二〇一〇年)。

(15) このような観点から、筆者なりに「これまでの学説」と正面から向き合った結果、導き出した視角・方法論が領主制論ではなく村論であったということである。これまでの学説に対する筆者の捉え方については、拙稿前掲註(1)著書補論1・2を参照。

(16) なお、最近の湯浅氏の論考(湯浅前掲註(10)「惣村と土豪」)では、太閤検地については「太閤検地が土豪の経営を根絶やしにしたわけではないことが指摘できる」とし、一方の兵農分離については「近世初頭の被官化断種政策」としていることから、湯浅氏はかつての太閤検地論には否定的だが、兵農分離論は支持するという立場のようである。その上で、近世の村にも生き続ける「横断的な階層としての侍」が、近世において「どのようにして「侍」身分となり、認定されるのか」は明らかではないという。湯浅氏がこのような疑問を抱くのは、やはり「侍」身分というものが「上」から設定されるものと捉えるからであろう。しかし、本書第十章において指摘したように、近世以降も地域社会に存在し続ける土豪という存在は、戦国期以来、彼らの行動・役割に対して地域社会が創り出した社会的身分なのである。彼らがその役割を持つ限りにおいて、彼らの存在や社会的身分は地域社会のなかで維持され、再生産されていくのである。近世以降、たしかに被官化は制限されていくことになるが、逆に考えれば、彼らが帯びた社会的身分は被官化だけに支えられていたわけではなかったことを示していよう。

(17)　湯浅前掲註(10)『中世後期の地域と在地領主』序章。

(18)　なお、本書第一章でも取り上げたように、筆者は戦国期領主として「給人」を措定し、その具体的なあり方を追究していくべきと考えている。しかしながら、戦国期の給人支配については史料的な問題から不明なところ、解明できないところが多く残っている。彼らの支配の実態をより深く追究するためには、室町期の領主支配について具体的に追究していくほかはないと考えている。今後の課題であるといえよう。

(19)　近藤祐介「書評　長谷川裕子著『中近世移行期における村の生存と土豪』」(『史苑』第七〇巻第一号、二〇〇九年)、小似鳥雄一「書評　長谷川裕子者『中近世移行期における村の生存と土豪』」(『民衆史研究』第七九号、二〇一〇年)、酒井大悟「書評　長谷川裕子者『中近世移行期における村の生存と土豪』」(『人民の歴史学』第一八四号、二〇一〇年)、呉座勇一前掲註(14)書評など。

（20）　拙稿前掲註（1）著書第六章。

（21）　拙稿前掲註（1）著書第七章。

# 第一部　戦国期地域権力の構造

# 第一章　戦国期「家」権力論の成果と課題

## はじめに

戦国期の在地領主とは何か、という問いに答えるのは、なかなか容易なことではない。というのも、現在までの研究史では戦国大名をはじめとして、国人領主や給人、さらにはかつて中間層論として議論された土豪層まで、それこそ支配領域の規模や身分階層の異なる者たちが、それぞれ戦国期在地領主として捉えられているからである(1)。いま現在、戦国期在地領主研究がこのような状況にあるのは、戦後の中世後期在地領主研究が、守護領国制・大名領国制論から国人領主制論、そして中間層論へと展開していった研究状況に淵源があるといえる。

そもそも、中世後期とは「分権的封建国家」が守護という過渡期的段階の権力形態を経て、戦国大名の成立によって完成形態に至る時期であり、そこでの基本的領主制は、守護領国制から大名領国制への移行、という範疇で捉えられていた(2)。これは戦後歴史学で主要な位置を占めてきた領主制論の観点から、戦国大名を在地領主制の最高発展段階と位置づけた結果によるもので、その後の戦国史研究は大名領国制論を中心に推移してきたといえる。だが、中世後期領主制研究を本格的に活性化させ、当該期の基本的領主とは何か、という問いを投げかけたのは、一九六〇年代以降に展開されてきた国人領主制論であろう。

国人領主制論では、守護とは荘園体制を前提とした権力であり、最終的に荘園体制を崩壊させたのは国人領主であったと捉えて守護領国制論を批判した。守護領国制から大名領国制へという当時の通説に対し、国人領主制から戦国大名へという道筋を提示したのである(3)。さらに、国人領主制の構造を明らかにするために、在地に密着した土豪層に目が向けられると、彼らは在地において領主化の契機を孕んでいた存在であったと位置づけられるに至る(4)。このように、重層的・多元的な領主制の展開が指摘された点に、現在に至るまで戦国期の在地領主がさまざまな位相で捉えられている理由をみいだすことができよう。

国人領主制論や中間層論を受けて、永原慶二氏は戦国大名が国人領主層や国人一揆、小領主層を自らの主従制に編成することで、彼らを自己の権力基盤としたとする大名領国制論を提起した(5)。これは、戦国大名・国人領主(国人一揆)・小領主を総体的に捉えようとする試みであり、これにより戦国期の在地領主論は一つの到達点をみたといえよう。そのため、その後の研究では主に、大名領国制論を補強するための戦国大名権力構造論や検地論などが進展していくことになるが、むしろこの到達によって、戦国期の在地領主とは何か、あるいは在地領主の所領支配の内実を追究する研究が下火になっていった感は否めない。

したがって、いま、戦国期の在地領主論といっても、実際に何を取り上げるべきなのかが曖昧な状況にあるといえる。また、一九八〇年代以降の戦国期研究はさまざまな観点から進められ、その議論は以前にもまして錯綜しているのが現状である。そこで本章では、近年の戦国期研究の成果を整理しつつ、戦国期在地領主とは何か、また戦国期在地領主研究に残された課題とは何か、という点について考えていくことにしたい。

## 第一節　戦国期在地領主論の成果

### 1　戦国期給人論

戦国期領主といった場合、想起されるのは戦国大名や、それと同質の権力体である国衆、またその配下の給人・土豪層や寺社、さらには惣国一揆などの一揆権力を指すが、このうち研究史上在地領主と呼ばれうる存在は、戦国大名・国衆・給人・土豪層ということになろう。[6]だが、戦国大名や土豪層に関する研究が多い一方で、給人については研究がそれほど行われていない。

古くは、一九六〇年代後半に戦国期領主研究が進められるが、[7]それは戦前の戦国大名研究や大名領国制論が、戦国大名の専制性のみを強調してきたことに対する批判であった。そこでは、戦国大名の専制性を裏付ける材料であった分国法に、「近所之儀」という在地法にみえる領主間協約の存在が対置され、これが個々の領主による領主権維持のための主体的動向であったと位置づけられた。その結果、戦国大名とその麾下の戦国期領主との相互関係を捉えなおす必要性が提起され、領主層相互で解決不可能な問題への対処を求めたところに戦国大名の成立を捉え、その権力を領主相互の調停者と位置づけるに至る。

「近所之儀」「所衆談合」の存在を指摘した研究は、戦国大名家臣となる戦国期領主層が相対的自立性を保持していたこと、そして戦国期領主と戦国大名とは相互規定的な関係にあったことを明らかにしたわけであるが、こうした研究はその後具体的には継承されなかった。それは、大名領国制論が領主間協約の存在をも自己の議論のなかに取り込んで再構築されたことに一つの要因がある。つまり、かつて戦国大名を領主制の最高発展段階とみていたことに対し、

「戦国期は在地領主制の高度化した事態に対応する大名領国制の展開期」であるとし[8]、領主間協約にみえる領主層の一揆もそうした大名領国制の基盤として位置づけることで、一つの社会体制としての大名領国制論を提示したのである。

実際に「近所之儀」論も、当所の研究では、領主層の戦国大名への結集を、最終的には領内の農民支配やそれに伴う紛争解決のためと捉えた点において、大名領国制論や国人領主制などの議論と共通する見解をもっていた。そのため、戦国期領主と戦国大名との相対的関係を含めた大名領国制論が、戦国期社会の総体的な枠組みとして展開されたことで、個々の領主研究も大名領国制の枠組みのなかで進められていくことになったのである[9]。

こうした研究の流れのなかで、再び戦国期領主層に着目したのが池上裕子氏である[10]。氏は、戦国大名が在地領主権に基づく領主層のさまざまな権限を否定した側面を強調する戦国大名研究に対し、戦国大名が給人の領主権限である公事賦課権を保証していたことを明らかにした。そして、給人の領主権は本来自立的な在地領主権に由来するもので、大名の規制外にあったこと、それ故に戦国大名による給人への規制は領主層による恣意的な公事賦課に限られていたことを指摘し、それまでの戦国大名研究の方向性に疑問を呈したのである。

また、戦国大名の「国役」を検討した黒田基樹氏は、後北条氏領国における「役の体系」を整理し、給人が自領内に賦課した給人賦課役を、「中世(さらに近世も)を通じて、封建領主がその生活のために徴発するという、いわば基本的な領主権に付随するもの」とする[11]。戦国大名領国下においても、個別領主の領主権が存在していたということが、現在の研究の到達点と認識されている様子がうかがえるが、給人賦課役が封建領主の基本的な領主権に属するものであったとすると、問題となるのは戦国期独自の領主の特質であろう。

この点に関しては、室町期までの領主所領にかかる役と比較してみるとわかりやすい。戦国大名領国下では、給人所領には戦国大名以外の権力が公事をかけてくることはなく、その意味で役の賦課体系は戦国大名に一元化されていたといえる。一方、室町期においては、個別領主は本領・給地・請地を所持していたとされるが、その所領には、幕府段銭や守護段銭、さらには荘園領主などの役も賦課される場合があった。こうした状況は、室町期の領主が主家に一元的に結集していないことに由来する。主家との関係については後述するが、室町期領主と戦国期領主との違いの一つは、役の一元化という点に求められよう。

## 2　戦国大名・国衆論

一方、戦国大名研究も、一九九〇年代にはいると、戦国期における権力の本質を追究するという目的のもと、戦国大名権力論から戦国大名機能論へと推移していく。この変化は、それまで支配の客体として措定されてきた農民層が、実は高度な自律性を備えた村という集団で存在し、一つの法的主体として戦国期には体制基盤となっていたことを明らかにした近年の村論を受けた流れであった(12)。村論のなかで、戦国期の村が年貢納入を楯に、領主をも動かして自らの権益維持を図っていた存在として描かれたことによって、権力による支配は単に階級的結集による経済外強制（暴力装置）のみでは維持できないものと認識されるようになる。それ故に、戦国大名や領主が当該社会にあってなお支配階級としてその存在を維持できた要因を、「領主の責務」という視角から解き明かそうとしたのである(13)。

そこでみいだされた領主の機能は、勧農や安全保障という村人保護の役割であったが(14)、なかでも戦国大名は、特に生業に必要な用益をめぐる村同士の紛争までをも調停する権力として成立し、そこに戦国期権力の歴史的特質があったと理解された(15)。確かに、「近所之儀」論でも大名への結集は紛争解決に求められていたが、それは領主層の課題からの追究であって、その基盤には「農民」支配のためという前提が存在した。それに対して近年の戦国大名論は、領主層とともに村・在地にとっての戦国大名の存在意義を問題にした点で、より戦国大名の公権力としての特質を明確に示すことになったのである。その後の飢饉論が、民衆はもちろん、領主層の生存すら危うかった中世から近世初期社会の状況を具体的な史料から明らかにしたことで[16]、こうした研究の必要性はさらに高まっているといえよう。

では、戦国大名権力の調停権力としての特質は、室町期の権力であった室町幕府と比較すると、どの部分に求められるのであろうか。室町幕府も、実際に村落間相論を裁定していた、という点では同じであったといえよう。だが、室町期ではその訴訟が室町幕府の権力基盤であった領主を通じて行われた点[17]、裁定基準が主に証拠文書の提出と法廷での対決に限られていた点、そしてその裁定が在地において一定の影響力はもちながらも、執行力をもたなかった点[18]において、戦国大名の裁判とは決定的に異なっている。周知のように、戦国大名は城下に目安箱を設置し、領国内の村々から直接訴訟を受け付けていた。またその裁定も、双方の言い分を聞き、さらに奉行に調べさせた上で双方の合意を取り付け、最終的に裁定が執行されるまで見届けるという念入りなものであった[19]。こうした部分が、戦国期権力が室町期権力とは質的に異なる権力として位置づけられる理由の一つである。

したがって、次に問題となるのは、新たな権力が室町期の社会からどのように生み出されてきたのかということであろう。この問題に関しては、排他的領域＝「領」の形成と「家中」成立論として研究が進められ、これらによる領主権力の変質に地域権力の成立要因を求める議論が提出されていた[20]。近隣領主との所領紛争のなかで、庶子による所領維持の動きが惣領への結集を促し、そこで所領の一元化と知行制の確立が進むとともに、惣領が庶子と譜代家臣（被官）を同列に再編成した家中を成立させた、という議論である。

所領の一元化の問題は、近年、戦国期権力が「地域」や「領域」を支配基盤とし、そこにおいて平和維持機能に基づいた一円的土地所有権および領域公権の一元的把握を確立することによって、一元的分国支配権を獲得したという見通しが示されるに至っている。[21]そして、家中成立の背景に関しても、個々の領主層が私的支配権をめぐる領主相互間の矛盾・対立を、一揆的結合によって止揚する過程として描かれるようになり、[22]「被官の一揆」から「家中」へ、というシェーマが提示された。[23]

また、こうした研究の過程で展開された「戦国領主」論[24]・「地域権力」論[25]は、戦国大名から総体的に自立した権力の存在を注視させ、その後の「国衆」論[26]も、戦国大名の主従制に編成されない戦国期「国衆」が、戦国大名と同様に排他的所領を有する領内の公権力であり、戦国大名と基本的に同質の「家」権力であったと位置づけた。これらの研究は、戦国期の領主として措定された戦国大名と給人(国人領主)以外の自立的公権力を、戦国大名および惣国一揆とともに戦国期権力と一括して把握すべきことを提示したのである。

戦国期権力論は、戦国期権力が具体的には個別領主層や在地・村によって、領域の平和維持を担う公権力と認識され、それが一元的分国支配権把握の背景となっていたこと、[27]そして家中成立の契機である個別領主相互の紛争も、実際には在地における村落間相論が主要な要因となっていたことを見通した点で重要である。[28]それは、村が抱えていた問題を解決することが戦国期権力の成立要因の一つであったことを示すとともに、村を含めて戦国期社会の構造を具体化していく必要性を提起した議論だったからである。

さらに、戦国期の家中を室町期の被官の一揆と区別し、家構造の変質に戦国期権力への転換の一つの指標を求めたことは、戦国期権力・領主と室町期のそれとの相違を明確にする大きな契機となった。つまり、家中とは戦国期権力を唯一の主家とする領主層の一揆的結合であったが、室町期の「被官中」は一つの主家を推戴する一方で、領主個々が主家を異にする他の被官中と一緒に派閥を作り、領主同士のネットワークを形成していた。[29]この点に戦国期権力の家構造のあり方と、それへの結集のあり方の特質がみいだせよう。近年の戦国大名・国衆論の展開によって、現在では戦国大名権力の歴史的特質やその形成過程、そして室町期権力との相違などの問題が解決されつつある。

### 3　戦国期土豪論

戦国期における土豪層は、従来、村落支配のために国人領主や戦国大名が把握すべき存在として議論された階層である。近年では、土豪層の存在も村との関係から再検討が試みられている。「侍」身分論[30]や庄屋論[31]は、土豪層が自立的村落の動向に深く規定され、むしろ村を代表して他村との交渉や村の武力を発動する主体であったことを明らかにした。これにより、階級(暴力的)支配論に収斂しない土豪層の諸側面に光が当てられることになった。

その上で問題となるのは、土豪層の上級権力への被官化状況であろう。現在の研究では、これまで土豪層の領主化動向として理解されていた被官化も、村の権利主張を有利に導くための外交ルートとして村側の主体性から捉えなおされている。だが一方で、被官化により形成された大名権力や領主との関係については、実はそれほど具体的な研究はされておらず、戦国大名領国下の土豪層について検討した黒田基樹氏の研究がほぼ唯一といえよう[32]。

氏は、大名権力に被官化すると、基本的には土豪層自身が居住村に所持している土地の年貢負担免除という形で給分が与えられるが、それ以外にも居住村以外の「給地」や「給田」を宛行われる場合もあったことを明らかにした。そして、給地を宛行われた土豪を在村給人、それ以外を在郷被官と区別し、そのうちの在村給人は所領規模の大小はあれ、原理的にはいわゆる室町期以来の領主階級であった給人と同列に家中に編成されたことが指摘されている。つまり、被官化した土豪層のうち給地を与えられた者は、その土地においては、他の給人と同様に「領主」という立場となるということである。

しかし、被官化した土豪層がすべての所持地において領主となったわけではない。黒田氏も指摘するように、居村以外の所領を給地として賜った場合、その給地においては領主としての属性をもつことになる。だが、自身の居村においては、自分の負担すべき年貢以外の公事は従来通り大名や給人に徴収されるわけであるから、その意味ではあくまでも村内百姓および村代表者としての立場に変化はなかったといえる。したがって、被官化した土豪層は、領主という属性と村落代表者という属性を同時に併せもつ存在であったということになろう。

従来の中間層論では、土豪層の被官化や地主化を、彼らの主要な動向を表現するものとして捉えがちであった。だが実際には、戦国期の土豪層とは、戦国大名や給人、村との関係のなかで、さまざまな「顔」をもちながら諸階層に対する役割を担い、戦国期社会を構成していた(33)。こうした点をふまえれば、土豪層の動向を領主化や地主化などという一面的な議論に矮小化すべきではなく、土豪層の被官化についても、給地を与えられて領主権をもつに至った土豪層をその所領限定で領主と呼ぶ他はないといえよう。

以上、近年の研究を整理し、その論点と到達点をまとめてきた。そこで確認できたことは、室町期以来の個別領主(給人)と被官化した土豪層の一部、そして直轄領における戦国大名・国衆が戦国期の在地領主(武家領主)と呼びうる存在であったということである。その上で注目しておきたいことは、領主の属性は室町期以来変わらない一方で、権力への結集や役賦課の問題などに戦国期の特質がみいだせることである。それは、戦国期権力と在地との関係の変化によって再編成された新たな社会構造であり、戦国大名・国衆、給人、土豪の相互関係を追究することが、戦国期在地領主論の一つの課題であることを示しているといえよう。本章では、この課題について、勧農と紛争解決という二つの側面から迫ってみたいと思う。

## 第二節　戦国期在地領主論の課題

在地において、人々の経営・生活を維持するために必要なことは、生業を可能にするための用益を確保し、かつ労働力が維持できるような年貢減免や用益維持費用・夫食が与えられることである。それは、在地からの年貢収取で生活している領主が、領主権を有する正当性を維持するためにも重要な問題であった。そのためには、用水整備や種貸しなど、毎年行われる村に対する勧農と、村の用益を侵害する他村を排除するための相論・訴訟への関与・加担が不可欠となる。では、この二つの事柄は、村・土豪、給人、戦国大名・国衆との関係のなかでどのように役割分担され、行われていたのだろうか。

### 1　重層的な勧農構造

領主の勧農については、古くから領主が領主として存在するために必要な要件と捉えられてきた。だがそれは、年貢を収取する領主すべてに必要な要件であるため、そもそも在地領主のみが果たすべき役割でも、また戦国期の領主に特徴的なことでもない。簡潔にいえば、中世(から近世)を通じて、年貢を収取する領主が等しくもつ責務であったといえよう。したがって、戦国期在地領主の特徴は、勧農の具体的なあり方に存在していたのではないかと想定される。実際に、村請制の成立により領主は勧農の現場から離れていくという議論も提出されている(34)。

しかし、勧農の具体的な実態は、実はほとんどわかっていないのが現状である。鎌倉期領主の勧農に触れた大山喬平氏の議論でも、領主勧農が実際は在地の有力者によって担われていたことが指摘されている程度である(35)。それだけ、領主にとっては勧農が当たり前のことで、記録や史料に残りづらかったということであろう。

そのため、中世における勧農の具体像に関する研究は数少なく、特に在地領主の勧農といった場合「色部年中行事」を素材とした藤木久志氏による研究が唯一であった[36]。氏は、在地領主の居館を中心に行われるさまざまな儀礼のなかに、勧農に関わるものが多く存在していたことを指摘した。この記録には、領主による具体的な勧農の方法については書かれていない。だが、この研究から、まず第一に領主と領内百姓とが一堂に会する場が存在するということが、両者の関係を正常に機能させる条件であったことがうかがえよう。

では、日常的に領主層が担うべき役割は何かというと、それは室町期に成立したといわれる教訓書「庭訓往来」のなかにみることができる。藤木氏による詳細な分析によれば、領主の勧農とは、①境界の確定②吉書儀礼③指出の徴収④散田⑤開発⑥用水整備⑦種子農料の貸与であったという[37]。これらの事項が、領主の果たすべき責務として、すでに室町期には一般的に認識されていたことがわかる。そして、このうちのいくつかは、実際に領主が領内百姓に宛てた文書のなかにみられる[38]。天正十八年（一五九〇）、徳川家康の代官であった伊奈忠次が、新に所領となった伊豆の村々に対して宛てた文書には、

〔史料1〕天正十八年五月四日　伊奈忠次郷中定書（「杉山祐安氏所蔵文書」『静岡県史』史料編8中世四）

宇佐美之郷当成ヶ之事、如前々被仰付候間、田地少もあれ候ハぬやうに、開発可被仕候、田地不荒様於開発者、前々定成ヶ之内をも、少御宥免可有候間、散憐（沈倫）致候百姓何茂召返、指南可被仕候、種公用無之ニおゐてハ、入次第借可申候、（後略）

とあり、逃散した百姓を召し返し、不作地の再開発を進めて年貢を納入するよう命じる代わりに、再開発地の年貢を減じ、種貸しも行うと述べている。ここにみえるように、領主が種籾のない百姓に対して直接種貸しをすると述べて

いることからすれば、中世後期においても領主の勧農の核には種貸しなどの直接的な生産条件の整備があったと考えられよう。

こうした領主の勧農は、近世にも継承されている。近世になると、地方知行制（給人支配）の形骸化が進行するが、そのなかでも地方知行制が継続していた地域では、給人が所領内の生産条件の整備に積極的に関与し、種貸しや用水整備、さらには雨乞いの儀式まで催していた事例が報告されている。(39)これらの研究に鑑みれば、基本的に領主の属性としてもつ勧農機能は、中世後期から近世まで変わらなかったとみることができよう。

だが一方で、具体的な勧農は村で行っていたという議論もある。実際に史料1にも開発やそのための百姓招致は文書の宛所である村に命じられているし、後北条氏領国では村の名主が実際に開発事業を行っている。(40)また種貸しについても、基本的には村の蔵を管理する名主層が行っていたこと、(41)そして生活に必要な借金・借米なども、実質的には地域の有力者であった土豪層が担っていたことが明らかにされている。(42)したがって、これら村や土豪の機能と領主の勧農とはどのような関係にあったのかが問題となろう。

この点に関しては、近世末期の地方知行主の勧農について検討した長野暹氏の研究が示唆に富む。氏は、村請の近世にあっては、勧農も困窮者の救済も、村が行うのが基本であったが、それが叶わない場合に給人の勧農や藩の「お救い」が求められたことを指摘した。つまり、日常的には村内で土豪など村内有力者の資本をもとに再生産のための勧農を行っていたが、村自身が困窮し、それが果たせない場合に、まず領主である給人に対し勧農要求があげられ、給人もこれを受けて救恤などの勧農を行う。そして給人でもそれが困難な場合は、給人から藩に対して拝借金借用要請が出される、ということである。(43)

実は中世史研究においても、こうした重層的な勧農構造の存在が指摘されている。山本隆志氏は、日常的な出挙・

利稲は荘官などの領主に依存し、飢饉・災害など火急的に莫大な資金を必要とした場合、種子・農料の下行が荘園領主に求められた、と述べている(44)。また、戦国期においても、大規模な堤の修復など、生産環境の整備は戦国大名の大普請(国役)で賄われており、それは近世大名の責務として継承されていくという(45)。

こうした研究をふまえれば、史料1にみえるような領主の直接的な勧農は、いわば新領主として入部した際の徳政的な政策として、あるいは飢饉・災害などの非常時に要請されるものであったと捉えることができよう。もちろん、領主として年貢を取る以上、勧農は必要不可欠な役割である。だが、日常的には井料の下行や年貢の減免といった、経済的措置として行われるもので、それをより直接的に、あるいは臨時救済措置として行うのは、非日常的な状況下でのことであった。このように、勧農が戦国大名・国衆、給人、村・土豪層に重層的に担われていたことを、研究史は示しているといえよう。

## 2　領主間交渉と大名裁定

次に訴訟における給人の役割についてみていきたい。高野信治氏によれば「勧農とは狭義の経済的関係に止まらず、農民による各種の訴訟願い、雨乞、諸祭礼等の神事、正月・節句等の諸祝儀を初め、日常生活における給人と給知百姓の密接な関係を再生産させるもの」であったという。その意味では、訴訟も領主勧農の一部といえるが、ではどのような機能を担っていたのだろうか。

戦国期では、分国法にみられるように戦国大名が領国内の相論を裁定していた。だが一方で、「近所之儀」のような領主間の交渉による解決も行われていた。安房国里見氏重臣であった正木氏は、同じく里見氏家臣の上野氏に対して、次のように申し入れている。

〔史料2〕（年未詳）十二月十六日　正木堯智ヵ書状写（「上野家文書」『戦国遺文房総編』二三八七）

尚々収之炭を申付候下山不残被為留候間、焼得不申之由申候間、無相違被為入給候者、可為祝着候、

近日者遥々不申承候、何条之御事候哉、承度存計候、然者成敗畑之者山きつく御留ニ付而、炭を者焼得不申候、前々□入申候間、被為入候而可給候、又郷中之者役なとも候者、是又如先規可申付候、菟角炭之事、収候間、被為焼候て可給候、為其申入候、恐々謹言、（後略）

正木領の百姓は、昔より上野領内の山に入って炭焼を行い、それを領主である正木氏に納めていた。しかし、このとき正木領内の者が上野領内の者に上野領山に入ることを留められ、炭焼が行えない状況に陥っていた。それに対し、正木氏が相手方の領主上野氏に山留を解除するように求めた。おそらく正木氏は、炭を上納させる対価として、山用益をめぐる村落間相論を解決するように、領内百姓から突き上げられていたのだろう。それが、正木氏から上野氏への「申入」という、領主間交渉につながったものと考えられるのである。

同様に、伊豆国江梨の給人鈴木氏は、自身の給地に「雇夫」が賦課されたことに対し、鈴木氏の寄親である後北条氏重臣大道寺氏に訴えている。それを受けた大道寺氏は、「其郷《（江梨）》不入之子細ハ早雲寺殿様《（伊勢相瑞）》、駿州石脇御座候時より申合」であり、「雇夫」が課せられない所領であることを、「雇夫」を賦課してきた後北条氏重臣笠原氏に申し入れているのである[46]。鈴木氏は、江梨の領主として、自領にかかってきた役免除のために動き、またその鈴木氏の寄親である大道寺氏は、寄子のためにその要求を実現しようと領主間の交渉にあたる、という構図である。この史料からは、まず第一に、給人の役割として不当な賦課に対する提訴があったこと、また同時に、寄親である重臣は寄子の依頼を受け、自身の有する重臣間のネットワークを駆使し、その解決に尽力しなければならなかったことが読み取れよう。

また、駿河国今川氏家臣岡部氏は、知行地高田と今川氏御料所藪田との村落間相論が、在地での湯起請によって御

料所藪田の勝訴となったことに対し、すぐに判決の「非儀」を訴えている[47]。結局、在地での湯起請が重視されたようで、判決は覆らず問答地は「偏荒捨候へと被仰出、御一世之内不作」とされた。だが、岡部氏はこれであきらめず、その後判決を下した今川氏親「御逝去以後」に、不作地とされていた問答地を今川氏菩提寺塔頭に寄進したのである。つまり、岡部氏は給地百姓の要請を受け、問答地を今川氏の菩提寺に寄進することで、給地百姓が用益できる地として回復させようとしたのである。これは、領主間交渉による解決とは少し状況を異にする。だが、岡部氏の事例からは、領主が自領を維持するために、大名(直轄領)に対してもあらゆる策を講じていたこと、さらにいえば、給地百姓から常に所領回復をめざすよう求められていたことがうかがえるのである。

このように、領主は給地で発生した問題に対して素早く対処し、まずは領主間の交渉により解決を図ろうとしていたことがわかる。基本的に在地村落は何か問題が発生したとき、まず領主に対してその解決を求める。史料はあまり現存していないが、おそらく領主間の交渉によって解決に至ることも少なくなかったであろう。しかし、村落間相論に根ざす領主間紛争が戦国期に多く発生していることからすれば、領主間交渉によっても解決しない問題もまた多かったことは事実である。実際に常陸国江戸崎領では、「安見之内ゆわつぼ《（岩坪）》村より当年五十年先に若栗村之内へ山を立出し申候間、ふせき《（防）》申候処ニ、互ニぼう《（棒）》打仕候時、若栗村之百姓三人うたれ《（討）》申候間、若栗村之地頭はたの《（波多野）》山城殿ゆわつぼへおしかけ、げし《（解死）》人とるべきよし被申候」[48]とあるように、村落間相論に際し領主はすぐに武力による報復に向かっている。

だがその場合、合力衆を含めた武力衝突・報復合戦に展開し、果ては家中分裂に至る危険性も孕んでいた。そこに、戦国大名の裁定を求める動きが生まれるのだろう。甲斐武田氏領国において、武田氏の国衆であった伴野氏と蘆田氏が知行地をめぐって相論となったとき、両者はおそらく近隣の支城であった岩村田の在番衆に「御唀」を求めた。だが、「御さはきにあまり申候ニ付而、則信玄様へ言上被成候」と、その問題は「御唹」衆では裁定しがたかったため、武田氏の法廷での裁許に委ねられることになっている(49)。ここに、領主間交渉や第三者の介入によっても裁定が困難な段階に至って初めて、大名裁定が申請されるという、重層的な紛争裁定システムの存在を認めることができよう。

すでに周知のように、戦国大名の分国法では、村からの直訴が認められている。だが、それは領主間における交渉を経て、解決困難な案件が大名法廷にのせられたのであり、勧農の構造と同様に、紛争裁定の過程においても村・土豪、給人、戦国大名・国衆との間には、それぞれ役割分担があった。個別領主の存在意義の一つは、こうした領主間のネットワークを使った紛争裁定にあったと評価できよう。

## おわりに

以上、本章では戦国期在地領主に関する近年の研究成果の到達点を確認し、その上で今後筆者が追究すべきと考える勧農の実態や紛争解決システムについて、諸階層による役割分担という視点から考察してきた。戦国期においては、戦国大名の家臣となった給人がいまだその領主権を否定されておらず、それ故に勧農や村の相論に積極的に関わらざるをえなかった。戦国大名・国衆、給人、そして土豪層による社会的分業の構造、役割分担のあり方は、戦国期独自の社会体制をかたちづくっていたといえよう。こうしたシステムは、基本的には近世にも継承されていき、特に地方知行制が採用されている所では、藩主・給人・村という重層的な勧農の構造が、領主支配の基礎として位置づけられていくのである。

だが、勧農の具体的な方法や個別領主の機能などについては、まだまだ不明な点は多い。年貢を収取できる正当性や領主としての存在意義、さらには大名と給人、村との相互関係や役割分担については、まだあまり注目されていないのが現状であろう。筆者の能力の限界により、ごく限られた課題にしか触れられなかったが、本章が戦国期在地領主の研究を進展させる一つのきっかけになることを祈りつつ、今は擱筆したい。

**註**

（1）この点については、湯浅治久『中世後期の地域と在地領主』序章（吉川弘文館、二〇〇二年）が指摘している。なお、従来在地領主とは、武力を独占して個別百姓支配を行う、在地に密着した武家領主と概念化されてきた。だがその後の研究によって、武家のみが武力を独占していたわけではなかったこと、個別に百姓を把握していなかったこと、そして実際には在郷していて在地にはいなかったことが明らかとなった現在では、単に武家領主のみを在地領主と呼称することは適当ではないだろう。だが、本章が掲載された『歴史評論』六七四号の特集、「中世在地領主制論の現在」の企画の趣旨やこれまでの慣習に従い、「在地領主」という名称を使用して、武家領主を取り上げる。しかし、それは従来のような概念を含めての呼称ではないことを断っておく。

（2）永原慶二「日本における封建国家の形態」（同『日本封建制成立過程の研究』所収、岩波書店、一九六一年、初出一九五〇年）。なお、その後、永原氏がこの点についての考え方を若干改めたことについては、保立道久「荘園制社会構成における連続と非連続」（同『歴史をみつめ直す―封建制概念の放棄―』所収、校倉書房、二〇〇四年、初出二〇〇一年）に指摘されている。

（3）黒川直則「守護領国制と荘園体制」（『日本史研究』五七号、一九六一年）・同「中世後期の領主制について」（『日本史研究』六八号、一九六三年）。

（4）黒川直則「十五・十六世紀の農民問題」（『日本史研究』七一号、一九六四年）など。

（5）永原慶二『体系・日本歴史3大名領国制』（日本評論社、一九六七年）・同「大名領国制の史的位置」（同『永原慶二著作選集　第六巻　戦国期の政治経済構造・戦国大名と都市』所収、吉川弘文館、二〇〇七年、初出一九七五年）・同「大名領国制の構造」（同書、初出一九七六年）など。

（6）一方、近年では惣国一揆を戦国大名と同質とみる議論が提示されていること（久留島典子「領主の一揆と中世後期社会」、『岩波講座日本通史　第9巻中世3』所収、一九九四年）、また戦国期の寺社領主も、戦国大名領国下にあっては給人と同様に把握されていたことから考えれば、これらも在地領主と同様の本質をもつ領主として捉えることができる。したがって、在地領主の本質は武家領主のみに特有なものではないともいえるが、さしあたり本章では武家領主を在地領主の主要な存在と設定して議論を進めていくことにする。

（7）勝俣鎮夫「相良氏法度の一考察」（同『戦国法成立史論』所収、東京大学出版会、一九七九年、初出一九六七年）、藤木久志「戦国法の形成過程」（同『戦国社会史論』所収、東京大学出版会、一九七四年、初出一九六七年）・同「国人領の変動と大名権力」（同書、初出一九六八年）。

（8）永原前掲註（5）『永原慶二著作選集　第六巻　戦国期の政治経済構造・戦国大名と都市』序章。

（9）こうした研究動向は、その後、大名検地論や貫高制論に顕著な農民支配論、権力形成過程を追究した戦国大名公権論、そして戦国大名の権力構造を分析した家臣団構成や知行制の研究などとして展開していく。

（10）池上裕子「北条領国における給人の公事賦課権」（同『戦国時代社会構造の研究』所収、校倉書房、一九九九年、初出一九八四年）。

（11）黒田基樹「戦国大名の「国役」とその性格」（同『中近世移行期の大名権力と村落』所収、校倉書房、二〇〇三年）。

ちなみに、大名直轄領においては、戦国大名が給人賦課役を徴収していたと述べられていることからすれば、戦国大名も直轄領においては、給人と同様の領主の属性をもつ存在として捉えられよう。

(12) 藤木久志『豊臣平和令と戦国社会』(東京大学出版会、一九八五年)、勝俣鎮夫「戦国時代の村落」(同『戦国時代論』所収、岩波書店、一九九六年、初出一九八五年)。

(13) 勝俣鎮夫「戦国法」(同前掲註(7)著書所収、初出一九七六年)では、戦国大名が領民に対する保護義務を果たすことで、領民に対する絶対的支配権を有していたことが指摘されている。

(14) 藤木久志「領主の危機管理」(同『戦国史をみる目』所収、校倉書房、一九九五年、初出一九九二年)・同「村からみた戦国大名」(同書、初出一九九四年)。

(15) 藤木久志「村の越訴」(同『村と領主の戦国世界』所収、東京大学出版会、一九九七年、初出一九八七年)、稲葉継陽「用水相論と地域財政の展開」(同『戦国時代の荘園制と村落』所収、校倉書房、一九九八年)・同「中世史における戦争と平和」(同『日本近世社会形成史論―戦国時代論の射程―』所収、校倉書房、二〇〇九年、初出一九九九年)、黒田基樹「戦国大名権力と在地紛争」(同前掲註(11)著書所収、初出二〇〇一年)。

(16) 田村憲美「死亡の季節性からみた中世社会」(同『日本中世村落形成史の研究』所収、校倉書房、一九九四年)、藤木久志『戦国の村を行く』朝日選書、一九九七年)・同『飢餓と戦争の戦国を行く』朝日選書、二〇〇一年)・同編『日本中世気象災害史年表稿』(高志書院、二〇〇七年)。

(17) 田代博志「中世後期の荘園村落における紛争解決と領主」(『熊本史学』八三・八四合併号、二〇〇四年)。

(18) 稲葉前掲註(15)「用水相論と地域財政の展開」。

(19) 本書第六章(「用水相論の実態と戦国大名権力」、初出二〇〇一年)および第七章(「紛争裁定にみる戦国大名権力の特質」、初出二〇〇九年）。
(20) 峰岸純夫「戦国時代の「領」と領国」（同『中世の東国』所収、東京大学出版会、一九八九年、初出一九六九年）。
(21) 黒田基樹「戦国大名権力の成立過程」（同前掲註(11)著書所収、初出二〇〇〇年）。
(22) 松浦義則「戦国期毛利氏「家中」の成立」（『史学研究五十周年記念論叢　日本編』所収、福武書店、一九八〇年）。
(23) 久留島前掲註(6)論文。
(24) 矢田俊文『日本中世戦国期権力構造の研究』（塙書房、一九九八年）。
(25) 市村高男『戦国期東国の都市と権力』（思文閣出版、一九九四年）。
(26) 黒田基樹『戦国大名と外様国衆』（文献出版、一九九七年）・同『戦国大名領国の支配構造』（岩田書院、一九九七年）。
(27) 黒田前掲註(21)論文。
(28) 拙稿「地域権力の家中形成とその背景」（同『中近世移行期における村の生存と土豪』所収、校倉書房、二〇〇九年、初出二〇〇一年）。
(29) 家永遵嗣「将軍権力と大名との関係を見る視点」（『歴史評論』五七二号、一九九七年）。
(30) 久留島典子「中世後期の「村請制」について」（『歴史評論』四八八号、一九九〇年）、稲葉継陽「村の侍身分と兵農分離」（同前掲註(15)著書所収、初出一九九三年）。
(31) 藤木久志「中世庄屋の実像」（同『戦国の作法―村の紛争解決―』所収、講談社学術文庫、二〇〇八年、初出一九八七年）。
(32) 黒田基樹「大名被官土豪層への視点」（同前掲註(11)著書所収、初出一九九八年）。
(33) 拙稿「土豪の生態と村・大名」（同前掲註(28)著書所収、初出二〇〇四年）。

(34) 勝俣前掲註(12)論文。
(35) 大山喬平「中世における灌漑と開発の労働編成」(同『日本中世農村史の研究』所収、岩波書店、一九七八年、初出一九六一年)。
(36) 藤木久志「在地領主の勧農と民俗」(同前掲註(31)著書所収、初出一九七六年)。
(37) 藤木久志「村からみた領主」(同前掲註(16)『戦国の村を行く』所収、初出一九九四年)。
(38) 藤木前掲註(14)「村からみた戦国大名」。
(39) 高野信治『近世大名家臣団と領主制』(吉川弘文館、一九九七年)、長野暹『幕藩制国家の領有制と領民』(吉川弘文館、二〇〇四年)。なお、近世史研究においても、給人やその勧農に触れた研究は少ない。以下、両者の引用はこれら著書による。
(40) 稲葉継陽「村の再開発と名主」(同前掲註(15)著書所収、初出一九九七年)。
(41) 稲葉継陽「村の御蔵の機能と肝煎」(同前掲註(15)著書所収、初出一九九六年)。
(42) 拙稿「売買・貸借にみる土豪の融通」(同前掲註(28)著書所収、初出二〇〇四年)。
(43) 高野信治氏も、困窮により給人が藩主に「切地」として給地の一部を進上し、その給地が直轄支配下に入ると、給人による勧農機能も藩主が保証することになった、と述べている。
(44) 山本隆志「勧農」(同『荘園制の展開と地域社会』所収、刀水書房、一九九四年、初出一九七七年)。
(45) 黒田前掲註(11)論文。
(46) (年未詳)四月二日大道寺盛昌書状(「鈴木文書」『戦国遺文後北条氏編』四一四五)。
(47) 天文十七年七月二日岡部常慶寄進状(「増善寺文書」『静岡県史　資料編7中世三』)。

（48）慶長十六年九月十六日若栗村相百姓目安案（「湯原尹氏所蔵文書」『牛久市史料　中世Ⅰ』）。

（49）寛永二年三月本木道吉等連署書状（「市川五郎家文書」『長野県史　近世史料編第二巻』）。なお、この史料については、平山優『戦国大名領国の基礎構造』（校倉書房、一九九九年）に詳しい解説がある。

# 第二章　畿内近国「国衆」の動向とその性格

## はじめに

戦国期の村研究は、これまで村落における百姓上層という、いわゆる土豪層の位置づけをめぐって行われてきた。すなわち、彼らは村に対して在地剰余を搾取する支配階級であるとともに、権力側に対して年貢等を負担する被支配身分である、ちょうど村と権力の中間的な存在と定義され、彼らの村支配のための運動方向についても領主化か、あるいは地主化かということが議論されてきた(1)。しかし、土豪層が権力への被官化、あるいは近隣の土豪層との連合を基に村を支配したという小領主論・地主論自体が、主体的・自立的な村の実態を解明した近年の村論によってそのままでは成り立ちがたいものとなっている。自立的な村に存在基盤がある土豪はその村に規定されざるをえない。また、土豪層の権力への被官化、あるいは在地における土豪層の連合という側面は、村における土豪層の役割という視点から捉え直されてきている(2)。村において土豪層が果たした役割については、今後さらに具体的に深めていくべき問題であると考えるが、また一方で土豪層が被官化していた権力側についても再検討されるべき問題が含まれていると思われる。

これまで、土豪層が被官化していた権力、すなわち領主層については、領主制論の視点から国人領主あるいは在地領主として概念化された。そのため、彼らによる在地土豪層の個別把握が、土豪層の下にある村自体の支配を可能にすると捉えられていた(3)。しかしそれは、国人領主と主従関係を結んだ土豪層が、村内においては周辺百姓を被官化させて村を主導する存在であったという前提があったためである。先に述べたように、村論の提起によって、村の自立的な動向が明らかにされた現在では、戦国期については国人領主制という概念は成り立ちがたくなったといえる。

一方、戦国期領主権力の研究は、主に東国の領主を事例に進展がみられ、そこでは家中組織の組み替えや排他的・一円的所領の形成、「家」支配と領域支配の一体化によって、室町期までの領主権力から変質して、戦国期的な地域権力が成立すると論じられている(4)。そして基本的に、戦国大名と、戦国大名に従属している大名領国周縁部の国衆とでは、地域権力としてのあり方は同質であると捉えられ、国衆の領国支配や戦国大名領国における国衆の位置づけについても具体的な研究が蓄積されてきている(5)。

東国における国衆論によれば、「家」権力として同一の構造を持つ戦国大名と国衆の従属関係は、国衆による軍役等の負担とそれに対する大名による国衆所領の保全、具体的には国衆の所領紛争における大名の軍事的協力という関係にとどまり、国衆の自立的な所領自体に大名が直接介入するものではなかったという。また、大名と国衆が従属関係を結ぶ際も、どの大名と結ぶかは国衆側によって主体的に選択されており、その大名が国衆の所領保全にとって頼りないと判断されると、国衆は別の大名と主従関係を結ぶのである。このような国衆のあり方は、戦国大名の家中を構成している領主(給人)とは明確にその性格を異にするものとして位置づけられているのである。

しかし、国衆をはじめとした戦国期の領主権力に関する研究は、ほぼ東国の領主を対象とした検討のみで、しかも東国以外の他の地域においては、領主権力自体があまり研究対象として取り上げられてはいない。特に畿内近国においては、国人領主・在地領主という捉え方が、いまだ基本的な見方となっている。このように、東国の領主権力研究が他地域の研究にとり入れられていないのは、東国と畿内近国・西国では権力の性格や在地社会のあり方が異なるという考え方が根底にあるためと思われる(6)。

そこで本章では、東国における領主研究の成果をふまえ、畿内近国を事例として領主の動向や性格を検討することにする。畿内近国における領主の権力的性格を明らかにすることにより、権力の性格や社会のあり方の地域性という考え方に対し再検討を迫りうるとともに、土豪層の村における動向・役割を具体的に考えるための前提をつくることができると考えるためである。具体的事例としては、近江国坂田郡箕浦を本拠とした今井氏を取り上げて分析する。

## 第一節　戦国期における今井氏の動向

今井氏の出自・系譜に関しては不明な点が多いが、一般的には藤原秀郷の後裔で、初めて近江国坂田郡箕浦に住した三郎太夫俊季より四代後の俊綱が今井氏の祖とされている(7)。そして、その後の今井氏の動向は「今井軍記」にみることができるが(8)、しかし、今井氏の動向やその性格が具体的に史料上確認できるのは戦国期に入ってからである。それは、今井氏家臣であった嶋氏により記録された「嶋記録」が残っているためで、本書のなかには戦国期の嶋氏の当主秀安が記した記録と、その当時に発給された今井・嶋等宛の文書が引用されている(9)。「嶋記録」によって、戦国期における今井氏の動向のかなりの部分が確認できると思われるため、以下順を追ってみていきたい。

応仁の乱以降、近江国においては江南の六角氏と江北の京極氏は対立を深め、江北においてはその後、京極氏被官であった浅井氏が京極氏を擁して六角氏と対峙する状況に至っていた。そして、両権力の境目となっていたのが坂田郡一帯で、今井氏を含む同地域の領主は状況により六角・浅井両氏の何れかに与し、その領域は絶えず戦場となった台頭してきたことにより京極氏を離れ六角氏に付いた。しかし、享禄四年（一五三一）には浅井氏に箕浦荘の今井館を攻められ、さらに出陣してきた六角氏勢も浅井軍に敗北したため、その後は浅井氏に従うことになったようである。[11][12]
そのような状況の中で、天文元年（一五三二）六月に六角氏と浅井氏が和睦すると、翌天文二年一月に今井氏当主秀俊は浅井亮政によって神照寺で生害させられている。今井秀俊生害の理由は明らかではないが、「享禄五年六月、六角殿浅井亮政和睦、秀俊蒙京極殿之御勘気、被仰付切腹、於神照寺自刃」や、「今井左衛門尉秀俊京極殿御不審をかうふり、江北にて浅井備前守亮政ために生害せられけれハ」、あるいは「今井秀俊南心アルヨシニテ」とあることから、京極氏に従っていた今井氏が、京極氏を離れ六角氏に与したことや、浅井氏に属することになった後でも、いまだに六角氏寄りであったことが京極氏の勘気を蒙り、それが原因で生害させられたものと推測される。[13][14][15]
当主を殺害された今井家中は、秀俊の子尺夜叉丸を家督として立てたが、浅井・京極方に付いて本領を維持する道を選ばず、尺夜叉丸と共に本拠である箕浦荘を去って六角定頼の本拠観音寺城へ向かい、六角氏に与して浅井・京極方と敵対することになる。その結果今井氏は、犬上郡の敏満寺に住居を定め、六角定頼により近隣の「平田跡」を「今井堪忍分」として与えられている。[16]
「堪忍分」とは、東国の戦国大名北条氏の領国では、武田氏の滅亡に際し本領から没落し北条氏に従属した遠江の国衆天野藤秀に対し、「当表へ被相移候、仍為堪忍分森下分進之置候、可有知行候、此度出馬火急之間、先為住居遺候、本意之間、堪忍之儀者、追而可申合候」と、北条氏の領国内に当座の住居として知行地を宛行っている例や、今川氏の旧臣でその滅亡後に北条氏についた岡部和泉守に、「為当意堪忍分、小机筋麻生郷進之候」と、知行を与えている例など、本領を失った国衆に対して、あるいは、上総の正木時忠の一族正木彦五郎に対し、「当意為堪忍分進置[17][18]

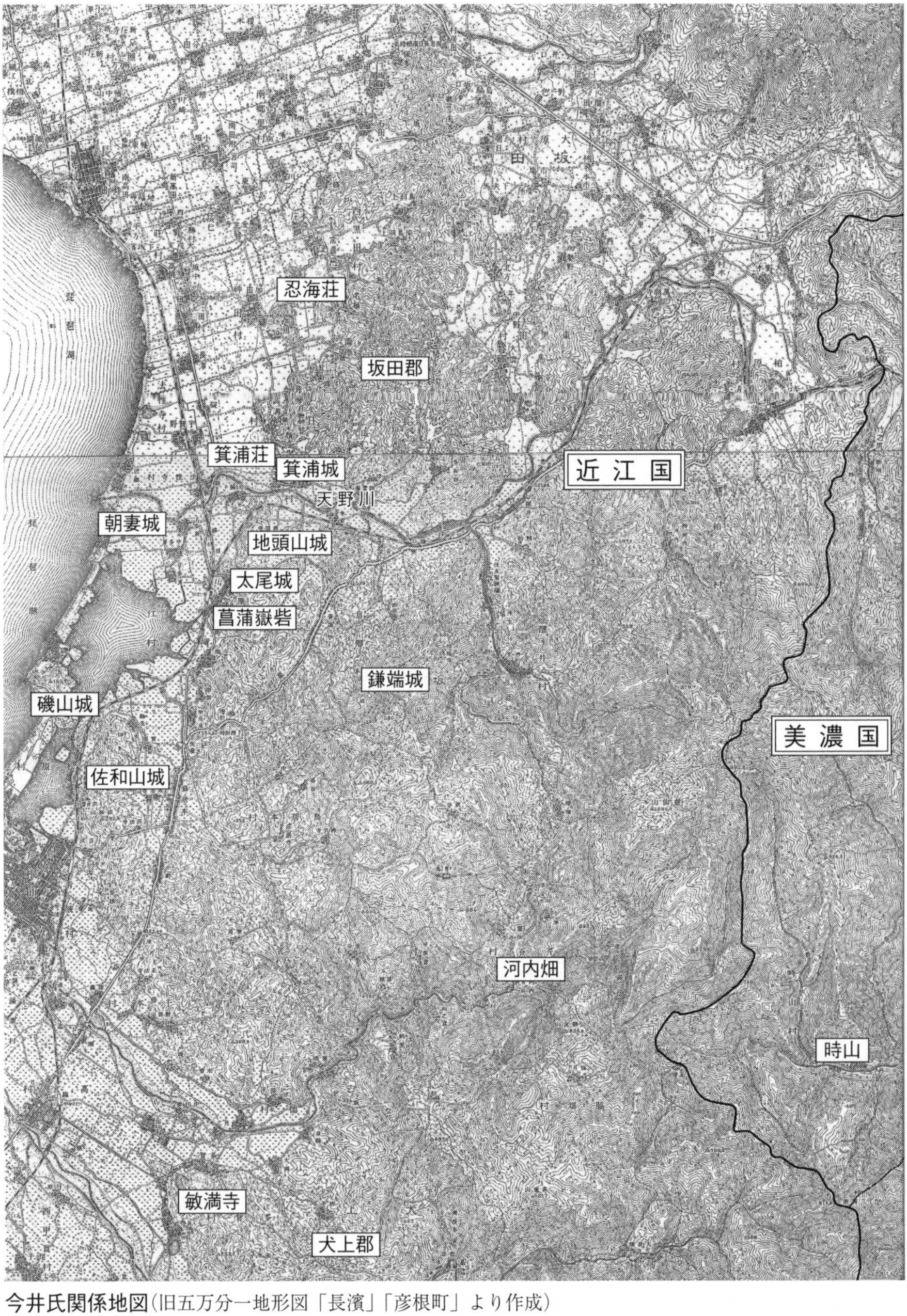


今井氏関係地図（旧五万分一地形図「長濱」「彦根町」より作成）

候、相当之所連々見立可申付候」と、当座の堪忍分とその後相当の所領宛行を約束している例[19]など、国衆の一族で政治的に自立していない領主に対して、北条氏から与えられた扶持分としてみえる。これらはいずれも、「本領之替[20]」として与えられたもので、大名北条氏と新たに従属関係を結び、自己の本領を回復するまでの当座の住居・知行分として「堪忍分」が与えられたものと捉えられる。おそらくは、今井氏が与えられた「堪忍分」も、北条氏の事例と基本的に同様のものであったと考えられる。

東国における戦国大名と国衆との関係をふまえて考えると[21]、今井氏の場合も「堪忍分」の宛行により六角氏の家中として家臣化したのではなく、進退の保証や所領の維持のため六角氏と従属関係を結び、それに伴い「堪忍分」を本領回復までの間与えられたものと捉えることができる。その後、今井氏は六角氏との従属関係＝軍事的協力をもとに、自己の本領である箕浦荘を回復するために境目の城攻めを行うことになる（「嶋」八・九）。

六角氏は、本領を回復したい境目領主の要請に従い、「如存知来年必北之儀可申付」と、本格的に江北を攻めることを決し（「嶋」七）、天文七年五月に六角定頼が佐和山城を落とすと[22]、同じく境目の敵城である鎌端城攻めにとりかかっている。おそらく、この動きに呼応して今井氏も居所敏満寺から鎌端城のすぐ西に位置し、より本領に近い菖蒲嶽砦に移ったものと思われ、そこで鎌端城からの通路を塞いでいることが知られる（「嶋」一四）。この菖蒲嶽砦は、鎌端城を攻めるためにも、また今井氏の本領回復にとっても重要な意味をもっていたが、この地は浅井方との境目の最前線に位置していた。そのため、六角氏に対して敵方へ寝返らない意志を表明するためであろう、居所を移す際に今井氏当主の定清（元の尺夜叉丸。「定」は六角定頼からの偏諱と思われる）は人質として二歳になる自分の子と、家来である嶋秀宣の子を観音寺城へ入れている[23]。そして、その鎌端城が同年六月四日に落ちると[24]、今井氏は六角氏に擁立されていた京極高慶に箕浦荘とその周辺地域の支配回復に努めるよう申しつけられている（「嶋」六六）。その後も六角氏はさらに北へと戦線を進め、同年九月には国友河原での合戦で浅井方に勝利し、京極高慶を江北に入部させるに至る(25)。その際に今井氏も本領及び周辺所領を回復したとみられ(「嶋」一九)、今井氏は敏満寺から菖蒲嶽砦に居所を移した御礼をかねて六角氏に「御礼銭弐千疋」を贈っている(26)。しかし、京極高慶は江北支配を維持することができず、翌年には今井所領の内でも北に位置する忍海荘が不知行となっている(後述)。

天文十年頃になると、それまで浅井亮政の保護を受けていた京極高広が浅井氏に対して兵を挙げたことにより、また翌十一年に浅井亮政が死去したことも重なって、亮政の後継者となった久政は、同十三年にそれまで敵対していた六角氏と結び京極高広に対抗している(27)。京極高広の挙兵には、元京極氏被官の多くが従うこととなったため(28)、六角・浅井両氏の講和に際して、個々の領主はそれぞれの去就を明確にすることが必要となり、浅井氏に従っていた者は本拠小谷城へ人質を入れ、六角氏に従っていた今井氏は佐和山城へ人質を入れるように求められている(「嶋」一二三)。しかし、京極高広がさらに勢いを増し浅井氏の居城近くまで攻め入るようになると、浅井久政はそれを支えることができなくなり、天文十九年頃に再び京極高広と結んだため(29)、六角定頼との和議が崩れ、今井氏を含む境目付近の領主は再び境目の最前線に位置することとなった。

浅井氏と結んだ京極氏は、六角方に付いている境目領主を味方に勧誘し(30)、今井氏に対しても天文二十年に「対当家可為忠節候間、訴訟儀者聊不可有等閑候」(「嶋」六八)と所領の安堵を約したり、「堀石(堀石見守)も同心候条、相談同前ニ其働簡要候」(「嶋」六七)と、近隣領主である堀氏も味方となったのだからといって同心を求めている。今井氏は、その誘いに応じて六角氏を離れ京極・浅井方に付くことにし、同年末にようやく本拠である箕浦城への帰城を果たす(「嶋記録」及び「嶋」一七・一八)。これにより、天文二年に在所を離れ浅井・京極方から六角方へ従属していた今井氏が、およそ二〇年ぶりに浅井・京極方へ再び従属することで在所へ復帰することになった。

しかし、浅井・京極方への従属関係も、天文二十二年十一月に浅井・京極方が六角義賢に破れて和睦を結ぶと[31]、六角氏から離れて浅井・京極方へ付いていた境目領主の立場は微妙なものとなる。今井氏のほか、堀氏・若宮氏といった今井氏周辺領主は、永禄二年（一五五九）五月に浅井・六角両氏の和睦が破れ、再び浅井氏によって味方に勧誘され、これに応じるまでの約六年間、それぞれの在所に引き籠もりどちら方にも味方しないという状況になったようである。境目領主たちが従属関係を断ち切ったことは、その後、浅井・六角の和議が崩れた直後に浅井方の佐和山城を六角氏が攻めようとした頃[32]、今井氏当主定清が浅井氏の小谷城に登城していることや（「嶋」一六）、浅井氏が若宮氏に「此方申儀於御同心者、為配当参百石可進候[33]」と述べていること、また六角承禎（義賢）が「堀父子間之事、最前如申候和談可然候」（「嶋」一五）と勧誘していることなどから知ることができる。この六年間、それまで自己の所領を保持するために大名権力に結集していた領主が、どちらにも従属せずに所領を維持しえたのは、それまで対立していた浅井・六角両氏が和睦し、境目であった領域に一定度の平和状況が創出されたためであろうが、そのような状況はむしろ特殊であったと思われる[34]。そしてこれ以後、今井氏をはじめとした周辺領主が浅井氏に従属したことで、永禄五年頃までは彼らの領域が境目の戦場地帯となり[35]、今井氏当主定清は永禄四年七月一日に境目の城である太尾城を攻撃中に、味方討ちにあい戦死している（「嶋」三三・三五）。その後は、当主定清の子小法師丸が幼少で当主を継承することになる。

永禄六年十月に観音寺騒動が起こり、六角氏勢力が著しく減退すると、浅井氏と六角氏との境目は坂田郡よりかなり南に押し下げられ、今井氏の周辺領域は平和状況が保たれたが、元亀元年（一五七〇）四月に浅井長政（久政の後継者）が織田信長との連合を破棄して敵対したことにより、この地域に再び危機的状況が訪れることになる。今井氏は姉川の合戦に出陣し、敗退した後は浅井氏の重臣磯野員昌と共にその居城であった佐和山城へ向かい、その後約半年にわたって在所を離れて籠城している（「嶋記録」及び「嶋」四四～四六・四八・四九）。元亀二年二月に佐和山城を開城し織田方へ城を明け渡したが、今井氏は織田方に降らなかったため箕浦に帰城することが叶わず、河内畑から美濃の時山に牢籠する。その後も今井氏は浅井方から同心を求められ（「嶋」四七・五四）、本領の回復を約束されて浅井方に三度与することになるが（「嶋」五五）、その時点で浅井氏に今井氏の所領を保全するだけの力はなく、所領安堵も空手形のまま天正元年（一五七三）八月に浅井氏は滅亡する。

このように、今井氏の周辺領域は浅井・六角両氏という大名権力のちょうど境目に位置し、つねに近隣との対立・戦争状況にあったため、その時々の状況に従い何れかの大名権力に従属し、自らの領域を保持しようとしていた。具体的には、今井氏の例からもわかるように、自己の所領保全とそのための調停・軍事協力を大名権力に求めていたことがわかる。しかも、自らが頼る人名をも、その時々の状況により境目領主側が主体的に選択していたことがうかがえる。だからこそ、自己の所領が維持できる状況であれば、どちらの大名にも与しないという事態が生じえたのであろう。また、このような境目領主の動向は戦国大名の家中的な存在とは捉えられず、むしろ東国において戦国大名領国の外縁部に存在していた国衆との類似点を指摘しうる(36)。その点については後に検討することにして、次に今井氏の所領についてみていきたい。

## 第二節　戦国期における今井氏の所領

今井氏の所領については、これまで具体的には解明されていない。「今井軍記」には、今井氏が室町期に箕浦を中心とした周辺所領の諸職を宛行われたという記事があるが、実際に戦国期においてはどうであったのだろうか。

天文二十年（一五五一）に六角氏から浅井氏へ従属した時、今井氏は浅井氏から「太尾於相果者可進之置候」と太尾城の攻略を条件に新知所領の宛行を約束されている(37)。その新知所領は、箕浦城を中心とした周辺所領であるが、その新知には含まれていない「忍海庄」について、浅井氏からの穿鑿をうけている。

〔史料1〕（天文二十一年）四月六日　今井定清書状写（「嶋」一九）

忍海庄本所事、元者嵯峨鹿苑院領候、有子細而代官職預り申取沙汰仕候、然処寺社本所国押領ニ成候時、私今井十五代秀遠代也、文明年中ヨリ此方知行、（中略）

「此天文二年ニ定清南ヘ牢籠ト聞ヘタリ」

同二年ヨリ六年迄ハ牢人不知行、如此けして有、

同七年ヨリ八年ノ三月迄知行、

「此間五年断」

同十三年ヨリ廿一年正月迄知行、但南之筋ノ間半分不知行、

「南筋トハ江州守護職六角殿預リ時ノ事ト見ヘタリ、」

右、如此国ニ在之時者知行仕来候、然間先年亮政より親ニて候者時、御折紙給候、御文言等子細在之事ニ候、只今御穿鑿迷惑仕候、此等之趣具可被仰調事、偏奉頼候、恐々謹言、

「覚、天文廿一ト見ヘタリ」

卯月六日　今井左近尉（定清）

浅井又次郎（忠種）殿　「石見守若名也」

赤尾美作（清綱）殿

雨森弥兵衛殿

参(38)

史料1で今井氏は、「忍海庄本所事、元者嵯峨鹿苑院領候、有子細而代官職預り申取沙汰仕候、然処寺社本所国押領ニ成候時、私今井十五代秀遠代也、文明年中ヨリ此方知行」と、元々代官職を持っていた忍海荘において、応仁文明の乱以降自己の所領として知行してきたことを述べている。そして、その知行は度々断絶しつつも「国ニ在之時者知行仕来候、然間先年亮政より親ニて候者時、御折紙給候」と、今井氏が「国」＝自己の在所である箕浦にいた時は間違いなく知行してきたことが主張されている。しかもそれは、浅井亮政によっても安堵されていることが強調され、「只今御穿鑿迷惑仕候」と大名浅井氏による今井氏の所領への干渉を「迷惑」として退けている。浅井氏がどのように穿鑿してきたのかは明らかではないが、この文書の「覚書」[39]に「忍海庄布施村今井本所、浅井殿より改被申事あり」とあることから、今井氏の所領であった忍海荘の領有状況および在所を調査しようとしたの対し、今井氏は自己の所領を大名に調査されるいわれはないと述べていると推測できる。したがって、忍海荘は、大名との従属関係によって大名の知行制の枠内に再編成されたり、大名によって干渉されたりする性格の所領ではなく、今井氏が独自に領域支配を行いえた自立的な所領であったと捉えられる。

　また、今井氏の居城があった箕浦荘に関しても、この時の新知には含まれていない。姉川合戦から佐和山開城を経て、再び元亀三年(一五七二)に浅井氏に従属した時には、「御一味付而申談条々」(「嶋」五五)として、まずはじめに「箕浦地頭本所事」と箕浦荘一円所領を約束されているが、この時、今井氏は在所を離れて美濃の時山に牢籠していたため、所領宛行の対象として箕浦荘もあげられているのである。しかし、天文二十一年の段階では、今井氏は六角氏時代に居城としていた菖蒲嶽砦から箕浦の在所へ戻っていた。その上で、新知としてあげられていないという点から考えると、箕浦荘も先の忍海荘と同様に在所にいる限りにおいて今井氏が維持しうる自立した所領であったと捉えられよう。すなわち、新知として宛行の対象となっていないこれら二つの所領が、今井氏の本領であったと捉えられる。また、自立した所領として大名浅井氏にも認識されていたからこそ、浅井氏によって安堵されることはあっても、宛行われるという性格の所領ではなかったことがわかる。

しかし、箕浦荘が忍海荘と異なり、浅井氏によって干渉されていないのは、箕浦荘が今井氏の本拠であり居城も所在するという、今井氏の所領として間違いなと考えられていたためであろう。

〔史料2〕天文十五年十二月十一日　今井定清書状（「恵福寺文書」『坂上』）

若宮殿御神領之内、壱段買徳申候条、由緒子細相尋候処、理運之旨承分候、然者全不可有知行相違候者也、猶同名伊賀守可申候、恐々謹言、

天文十五

十二月十一日　　今井権六

　　　　　　　　　定清（花押）

恵福寺

　　進之候

〔史料3〕（年未詳）五月九日　今井定清書状写（「嶋」三三一）

箕浦公文定使之事、依被申次郎右衛門仁相定候、此通可被申聞候、猶以奉公肝要由、意見専一候、恐々謹言、

五月九日　　（今井）定清判

「若狭事」

嶋四郎左衛門尉殿（秀安）(40)

箕浦荘は、天文二年に今井氏が本拠を離れて以来不知行となっていた思われるが、史料2にみえるように、天文十五年には箕浦荘にある恵福寺に対して今井定清が買地安堵を行っている。この史料2の存在により、おそらくは今井

氏が敏満寺から菖蒲嶽砦に居所を移して間もなく箕浦荘の知行も回復したものと推測される。また、その知行の内容については、史料3にみえるように、今井氏が箕浦荘において独自に「公文・定使」を設定していることが注目される。北条氏の事例では、「小代官」「名主」といった収取担当者を大名が直接設置していた所領は、大名の直轄領あるいは家臣(給人)所領など、大名の知行制に包摂された範囲のみで[41]、その外縁部にある国衆の所領では国衆が独自で設置していたという。つまり、国衆領では大名領とは別の収取体系が作られており、しかもその体系に大名が直接介入することはなかったことが解明されているのである[42]。したがって、今井氏の箕浦荘の場合も大名の知行制に包摂された領域ではなく、今井氏の一円的・自立的な所領であったと捉えられよう[43]。

一方、忍海荘は今井氏の所領のうち最も北に位置し、今井氏が六角氏に従属している間はまさに六角氏と浅井氏との境目地域の最前線にあった。そのため、忍海荘も天文二年に今井氏が本領を離れてからは不知行となっており、以後天文七年から同八年三月までは京極高慶の江北入部に伴い知行が一時的に回復されているが、基本的に不知行所領であった。その後、同十三年に今井氏は忍海荘の知行を回復するのであるが、史料1に「但南之筋ノ間半分不知行」とあるように、今井氏は六角氏に従属していたため半分のみしか知行できていない。つまり、権力の境目地域に所在した忍海荘においては「半納」「半済」という状況になっていたのである。

こうした年貢の「半納」については、峰岸純夫氏の分析によって、東国の境目領域には広範に「半手」地域が存在したこと、またそれが境目領域の郷村の「侘言」により創出されたものであったことが明らかにされている[44]。村の側は、敵対する二つの権力からの年貢・公事の催促によって二重に収納されるという事態を避けるため、一定量の年貢・公事を両権力で折半するように求めるのだが、また権力側も一方の勢力の侵入を排除して単独で領域を維持しえないため、村側のそのような要求を承認せざるをえないという。つまり境目領域は、敵方の侵攻を常にうける可能性のある地域でもあるため、領主がその地域の危機管理を完結できなければ、その在所からの全年貢・公事を収取することができないのである。しかしそれでも、領主がその地域の領有を維持するためには、地域の安全保障および再生産維持を求める村側の要求を受け入れ、村がそれまで負担していた年貢・公事を敵方と折半することで一定の収取をするしかなかったということである。

このような研究をふまえて考えると、忍海荘における「半納」の実態も理解しうる。当時の忍海荘周辺は、天文十年に京極氏が浅井氏に挙兵して以降、同十三年に近隣の国友(長浜市)・長沢(米原市近江町)・加田(長浜市)などが京極氏によって攻められていた。(45)つまり、それまで浅井・京極両氏によって当知行されていた当地域が、浅井氏と京極氏との対立によって、京極氏対浅井・六角両氏の戦場となったのである。それにより忍海荘周辺は、京極方の勢力やそれに敵対する今井氏が当知行をめぐって争い、常に諸軍勢の侵攻にさらされていたのである。そこで今井氏が京極方の勢力を排除できれば忍海荘を全部知行することができたのであろうが、実際は今井氏が独力でその地域の保護者として地域の安全を確保できなかったため、「半納」という状況が創出されたものと考えられる。したがってこの場合、残りの半分は京極氏側が収取したものと思われる。

そして、このような「半納」という状況が、天文二十一年に忍海荘が浅井氏によって「改被申」という事態をもたらしたものと想定できる。すなわち、大名権力は所領の保全を求めて従属してきた領主(国衆)に対し、当知行を原則として所領を安堵するが、(46)「半納」の所領の場合はどちらが当知行しているかを判断することが困難なため、浅井氏がその判断のためにあれこれと穿鑿をしてきたものと捉えられるのである。実際に今井氏が浅井・京極方に従属するにあたって、京極氏によって「対当家可為忠節候間、訴訟儀者聊不可有等閑候(47)」と、当知行あるいは境界をめぐる相論においてないがしろにしないことを約束されていることからもわかるように、それまでの今井氏の所領の内には他との係争地を含んでおり、まさに忍海荘のような「半納」の所領がそうした係争地と認識されていたと思われる。しかし、こうした「半納」の地においても、今井氏が「国ニ在之時者知行仕来候」（史料1）と、在所にいればその地域の領主として知行が可能であったと主張しているのは、在所に居住さえしていれば、今井氏こそが村の再生産を維持し、領主の責務である危機管理を行いうる者として村側に承認されていたためで[48]、その意味で忍海荘は大名権力からは自立的な所領であったといえよう。また逆に、箕浦荘は浅井氏から所領の穿鑿を受けず、しかもその地域が「半納」にもなっていないことから、今井氏が当知行している所領として大名側にも村側にも承認されており、またその地域において今井氏は「公」権力として位置づけられていたものと判断できる。

ちなみに、「半納」が行われるような境界領域に近い地域においては、領主層同士でも所領の保証を相互に行っている。箕浦荘よりも権力の境目に近い宇賀野にある清定院が宝勝坊から買得した下地に対して、この地域に所領を持っていたと思われる百々信光が買地安堵を与えているが、その中で「堀殿・今井殿へも其趣可申候」と、百々氏の近隣の領主である堀氏や今井氏にも同様に知らせておく必要を記している[49]。つまり、この地域における土地移動の保証について、その地の領主と近隣の領主が保証主体として機能しているのである。当時、百々氏と今井氏・堀氏はみな六角氏に従属しており、いわば味方の者であった。このような領主層相互の関係は、「近所之儀」として分析されているが[50]、より厳密にいえば、この場合、北側に敵方と接する所領をもつ領主が、敵方からの所領維持という同一目的のためにつくられた結集であり、その意味でこの結集は唯一絶対的なものではない。実際に、境目の北側の領主とは対立する関係であるし、この時は味方であった堀氏も元亀元年に織田信長が近江へ侵攻してきた際に織田氏に従属して今井氏と対立している。境目領主は大名権力に所領維持のための保護を受けると同時に、同じ大名への従属という条件のもと、領主層独自で所領維持という同一目的のために相互に保証する体制も作り出していたことがわかるのである。

このように、今井氏は箕浦荘・忍海荘といった地域を本領として、大名権力がその内部に介入できないような自立性の高い所領を形成していた。その所領は、今井氏が在所を離れることで一時的に維持できなくなるが、知行を回復してからは箕浦荘に関してはそこにおける唯一の権力として在地の土地移動をも保証し、また忍海荘に関しては敵方と半済になりながらも、近隣領主との協力に基づき維持しようとしていたことがわかる。また、天文年間においては今井氏など境目領主が六角氏に従属していたので、必然的に軍事的境界が彼らの所領の北側に創出されるのであるが、逆に浅井氏に従属してからはその境界は南側に設定されることになる。つまり、彼ら境目領主がどちらと結ぶかによって境目が変わるのである。したがって、常にその所領は境目となる地域であるため、他の侵攻を排除しにくい在所でもあった。このような地理的状況から、自己の所領を維持するためには、領主たちはいずれかの大名権力に結びつく必要があり、逆に大名側もこのような境目領主の要求を体現できないと、領主側に離叛されてしまうのである。そうした大名と領主の関係や領主の性格について次にみていきたい。

## 第三節　今井氏の領主権力としての性格

本節では、今井氏の領主としての性格を考えるために、今井氏「家中」の問題、今井氏と大名との取次の問題、大名との関係という三つの視点からみていくことにする。それは、これまでの研究ではこれらの論点から今井氏権力の性格が規定されてきたためである。

はじめに、戦国期の今井氏の家中は、外部から「家中」「内輪」（「嶋」二一・四七など）と呼ばれており、「同名」「一門」といった今井氏の一族庶子と、「家来」「被官」（「嶋」七など）といった今井氏の家臣が存在していた。このうち、「同名」「一門」とは今井名字を名のる広義の一族を指しているが、その内部は当主継承権を有する、いわば当主の分身的立場の者と、今井氏の家中に包摂されている者から構成されている。また「家来」「被官」は、はるか昔に今井氏から分家してすでに今井名字を名のれなくなった庶子を含む今井氏の譜代家臣と考えられる。「同名」「一門」のうち、ごく近親の一族は、今井氏の中で家臣に包摂されない独自の地位を形成しており、その構成員は天文七年（一五三八）六月十一日の今井秀象他四名連署起請文写（「嶋」六）に連署している者と考えられる[51]。一方、家中に包摂された今井同名は、「今井中西」のような室町期から戦国期にかけて派生した庶子と考えられ[52]、譜代家臣と共に家中を構成し、そのなかには「宿老」（「嶋」ル の覚書）と呼ばれた「年寄」「御長衆」（「嶋」二七・六二）などの「家中」の中心的集団が形成されていた。

これまでの研究では、今井家中のうちの今井中西氏は今井「同名」中＝今井氏一族であり、家臣とは区別される存在と捉えられてきた[53]。確かに、今井中西氏は譜代家臣から「殿」付けで呼ばれていることから（「嶋記録」野村合戦侍分書付）、家中内において身分的差異があったとは思われる。しかし、今井中西氏は天文七年に幼少の今井氏当主を補佐するための名代に、先に示した今井氏一族の起請文によって選ばれて、今井氏の領域支配を任されている（「嶋」六）。戦国期において当主の領域支配を補佐する役目は、当主のごく近親の分身的立場の一族ではなく家臣が務めるものであった[54]。したがって、今井中西氏が今井氏家臣であったからこそ、基本的には領域支配に関与しない一族により今井氏当主を補佐する中心的役割を委任されたものと解釈することができる。その際、家臣の中で今井中西氏が選ばれたのは、おそらく家臣内での序列や身分の高さが、家中をまとめ領域支配を行う上で有利に働くと思われたからであろう[55]。

これらのことから、戦国期の今井氏の家中は、室町期までの庶子や譜代家臣を被官として同列に組み替えたものであり、松浦義則氏のいうような「家」構造の変質によって成立した戦国期的な家中であったと考えることができる。そしてそれは、室町期までの自立的な庶子に対して、幕府による所領保全を惣領が取り持つことでその統制を維持していた領主制とは異なり、惣領の独力による所領保全を通じて自らの「家」構造に組み入れた、いわば変質を遂げた戦国期的領主制であったと捉えられるのである。

次に、今井氏と大名との間を取り結ぶ大名側の取次について考えてみたい。今井氏が天文二十年に浅井氏に従属して以後、当初は浅井氏重臣の赤尾清綱が取次を務めていたようで、今井氏から大名浅井氏への書状が赤尾氏を通じて出されたり（「嶋」一九）、今井氏家臣である嶋秀安が隠居を申し出たことに対し、以前の通り今井家中に出頭するように、との浅井氏の意見を取り次いでいる（「嶋」二〇・二一）。しかし、永禄四年（一五六一）に磯野員昌が佐和山城へ在城するようになって以降は、今井氏への取次は赤尾氏から磯野氏へ変更されたようで、それ以降は今井氏は磯野氏と共に軍事行動を行っている（「嶋」三三・三五・四〇）。また、今井氏内部で家中相論が起こった際に、磯野氏が仲介してその相論を解決していることが知られる（「嶋」四一・四二）。これらのことから、元亀元年（一五七〇）の姉川合戦において今井氏が磯野氏の軍勢として出陣し、その後磯野氏と共に佐和山城へ籠城するという動向は、こうした磯野氏による取次関係に基づいていたものと捉えられる。

このような取次のあり方については、すでに北条氏と国衆との間の事例で研究がなされている[56]。そこでは、大名との取次を果たす者を「指南」と表現し、その役割は所領の安堵・宛行を取り持ったり、国衆の家中内部の問題を仲裁したり、さらに軍事行動においては「指南」が国衆の軍勢に対し軍事指揮にあたり、「指南」と国衆の軍勢が同一行動をとるなどのことが指摘されている。これらの研究をふまえると、今井氏が忍海荘の知行を主張した書状を取次の赤尾氏に宛てて出していることや、今井家中の相論が磯野氏の「意見」で仲裁されたこと、また境目の城を今井氏が攻めたときに磯野氏が「小谷衆」として同陣していることや、姉川合戦で今井氏が磯野氏の軍勢として組み入れられていることなどの動向は、すべて北条氏の「指南」と同様の役割を赤尾氏や磯野氏が行っていたものとして理解することができよう。

これまでの研究では、今井家中が大名浅井氏や磯野氏から所領の安堵・宛行がなされていることや（「嶋」二四・二五・四四・四五・四六）、今井氏が磯野氏の軍事指揮を受けていることなどから、今井家中が浅井氏によって解体され、今井氏とその家中が直接大名浅井氏に把握されるようになり、また磯野氏とは寄親寄子制的な関係に再編されたと捉えられてきた(57)。確かに、今井家中に安堵・宛行がなされた所領は今井氏の支配領域内であるため、本来ならば今井氏が家中に対して行うべきである。しかし、北条氏の事例でも国衆家中の中心的存在に対しては、国衆への所領安堵と同時に、家臣に対しても直接大名や「指南」が所領安堵を行う場合もあったことが知られている。あるいは、今井氏の場合は今井氏当主が幼少であったために、取次である磯野氏が直接行ったとも考えられる。また、軍事指揮に関しても、先に述べたように北条氏の事例では「指南」の役目として位置づけられている。この点は、今井家中の内紛の際の対処においても確認できる。

〔史料4〕永禄十二年六月二十二日　磯野員昌書状写（「嶋」四一）

各内輪之儀、小法士殿御幼少付而、公事出入有之事候条、則長政江申聞起請文申付、何も知行方由緒地給方、如有来御載《（マヽ）》判肝要候、互新義非分之儀不可有之候、為向後如此候、恐々謹言、

永禄十二

六月廿二日　員昌判

磯野丹波守

今井殿御家中衆中　御宿所

〔史料5〕（永禄十二年）六月晦日　浅井長政書状写（「嶋」四二）

今度御内輪出入有之由候処、磯丹《磯野員昌》以意見相済旨尤珍重候、御家之置目諸知行田畠等、毎事古左衛門尉殿《今井秀俊》・備中守殿《今井定清》如御代之可有載《マヽ》判候、小法士殿《今井秀形》御若年之条、万端付而新儀非分并自堕落仕出仁躰、向後為惣別可承候、委曲員昌《磯野》可有伝達候、恐々謹言、

（永禄十二年）六月晦日　浅井備前守

長政判

今井殿御家来中

史料4では、磯野氏が今井氏の家中相論に対しても、「各内輪之儀、小法士殿御幼少」だからといって「新儀非分之儀」はあってはならないとし、また史料5にあるように、今井氏同名（一族）・家老衆がそれぞれ浅井氏と「御家《今井氏》之置目・諸知行田畠等、毎時古左衛門尉《秀俊》・備中守殿《定清》如御代之可有載判候」という内容の起請文を取り交わして解決していることから、浅井氏及び磯野氏は、今井「家中」の内部を直接把握したり解体したりはせず、あくまで今井氏当主と「家中」の体制を維持させようとしていることがわかる。

これらのことから、従来のように今井氏の「家中」が解体され浅井・磯野氏のもとに再編成されたとは捉えられず、むしろ磯野氏を取次とした大名浅井氏と今井氏との従属関係と捉えた方が、両者の関係をより正確に理解できる。すなわち、大名との従属関係に付随する様々な事柄は、取次である浅井家臣を通じて行われ、その取次は戦国大名北条氏と国衆との間を取り次ぐ「指南」と同様であった。それゆえに、今井氏と浅井氏の関係も、北条氏と国衆との関係と同様なものであったと捉えられるのである。

以上の二点をふまえ、最後に第三点目の今井氏と大名権力との関係についてみてみたい。先にも述べたように今井

氏の所領は、基本的に大名権力の介入しえない自立的・排他的所領であった。今井氏は、本領を回復したと思われる天文七年に、「河内城普請今少不調所候間、人足一日被申付候者、可為祝着候」と、当時六角氏と結んでいた京極高慶によって河内城普請の人足を一日申し付けてほしいと頼まれている（「嶋」一〇）。この史料中には、「其方ニも可入候得共、一日之事候間、入魂簡要候」と書かれていることから、本来は今井氏が自己の所領に賦課することができる人足の内から、一日だけ京極方へ出すように依頼されたこと、しかも大名側からは直接今井氏の所領へ人足が賦課できなかったことが読みとれる。北条氏の場合も、大名が国衆領に対して賦課できる役は国衆自身にかかる臨時の普請役のみで、しかもそれすら直接国衆の在所に対してかけることはできず、まして大名が直轄領や給人領にかけている役を直接国衆領に対して賦課することはできなかったという(58)。したがって、京極氏も基本的に今井氏自身に対して決められた役以外は賦課できなかったために、今井氏自身への役として人足を申し付けたものと考えられる。またこの事例から、今井氏は自己の所領において独自に在所の村に対して人足賦課をしうる体制を有していたことがうかがえる。こうした今井氏の所領の性格は、大名の知行制に包摂された大名「家中」の所領とは根本的に異なるものと捉えることができよう。

しかし、今井氏の所領は権力の境目に位置し、常に近隣との権益争いやそれに伴う他勢力の侵攻に対処せねばならなかった。近隣勢力の侵攻を排除して今井氏が自己の所領を維持するためには大名の軍事的支援が必要となり、そのため今井氏は自己の所領保全を大名権力に求めて従属関係を結ぶのである。その際、今井氏は主に大名に対して所領保全のための軍事的支援を求めるのであるが、今井氏にとって大名の軍事的支援が重要であったことは、天文二年に六角氏に従属して以降、六角氏と共に境目の城を攻めていることからもうかがえる。また、境目に居城があるために常に近隣から攻められる可能性があった。天文七年三月、浅井氏が美濃へ出兵した留守中に、六角氏によって佐和山城を攻められた百々氏が「驚テ後結(詰)ヲ小谷へ申送リケリ」(59)と、小谷城の浅井氏に援助を要求しているように、大名は危機的状況において在所への「後詰」をすることもまた求められていた。

　さらに、ここで重要なのは、このような大名と領主の従属関係が、基本的に領主側の主体的な選択により成立していたことである。今井氏が、天文二十年に六角氏から浅井氏へ従属する前提には、浅井氏・京極氏からの勧誘があったためであるが、そこでの選択権は常に今井氏の方にあり、今井氏はどちらにつくことが所領保全のためによいかという判断に基づき、六角氏につくか浅井・京極氏につくかを決めたのである。このような性格も、大名の家中とは異なるものと捉えられる。

　そして、どちらかに従属することが決まると、領主側は大名の居城へ登城することとなる。天文二年に六角氏を頼った時も、「観音寺へ立ち越」(「嶋記録」今井左衛門尉没落の事)しているし、また永禄二年に再び浅井氏へ従属した時も、「今度者令登城候処、父子共色々懇之様躰共候キ、殊新九郎具足到来候」(「嶋」一六)と、小谷城へ登城し具足を与えられていることがわかる。さらに、今井氏は大名との従属関係に伴い、人質を大名の居城あるいは近隣の城へ入れるよう求められている(「嶋記録」・「嶋」一三)。このような従属の際の様々な取り決めも、北条氏と国衆との間で従属時に行われる事柄と相似している。これらのことから、大名と領主今井氏との関係は、大名と大名「家中」との関係とは明確に異なり、むしろ北条氏と国衆との間にみられるような従属関係であったと捉えることができよう。

　以上みてきたように、今井氏は室町期以来の自立的庶子を譜代家臣と同列に自己の家臣として把握し、大名権力と同様の家中を形成していたことが明らかとなった。また、大名との関係はもっぱら取次を通じて維持されていたが、その関係は所領保全と軍事的支援を主とした従属関係で、しかもその関係自体が今井氏の主体性に基づいて結ばれるものであったことが確認できた。このような今井氏の領主としての性格は、戦国期的な領主、すなわち地域権力(領域権力としての性格を示すもので、その意味で東国の戦国大名研究において明らかにされた国衆と同一の性格を持つものであったと捉えられる。つまり、東国の大名権力の周辺に国衆領が広がり、その国衆と大名が所領保全を主とした従属関係を結んでいたように、畿内近国においても大名権力の周辺には同様の領主が存在しており、彼らも大名と従属関係を結ぶ存在であったといえよう。

## おわりに

以上、戦国期における畿内近国の領主権力の動向とその性格を、東国における領主研究の成果をもとに捉え直してきた。畿内近国においても、戦国大名以外の地域権力が大名領国周縁に存在していたこと、そして彼らと大名との関係は東国の国衆の事例と同様の実態をもつものであったことが確認できたと考えている。東国の事例と畿内の事例が、その性格において同質であったならば、大名と領主が作り出す地域社会のあり方は、より多くの地域でみられるものと推測されよう。また、こうした性格の領主権力に、土豪層は家中構成員として結集していた。領主は、家臣である土豪層から、在地での矛盾や家中内の矛盾を地域の保全者として調停する役割を期待されていたのである。

しかしこれまで、この地域における領主研究は主に国人領主制という視点から行われていた。特に今井氏の事例では、元亀元年（一五七〇）と同二年に作られた「条々」「掟」（「嶋」四八・四九）[60]の解釈をめぐって、そのような領主制が戦国の動乱により不安定化し崩壊した後は、用水支配を基礎とした土豪連合や、加地子収取のための土豪の「地域的一揆」体制[61]、あるいは危機的状況に対し村落まで含み込んだ「惣国一揆」[62]といった体制に変化すると考えられてきた。しかし、土豪連合や「地域的一揆」体制などの村落支配のための階級的結集という見方は、近年の村論の成果によって再検討が迫られている。

まず、土豪連合や「地域的一揆」体制と捉える議論においては、土豪層の階級的結集が村々の連合に対抗して村支配のために形成されたと捉えているが、日常的な村落間相論の実態は、村々同士が連合すること自体が容易ではなかったことを示している。つまり、村々の連合は、むしろ他の村との対抗という同一目的のもとに形成されるもので、直接的に土豪連合による村々支配に対抗するためだけに結ばれるものではない。しかも、土豪層自体が村に基盤を持つ以上、村における自己の立場を保持するためには、村が権益確保のために行う村落間相論にかかわらざるをえず、実際に土豪層を含みこんだ村落間相論が領主間相論に発展していくのである[63]。また、村による年貢村請の実現は、年貢を納める領主を村が主体的に選択する契機となり、領主など年貢を収取する側は村の再生産を維持するための役割を求められるようになる。つまり、それができない場合は領主といえど自身の年貢収取も維持できなかったのである。こうした実態から、土豪層の村支配・年貢収取の実現を経済外強制による強圧に求めようとする従来の捉え方は成り立たなくなってきている。

一方、「惣国一揆」と捉える議論に関しては、その構成主体を領主の一揆と在地の一揆という、本来対立すべきもの同士の連合と捉え、それが連合する要因を村に存在する二つの「侍」身分と地域の危機的状況に設定している。すなわち、領主に被官化した「侍」と村内で村上層が独自に形成する「侍」衆という二つの「侍」のあり方は、領主権力に対抗する村の武力と力量を示すものであり、それは支配の対象としての村という従来の捉え方を否定することとなったという。しかも、そうした村と本来対立する領主との連合が形成されたのは、危機的状況下において両者が地域的防衛という共通の目的のもとに対立関係を一時的に止揚し、村内の領主被官であった「侍」を通じて村の武力を取り込んだためであったとする。つまり、このような「一揆」は非日常的なあり方で、危機的状況において「危機管理」を主要な目的として初めて形成される結集であったと捉えるのである。しかし、先に述べたように、領主と村という階級間の矛盾と同等、ないし場合によってはそれ以上に深刻であった村々間の矛盾に領主権力自体も規定されざるをえなかったことを考えると、当時の在地社会の実態、とりわけ危機的状況下において村からの動員を行いうる前提、すなわち動員の正当性としての日常的な領主と村との関係を明らかにした上で、その結合のあり方を位置づけていく必要があるのではないだろうか(04)。

したがって、今後においては、在地レベルでの具体的な問題の検出と、その解決のあり方を明らかにしていくことが課題となる。とりわけ今井氏の事例においては、今井氏を地域権力として位置づけた上で、これまで階級的結集と捉えられていた事態を、今井氏の家中の連合と捉える視点から再検討する必要があるだろう。すなわち、今井氏という領主権力のもとに家中を形成していた個々の土豪が抱えていた問題を追究することによって、家中成立の具体的契機やそれによる村と土豪、あるいは村と領主権力との関係を立体的に把握することができると考える。

註

（1）この問題に関する研究はかなりの数に及ぶため、一連の研究史をまとめている久留島典子「中世後期在地領主層の一動向—甲賀郡山中氏について—」（『歴史学研究』四九七号、一九八一年）をあげておく。

（2）久留島典子「中世後期の「村請制」について—山城国上下久世庄を素材として—」（『歴史評論』四八八号、一九九〇年）、稲葉継陽「村の侍身分と兵農分離」（同『戦国時代の荘園制と村』所収、校倉書房、一九九八年、初出一九九三年）。

（3）黒川直則「守護領国制と荘園体制—国人領主制の確立過程—」（『日本史研究』五七号、一九六一年）・同「中世後期の領主制について」（『日本史研究』六八号、一九六三年）・同「十五・十六世紀の農民問題」（『日本史研究』七一号、一九六四年）など。

（4）峰岸純夫「戦国時代の「領」と領国」（同『中世の東国』所収、東京大学出版会、一九八九年、初出一九六九年）、松浦義則「戦国期毛利氏「家中」の成立」（広島史学研究会編『史学研究五十周年記念論叢　日本編』所収、福武書店、一九八〇年）等。

（5）黒田基樹『戦国大名と外様国衆』（文献出版、一九九七年）・同『戦国大名領国の支配構造』（岩田書院、一九九七年）。

（6）例えば、宮島敬一『戦国期社会の形成と展開―浅井・六角氏と地域社会―』（吉川弘文館、一九九六年）など。

（7）『改訂近江国坂田郡志第二巻』および『近江町史』（共に以下『坂』・『近』と略記する）。

（8）「今井軍記」（『改訂史籍集覧』一三）。今井氏の始祖俊綱から清遠の代まで当主別に記されているが、応仁文明の乱以降の当主である高遠・秀遠・清遠に関する記載が特に多い。またこの「今井軍記」は、元禄八年（一六九五）三月に新庄内匠所蔵本を写したものである。新庄氏は近世では常陸国麻生藩主となるが、元は箕浦の近隣に住しており、戦国期には今井清遠の妹が新庄直寛に嫁いでいる。そのため、この「今井軍記」も清遠妹が新庄家に入った際にもたらされ、近世に至って「新庄内匠所蔵本」となった可能性もある。

（9）『滋賀県中世城郭分布調査七』。「嶋記録」の成立については小和田哲男「嶋記録所収文書について―近江天野川流域の戦国誌―」（『古文書研究』三号、一九七〇年）に詳しい。なお、太田浩司「江北における土豪「一揆結合」の展開―『嶋記録』所収文書の史料批判をめぐって―」（『市立長浜城歴史博物館年報』一号、一九八七年）によれば、同史料は引用文書の部分に宛名の改竄等があるとされているが、それ以外の部分に関しては、文書・記録部分共に当時の状況を示していると考えられる。

（10）「江北記」（『群書類従』第二一輯合戦部）のなかの「根本当方被官之事」に今井氏の名がみえる。「根本当方被官之事」

の後には、「一乱初刻御被官参入衆事」「近年御被官参入衆之事」等、応仁の乱以降に被官になった家が書き立てられていることから、「根本被官」とはそれ以前から京極氏の被官であったものを指していると考えられる。

(11) （享禄四年）四月十二日浅井亮政感状（「三田村文書」『近江国古文書志　第1巻　東浅井郡編』、以下『東』と略記する）・（享禄四年）五月一日足利義晴御教書案（「室町家御内書案」『東』）、「長享年後畿内兵乱記」（『続群書類従』第二〇輯上合戦部）。

(12) 「今井忠兵衛藤原秀隆系図」（『近』）に、「当家属六角殿、鶴翼ニ陣取、足軽矢戦、当家敗北シ、従浅井亮政」とある。

(13) 「今井忠兵衛藤原秀隆系図」。

(14) 「嶋記録」今井左衛門尉没落の事。

(15) 「今井系図」（『東』）。

(16) （天文二年）二月二十五日六角定頼書状写（「嶋記録所収文書」五）。なお、「嶋記録所収文書」は、「嶋記録」に収録されている順に番号をつけ、以ト「嶋」と略記する。

(17) 天正十年十二月二十七日北条氏照書状写（「天野文書」『戦国遺文後北条氏編』二四五九）。以下、同書は『戦北』と略記し、文書番号を併記する。

(18) 元亀三年三月十六日北条氏政判物（「岡部文書」『戦北』一五八五）。

(19) （永禄九年カ）十二月二十五日北条氏照判物写（「正木武膳家譜」『戦北』四六七六）。なお、正木氏の「堪忍分」については、黒田基樹「戦国大名北条氏の他国衆統制（一）―「指南」「小指南」を中心として―」（同前掲註（5）『戦国大名領国の支配構造』所収、初出一九九七年）において触れられている。

(20) 永禄六年四月十二日北条氏照判物（「市ヶ谷八幡神社文書」『戦北』八〇八）。なお、本領喪失により「堪忍分」（扶持分）が給付されていたことは、黒田基樹「戦国期外様国衆論」（同前掲註（5）『戦国大名と外様国衆』所収、一九九七年）で述べられている。

(21) 黒田前掲註(20)論文によると、国衆は戦国大名の「家」権力に包摂された「家中」とは異なり、所領支配および政治的側面においては自立した存在であり、大名との従属関係は自己の「進退」の保証や紛争の調停・協力などの大名の保護と、それに対する賦課・負担といった性格の従属関係であったことから、いわば契約・双務的関係であると位置づけている。

(22) 「親俊日記」天文七年五月二十三日条（『続史料大成』）。

(23) 「嶋記録」今井本領安堵望之事に、「北境目取出の望をなしゝに、人質として二歳の若子并嶋か孫四郎観音寺へさし上、摺針山・菖蒲嶽取出ニして、鎌のは《（端）》の通路をさゝゑ」とある。

(24) 「親俊日記」天文七年六月四日条。

(25) （天文七年）六角定頼陣立注文（『朽木文書』四九一号）、『鹿苑日録』天文七年九月十六日条。

(26) 「妙意物語所収文書」（『近江国古文書志　第3巻　坂田郡編・下』）。

(27) （天文十三年）七月二十六日種村貞和書状（「朽木文書」『東』）。

(28) （天文十一年）正月十一日京極高広書状（「下坂文書」『近江国古文書志　第2巻　坂田郡編・上』）など。以下同書は『坂上』と略記する。

(29) 天文十九年十一月二日浅井久政書状（「郷野文書」『坂上』）。

(30) 天文二十一年十一月十四日浅井久政書状（「若宮文書」『東』）。

(31) （天文二十二年）十一月二十六日平井定武書状（「西村文書」『東』）。

(32) 永禄二年五月六日後藤賢豊他二名連署条書写(「蒲生文武紀」『近江国古文書志　第6巻　蒲生郡編』下)。

(33) (永禄三年)十月十九浅井賢政書状(「若宮文書」『東』)。

(34) 領主が大名と従属関係を結ぶ最大の理由は所領保全であり、それにより他領主との所領相論を解決しようとするためである。そのため、自己の知行を脅かす近隣領主に対し、近隣領主が従属関係を結んでいる権力とは別の権力に保護を求めるのが普通である。しかし、近隣領主に対抗するために他の権力と従属関係を結んだにもかかわらず、その敵対していた大名同士が和睦してしまうと、もはや近隣領主への対抗としては意味をもたなくなる。その上、大名同士の和睦により近隣領主の侵攻も休止されたことから、このような状況が創出されたものと考えられる。

(35) 「若宮文書」(『東』)、「嶋」二六・六九。

(36) 黒田基樹「戦国大名北条氏の他国衆統制(一)—主従制論を中心として—」(同前掲註(5)『戦国大名領国の支配構造』所収)は、大名権力への従属や離叛が、国衆の自主的な判断によってなされていたことを明らかにしている。

(37) 天文二十一年十月六日浅井久政書状写(「嶋」二二一・二二三)。

(38) 「　」で示してある部分は、後にこの文書が「嶋記録」に写された際に書き加えられた「覚書」であると思われる。

(39) 「嶋記録」には、嶋氏の子孫である嶋俊通がこの「嶋記録」を江戸時代初期に写した際に、「覚書」を付している。

(40) 史料3は年未詳であるが、同文書の差出は「定清」となっている。「今井定清」として初めて史料上確認できるのが天文十五年(一五四六)であることから、同文書はその前後から、同人が討死する永禄四年(一五六一)までの間と推定できる。

(41) 黒田基樹「北条領国における「小代官」と「名主」」(同『戦国大名北条氏の領国支配』所収、岩田書院、一九九五年、初出一九九三年)。

(42) 黒田前掲註(20)論文。
(43) なお、黒田前掲註(41)論文は、「小代官」等の任命は実際は「代官」によってなされ、それが大名北条氏に報告され承認されるとしている。今井氏の場合も「箕浦公文定使之事、依被申次郎右衛門仁相定候」とあることから、実態としては今井氏が承認を与えたものと捉えられる。
(44) 峰岸純夫「東国戦国期の軍事的境界領域における「半手」について」(『中央史学』一八号、一九九五年)。
(45) 『天文日記』天文十三年八月二十四日条、(天文十三年)九月五日京極高広感状(「下坂文書」『坂上』)。
(46) 黒田前掲註(36)論文は、従属関係を結ぶ際に大名からなされる所領の安堵が、当知行をもとに行われていると述べ、それが領域の境界確定作業として機能していたことを明らかにしている。
(47) (天文二十年)五月二十三日京極高広書状写(「嶋」六八)。
(48) 地域の危機管理を領主の責務と位置づけたのは藤木久志氏である。藤木氏は、領主の存在意義は領民の保護という点に求められ、それによって領域支配や収取・賦課・動員が可能になることを明らかにしている(藤木久志「領主の危機管理―領主の存在理由を問う―」、同『戦国史をみる目』所収、校倉書房、一九九五年、初出一九九二年)。
(49) 天文十三年六月四日百々信光書状写(「覚書之写」、東京大学史料編纂所架蔵写真帳「中村林一氏所蔵文書」所収)。
(50) 藤木久志「戦国法の形成過程」(同『戦国社会史論』所収、東京大学出版会、一九七四年、初出一九六七年)。
(51) この文書の宛所は「嶋四郎左衛門尉」となっているが、これは「嶋記録」に写される際に宛所部分が改竄されたもので、実際は「今井中西家政」に宛てられたものであることが、太田前掲註(9)論文により明らかにされている。
(52) 「嶋記録」の冒頭部分に「応永の比(中略)今井一門に中西といふ侍」とあることから、応永年間以前に中西氏は今井氏から派生していたことがわかる。また、「嶋記録」野村合戦侍分書付の「沢山籠城被相詰衆之事」の始めに「殿」付けで記載されている者は、名字が書かれていないことから今井氏の同名と判断できるが、今井秀隆のようなごく近親の一族が記載されていないことから、ここに載せられた今井氏同名も今井氏家臣として位置づけられていた者と考えられる。当主継承権を有する一族が書かれていないのは、この書付が「侍分」の書付であることによるものであろう。

(53) 太田前掲註(9)論文、湯浅治久「戦国期在地領主と「惣国一揆」」（同『中世後期の地域と在地領主』所収、吉川弘文館、二〇〇二年、初出一九九三年）。

(54) いわゆる執権・家宰・老中などがこれにあたる。ここでは、こういう者を想定している。

(55) 松浦前掲註(4)論文では、毛利氏の庶子家の内、毛利氏の家中に包摂された者が執権となり、毛利氏の「家」支配の代行者として「家」の統制をしていたことを明らかにしている。その際、毛利氏の庶子家が執権となったのは、毛利氏の親類をその身分を維持しながら惣領の「家」支配に包摂するために必要な要件であったからという。今井家中における今井中西氏も、このような執権と同様の役割を果たしていたと考えられる。

(56) 黒田前掲註(19)論文。

(57) 小和田前掲註(9)論文。

(58) 黒田前掲註(20)論文。

(59) 「江濃記」佐々木承禎出張事（『群書類従』第二一輯合戦部）。

(60) 藤木久志「戦国期社会における中間層の動向」（同前掲註(50)『戦国社会史論』所収、初出一九七〇年）。

(61) 宮島前掲註(6)著書。

(62) 湯浅前掲註(53)論文。

(63) 黒田基樹「宣戦と和睦」（峰岸純夫編『今日の古文書学第三巻中世』所収、雄山閣出版、二〇〇〇年）。

(64)　なお、今井氏の事例を「惣国一揆」と捉える湯浅氏の見解に対して、本章および拙稿「地域権力家中の形成とその背景」(同『中近世移行期における村の生存と土豪』所収、校倉書房、二〇〇九年、初出二〇〇一年)では、「家」権力(国衆)である今井氏家中としての結合と位置づけ、その今井家中が佐和山城に籠城していた元亀元年と二年(一五七〇・七一)に取り交わした契状(「嶋」四八・四九)を家中法と捉えている。これに対し湯浅氏は、「この時点で依然として今井家中が領主層の結集の核であったかは相当に疑問」との批判を寄せているが(湯浅前掲註(53)論文のコメント)、その理由としてあげられている「家中の無力化」に関して、明確な根拠を示していない。湯浅氏は、今井氏の領域支配が変質、不安定化するなかで、かつては今井氏に従属していた者たちとの上下関係が不明確となり、やがて「一揆」的な形態をとるに至ると述べてはいるが、「一揆」的な結合の形成過程については具体的に論証されてはいないのである。そのため、筆者に対するコメントについても印象批判といわざるをえない。今井氏とその配下の者たちが、今井氏という「家」権力を中核に家中を形成していたことは、本章などにおいて明らかにしてきたことである。しかも、元亀の契状を素直に解釈するならば、署名した者たちが今井氏に給分を与えられた「給人」(家臣)として今井氏当主を奉じつつ、今井氏家中を離脱した田那部氏と家中の者が参会することを禁じ、かつ佐和山籠城衆と在地の留守居衆とのあいだの内輪(家中)相論を調定することで、危機的状況下において分裂の危機に陥った今井家中の再結成を図った家中法であった読むことができる。したがって、今井家中は、織田信長の侵攻という危機的状況下においても家中として存在していたことは明らかなのである。その上で、なおかつ「相当に疑問」という批判が提起される背景には、「家」権力の構造と性格に対する認識の相違があるのではないだろうか。そもそも、「家」権力の家中とは、独力で所領確保が困難となった個々の領主が、所領保全を共通目的として、当主との関係において理念的には等距離で「家」権力に結集したことにより形成された組織であるため、必然的に家中は一揆的構造をとることとなる。したがって、一揆的な結集であるという点において共通する家中と惣国一揆の違いは、その一揆的結合の上に一個の家(当主)を推戴しているか否かに限定されることになる(この点については、久留島典子氏が「領主の一揆と中世後期社会」(『岩波講座日本通史　第9巻中世3』所収、岩波書店、一九九四年)において指摘しているところである)。しかし一方で、「家」権力の当主の力が弱く、家中が代わりにその権限を行使していたとしても、家中として当主を推戴している以上は、その結合はあくまでも家中なのであって、単純な領主層のヨコの一揆的結合と捉えることはできない。今井氏の事例についても、元亀の契状において今井氏当主が奉じられていることからすれば、家中として理解する方が妥当であろう。

# 第三章　「大原同名中与掟写」にみる「同名中」領の基礎構造

## 第一節　新出「大原同名中与掟写」の伝来と特徴

「大原同名中与掟写」（以下、「与掟」と略す）は、一九七五年に石田善人氏によって紹介されて以来[1]、近江国甲賀郡における「同名中」組織の内実を知るための史料として注目されてきた[2]。石田氏によって紹介された史料は、大原勝井家の家筋にあたる勝井景一氏が所蔵されていた「大原勝井文書」という史料群に含まれていたものである。現在では、『万川集海　二一巻』に写真入りで紹介されているほか、『中世法制史料集　第五巻』に活字化されている[3]。

一方、この「与掟」とほぼ同文の写が、国文学研究資料館所蔵の「近江国甲賀郡田堵野村大原家文書」（以下、「大原家文書」と略す）の中にも現存している[4]。この掟書は、国文学研究資料館が一九五五年に古書店より購入したことにより、同館の所蔵となるが、元々は甲賀郡田堵野村の庄屋を務めた大原家が所蔵していた文書であった[5]。大原氏とは、長享元年（一四八七）の室町幕府による六角征伐の際、六角方として軍功をあげた甲賀二十一家の一つで、田堵野村を本拠としていた。現在でも、字下出堵野に方形単郭で堀・土塁をもつ屋敷跡が現存している[6]。戦国期には、擬制的一族結合である「同名中」を形成し、大原荘（大原上田・櫟野・大原中・大原市場・大久保・高野・神・相模・鳥居野）地域を領していたようである。近世以降も大原氏本家は田堵野村、庶家の内の一部は大原上田村と櫟野村に居住してい

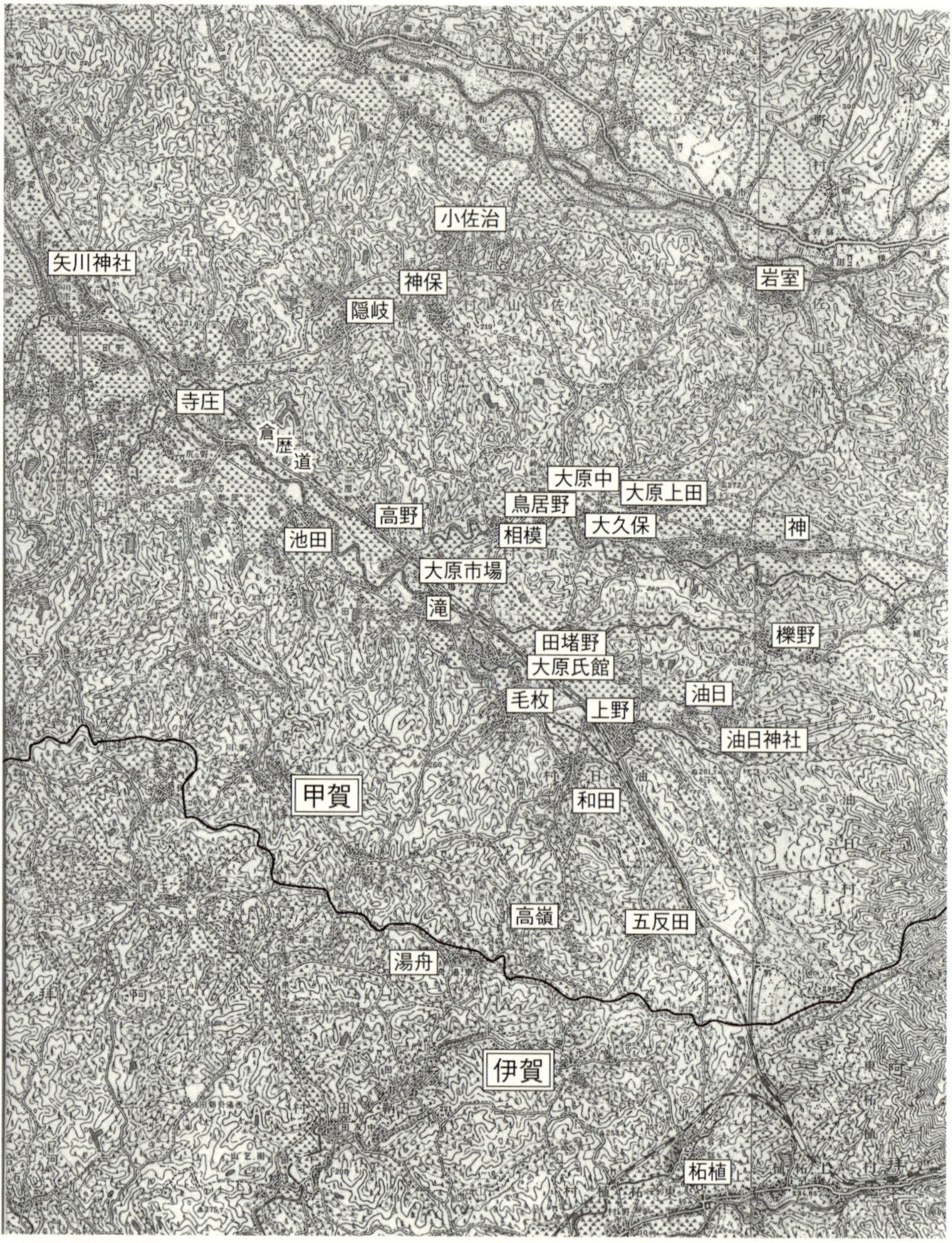


大原氏関係地図（旧五万分一地形図「水口」「亀山」より作成）

たことが確認される(7)。「大原家文書」史料群は、大原同名中のうち大原氏本家に伝来したものである。大原氏本家は宝暦三年(一七五三)以降田堵野村の庄屋を務めており、田堵野村庄屋文書と、大原家の家関係文書を伝来していた。その内、「与掟」は家関係文書として残されたものと考えられる。

新出の「与掟」の三二条の条文は、「大原勝井文書」のそれとほぼ同文である。異なるところは、三二条の条文の後に、「大原勝井文書」では欠落していた神文部分、さらにその後に三二〇人の人名が写されていることである。本来ならば、人名の下には署判が据えられるところであるが、写であるために名前のみが列記されている。この部分は「大原勝井文書」には見られない部分であり、その意味で今までに知られていない新たな部分であるといえる。この神文部分および交名部分は、惣国一揆の基礎単位としての「同名中」組織の理解にとって、新たな材料を与えるものになる。以下、全文を掲載して紹介を行いたい。

## 第二節　全文翻刻と文書のデータ

定同名中与掟条々

□(一)、他所与地下一揆衆弓矢喧嘩等出来□□(在之カ)」者、不寄悪中無音、随下知輩迄、一味同心□(可カ)」為合力事、

一、他所与同名之内弓矢出来之時、不寄悪中」無音、敵方江身寄ニ出間敷候、并裏篇内通」比興之儀仕間敷候事、

一、他所与同名之衆弓矢同喧嘩之時、於鐘鳴□□(者)」惣庄之百性(姓)等、至堂僧迄、悉得道具を持、可罷□(出)」者也、并当所之内ニ在之他所之被官等、其主敵」之与にて無之者、菟角申、不罷出候者、其」時為本人可為侘言之事、

一、領内之内仁他所之屋敷、堅留申候、万一被仕□(仁)」躰在之者、奉行中遂評判、可及行候、若奉行□』相破儀在之者、

為両年行事、可有其覚」悟之事、

一、領中之内ニ、他家之屋敷之近所ニ在之田」畠・山・荒野ニ至迄、其屋敷之出張屋敷ニ可成所」をハ、替地仕間敷候事、

一、同名中惣劇〔忩〕ニ付而、他所与弓矢出来之時者、」手はし〔端〕の城江番等入事在之者、各致談合、」人数をさし入可申、其時相互ニ如在申間敷候事、

一、同名中我人弓矢之時、無本人為身続仕前〔舞〕」仕間敷候、同被官等生害させ申間敷事、

一、於地下中公事出来之時、双方共ニ内儀を以も」被頼候共、連判仕間敷候事、

一、他所より被出候かくし事ニ、我人出候をつけ〔告〕申間」敷候、雖然、聟・舅・兄弟之儀者、かくし事ニ被出候』仁躰ハ、相届存分次第つけ可申候事、

一、弓矢之時、我人之被官等《預》《ミ》ケ物仕候共、預候者を成敗」仕間敷候事、

一、於同名中、我人請取沙汰、堅可被停止事、

一、荒地にて、百性等自然草を苅、牛馬をはなし」候事候共、可有宥免事、

一、田のくるかり、如大法かり申候共、成敗等有間敷事、

一、於地下中、不寄上下、毒飼仕間敷候、自然毒飼之」事、慥存知之儀在之者、上巻起請文を以、不寄悪」中無音、其ぬしニ可告知候、然者則ニ其仁躰へ可」相届候、於無誤者、同名中之前にて、上巻起請文」血判を以、晴可申候、至于凡下之輩ハ、よき起請にて」可相果候事、

一、地下・同名中、并寺庵・百性等迄、家之事・ぬすミ・焼」仕間敷候事、』

一、於地下中、偏執遺恨を以、不主知ニ、礼を立申」間敷候事、

一、地下之内無音之間ニ、あした（足駄）・草履・頭巾・四州わ（綿）」たほうし（帽子）・のりうち（乗打）・かさとかめ（笠咎）不可在之事、

一、諸職人地下江出入儀、少も不可妨之事、

一、米買之役所并つりよう（津料）、被召問敷事、

一、他所之御衆当所ニ居住候て、借銭・借米被負せ候と」て、地下へ立入百性（姓）・商人を、搦いましめられ候儀、堅」御侘言之事、

一、諸商人他国他郡他郷より出入候を、地下之商」人等莵角妨之事在之者、様躰之儀聞届、可加成敗」候、然者、我人押買不可在之候、并役所者市庭定置」候、其外行合者、無紛様ニ可被取之事、

一、於東山、為商売すミ（炭）・はいやき（灰焼）・かちすミ（鍛冶炭）留申候、雖然、」私之用所候者、焼可申候事、』

一、地下江公事持被出入候を、其敵方他所より被待」申儀在之者、我人聞懸、出合行ニおよばす而間敷候事、

一、他所之公事持、同名之者を出し仕前（舞）被仕、地下」地下（衍）江被退候時、本人出合被申候共、地下衆ハ双方共ニ」被及異儀間敷候事、

一、同名中公事持を送り候時、我人一揆衆ハ、討手ニ」罷出間敷候、万一無承引討手ニ出申仁躰在之者、か」たき（敵）同前ニ可請申候、其時一揆衆ハ、うたれ候方を」一味同心ニ可為合（力脱）之事、

一、在々所々之公事持、自然同名を被放、又ハ諸親」類迄誓印を以、中を被違仁躰ハ、我人合力有」間敷候、然上者、為宿拘置間敷候事、

一、同名之内、若き子共はくち（博打）を打、其外不寄諸勝」負、何様之勝負候共、於当座、其身廻にて可被相果」候、後日之負おほせニ成間敷候事、』

一、従他所他郷地下中江、不寄上下、手引手廻仕間」敷候、自然凡下之輩、或詰ころし（殺）、或屋焼・盗賊を」仕たる者、

徹所正敷於為存知ハ、他所より被頼候共、」又者身ニ請候ても、其主存分次第ニ生害させ」可申候、然者、其主へ上巻起請文を以、過正敷通於」申披者、不足有間敷候、自然又搦捕候て遂糺明」其者於無音（誤）者、其主人江起請文を以申分候ハ、、是又」不足有間敷候事、

一、同名中諸事談合之時、我人（多脱）分付ニ付而ハ、同心可申候、」為少分申破儀、不可在之候、万一相紛事在之者、其時」者、打入鬮にて可相果事、

一、雖為同名、地下仁ありなから、一揆之無判形仁躰」者、弓矢時合力申間敷候事、

一、領中之間にて、他所より被頼、公事持を討手ニ」被出候共、我人罷出間敷候、雖然、大犯仕候凡下之』者を可討」之由、従他家被申候者、大犯之旨聞究、同」名中之送無之者、存分次第ニ討手ニ可罷出候事、

一、此一揆之掟之儀、我人取かくし申間敷候、并入度」条数候共、退度条数候共、多分ニ付而、可相定候事、

右条々、堅申合与申上者、不可有相違候、」万一此旨を相（輩脱）背在之者、此掟上巻起請文之」御罰一身之上に、深厚可罷蒙者也、仍一揆与掟」前書如件、

同名中

永禄拾参庚午年三月廿四日　　惣

忝も』

敬白天罰灵社上巻起請文之事

謹請散供、再拝々々、惟当来年号者永禄十三年大」歳者庚午、月並者十二ヶ月、日数者凡三百五十余ヶ日、撰定」吉日良辰、致信心謹奉勧請、忝掛上者、奉始梵天、帝釈、」四大天、日光菩薩、月光菩薩、三千之星宿、却四天、八天、十二天、」十二神将、七千夜叉、三十三天、廿八部、第六天魔《マ》王、聖衆天、二」十八宿、地之三十六禽、百億須故〔弥〕、

百億、梵天、帝釈、鉄囲山、」大海江河火々魔法王、諸天々上間浮提、十六大国、五百中国、」十千小国、無量粟散国文中在々ル大小神祇、上者有項〔頂〕天、」中者無縁法界、下堅窂〔牢〕大地神、金輪際迄仏神皆」番招請驚白言、下者堅窂地神、薬師如来十王十躰、」摩利支尊天、々一神、太山符君、司命、司録等、倶生神、」元辰星、南斗、北斗、一曜星、破軍星、羅喉星、計都星、」巨《キヨ》文星、明星、七夕星、四法、四仏、五法、五星仏、三宝荒神、」摩利支天、宇賀神、斗賀神、多門〔聞〕、持国、増長、広目、諸」仏、諸菩薩、諸善神、東方降三世明王、南軍〔荼〕䟭利夜叉」明王、西方大威徳夜叉明王、北方金剛夜叉明王、中央大口、大」聖不動明王、金剛蔵王、身虵帝王、大聖金剛童子、普天」率土、五道冥官、冥六《衆乎》、有勢無勢、大弁才天女、大黒天神、』愛染《ゼン》明王、妙見菩薩、金剛界七百㚖尊、治蔵界五百㚖」尊、過去未来現在、三世諸仏、四三星、八葉星、本命星、一万五《八》」千軍神、二万八千軍神、三万八千軍神、四万八千軍神、五万八」千軍神、六万八千軍神、七万八千軍神、八万八千軍神、九万八千」軍神、乃至十万八千五(マヽ)諸軍神等、二千八百天童子、山神」護法荒灵全軍等、二万燈明仏、三万燈明仏、文殊、普賢」十六善神、八万四千夜叉神、日本国中、伊勢天照大神宮、内」宮外宮風宮諸末社等、八幡三所大菩薩、春日四所大明」神、平野大明神、吉田大明神、立田大明神、勢〔熱〕田大明神、広」田大明神、王城鎮守三十番神、山王廿一社、住吉大明神、天」王寺、熊野三所太権現、若一王子、四所明燈、(王カ)(五脱カ)帝王子、金峯」山、蔵王権現、子守勝手大明神、関東守護神、伊豆、箱根、」両所権現、三嶋大明神、鹿嶋大明神、富士山大権現、白山」妙理大権現、立山大菩薩、鞍馬山毘沙門天王、諏訪上下」大明神、賀茂下上大明神、北野天満大自在天神、土公神、」法華経廿八品、羽黒大明神、葛木大明神、出雲大社、三」輪大明神、松尾大明神、中堂薬師如来、稲荷大明神、」油日大明神、檜尾大明神、矢川大明神、新宮権現、河』合寺、牛頭天王、梅宮大明神、大原野大明神、貴布祢大」神、多賀大明神、丹生大明神、伊賀一官《宮》大明神、荒木大明」神、其外、当社氏之神、惣而大日本国中、六十除〔余〕州大小神」祇、地蔵菩薩、陀羅尼菩薩、龍樹菩薩、旃檀香仏、太」病神、八万四千鬼神、天神、地神、大恩神、権行人神嵗破」神、大疫神、広巴神、権徳神、大嵗神、夜気神、天蘇神」生気神、土神、妙見神、八万四千鬼神、六百五十余神、金山六」十万鬼神、父天狗、母天狗、愛宕山四生明神、太郎房、九」億四万三千四百九十余神之眷属、吉祥天女、禅弐師」童子、八所大明神、善皆房、善鬼房、次郎房、八万七千眷」属、飯縄、魄三万二《三》千、視目駒形酒王子、三凡王子、智羅」天狗、十二八天狗、山々嶽々岑々之大天狗、小天狗、諸眷属」等、指集而正路鑑給江、若此旨私曲偽有者、於今生者、」麦白癩、黒癩ノ重病ヲ、弓矢冥加七代尽仏神三宝」祈誠言共不可有叶事、後世来世者、阿鼻無間地獄」堕在、未来永劫雖経、無浮事、仍霊社上巻起請文」如件、若、此起請文之旨私曲偽申者、於一身之上御罰於立』所深厚可被蒙者也、仍上巻如件、

永禄十三年庚午三月廿四日

| | | | |
|---|---|---|---|
| 善七 | 玉順 | 久次 | ①弥介 |
| ②源兵衛 | 久賀 | 山城 | 弥右衛門 |
| 定かう | 孫七郎 | 柵右衛門 | 又右衛門 |
| 孫太郎 | 長治 | 権八 | 左一郎 |
| 五郎二郎 | 新六郎 | 新左衛門 | 忠右衛門 |
| 与一郎 | 新六 | 又六郎 | 又五郎 |
| 久兵衛 | 与三郎 | 三烝 | 一右衛門 |
| 伊助 | 勘三郎 | 勘二郎 | 友丸 |
| ③丹後守 | たんこ | 与九郎 | ④鷲野 |

米治　九兵衛　弥八郎　彦左衛門
金六郎　五郎　三郎九郎　小五郎
助左衛門　千助　新右衛門　勘六郎
筑前守　甚太郎　伝右衛門　麦木
長門守　十郎左エ門　右兵衛　万次郎』
⑤竹嶋　長岡　久七　吉右エ門
清兵衛　藤五郎（吉）　藤一郎　中道
珠学　東順　⑥金右衛門　⑦村山
九郎次郎　小与一　五郎右衛門　三太郎
稲淵　⑧岩尾　六郎左エ門　竹内
頭右エ門　喜右衛門　伯順　胋枡助
与三兵衛　善三郎　久平　恵杏（善平）
久右エ門　十左衛門　彦烝　宗（春平　兵エ平）
⑨奥　半次　孫八郎　小十郎』
清三　徳右衛門　宗岳　勝三郎』
（裏書）
与一（郎哉又右エ門）　八蔵　善九　伝十郎
市六郎　楽右衛門　勘七　五介

阿さむし　玉順　平次郎　藤《畠》左エ門
三蔵　絲《マゴ》介　⑩南　小《忠》十郎
半七郎　⑪礒　三二郎　吉八郎
九十郎　祝井　徳永　六郎
⑫大口　孫五郎　⑬助八郎　稲森
八郎兵衛　木俣　一左エ門　⑭勝井
蔵持　甚兵衛　宗法　弥太郎
⑮吉田　藤治　⑯乾　勘四郎』
二右エ門　理内介　伝八　珠旭
孫七郎　平三郎　斉介　九蔵
若八　乾井　伝七　勝八
佐内　久八郎　対馬　神保
宗右衛門　源内　久兵衛　九一郎
平吉　福森　宗介　宗六
作蔵　金大郎　南　八助
⑰浅井　宗端　出雲守　馬場
弥三郎　宗左エ門　柄助　⑱広屋
⑲繁実　助蔵　宗丸　吉右衛門

| | | | |
|---|---|---|---|
| 寿那志 | ⑳高屋 | 太郎 | 越前守 |
| 源一郎 | 三八郎 | ㉑平田 | 助二郎 |
| 一介 | 伊右エ門 | 友勢 | 新三郎 |
| ㉒藤左エ門 | 源一郎 | 越前 | 三八郎 |
| 大蔵 | 宗永 | 甚助 | 三七郎 |
| 三吉 | 勝蔵 | 主殿 | 源五』 |
| 正木 | 主殿 | 孫三郎 | 五郎 |
| 久内 | 左内 | 久八郎 | 左衛門三郎 |
| 清吉 | 賀介 | 左衛門尉 | 主計 |
| 絲《孫平》七郎 | 主税 | ㉓城 | 左吉 |
| ㉔源助 | ㉕肥前守 | 因幡 | 孫九郎 |
| 五右エ門 | お辰 | ㉖竹林 | 寿徳 |
| ㉗佐々山 | ㉘勘兵衛 | 徳順 | 伊太郎 |
| 至聖坊 | 法明坊 | 蓮蔵坊 | 紀伊 |
| 円丸 | 永丸 | 慶円 | 慶林 |
| 泉井 | 大膳 | 万右エ門 | 五郎右衛門 |
| ㉙吉井 | 三九郎 | 三五郎 | 三郎左エ門 |
| 慈全 | 丸山 | 淡路守 | 備中守 |

若狭守　勘八郎　与一　㉚一郎左衛門
勝見　半六　松中　法永
孫丞　勘丞　宗保　又七
与左エ門　甚内　㉛広岡　玄蕃丞
㉜北田　久九郎　与助　㉝向山』
六郎右衛門　久三郎　竹意　助右エ門
源丞　久六　忠助　おいと
実土　吉蔵　善一郎　新兵衛
小十郎　久左衛門　六右エ門　与左衛門
越前　円宝　十太郎　とう屋小
兵七　徳泉　加賀　万八郎
万吉　拾八郎　㉞玉木　佐渡守
次郎左エ門　吉蔵　重内　彦平治
九郎右（衛脱）門　権八郎　源治　藤治郎
寿阿　長蔵　㉟勘右衛門　平吉
久五郎　理平治　平三郎　源五郎
新八　一内　久蔵　甚八郎
彦　九郎太郎　㊱彦太郎　三治郎

（改行は」、紙継は』で示した）

| | 竪(mm) | 横(mm) | 紙継の異常 | 表 | 裏 |
|---|---|---|---|---|---|
| 1紙 | 30.7 | 45 | 文字影が前紙の下に | 前書 | |
| 2紙 | 30.8 | 45.1 | 文字影が前紙の下に | | |
| 3紙 | 30.9 | 45.1 | 無 | | |
| 4紙 | 30.9 | 45.4 | 無 | | |
| 5紙 | 31 | 45.4 | 文字影が前紙の下に | | |
| 6紙 | 30.9 | 45.5 | 無 | | |
| 7紙 | 30.9 | 45.5 | 前紙に文字がかかる | | |
| 8紙 | 31 | 45.4 | 無 | 神文 | |
| 9紙 | 31 | 45.3 | 糊代のずれ | | |
| 10紙 | 31 | 45.3 | 糊代のずれ | | |
| 11紙 | 31 | 45.3 | 糊代のずれ | 交名 | |
| 12紙 | 30.7 | 27.7 | 無 | | |
| 13紙 | 30.6 | 2.9 | 前紙に文字がかかる | | 交名 |

本文書は、起請文前書は七枚、神文は四枚に書かれている。神文が書かれた四紙目の途中から、起請文に賛同した人びとの交名が載せられ、さらに二枚に交名が続き、全体で一三枚の料紙から構成される。その後、交名は一三紙目の奥裏から五紙分の九紙目まで書き継がれている。一三紙目は極端に紙幅が短く後欠の可能性もあるが、交名部の行間は概ね一センチの程度で、一三紙目の奥には一センチ以上の空間があるため、後に文字が書かれていた可能性は少ないと考えてよいだろう。しかも、一二紙目の紙幅も比較的短く、紙継された糊代に一三紙目の文字が書かれおり、一三紙目は紙幅の短い一二紙目に紙片を付け足した感が強く、元々は全体で一二枚の料紙からなっていた可能性が高い。

現状では前書の二紙目と三紙目が入れ替わって紙継がされているが、翻刻ではそれを改めた。その他に、次紙の文字影が前紙の下にあるものもあるなど、後補による紙継の異常が認められるものが五紙ある（法量その他については表参照）。

「大原勝井文書」との異同は、仮名が漢字で書かれているなど、若干の文字の差異は認められるが、文意が大きく変わることはない。最も特徴的なところは、九・二八・三〇条のところに挿入の形で書かれている箇所が、展開されて書かれているという点にある。(8)

## 第三節　交名部分について

「大原家文書」の「与掟」によって、新たに確認できた部分は神文と交名である。特に交名部分は、甲賀郡中惣を構成した「同名中」組織を考える上で重要な鍵となる。本節では、交名部分から新たにみえてくる論点について、いくつか指摘しておきたい。

本文書に書き連ねられた三二〇人の交名の中には、「鷲野」「竹嶋」など名字ととれる名や、「山城」「丹後守」「大膳」などの官途名、「玉順」「慈全」「蓮蔵坊」などの法名や寺僧・寺庵の名がみられる。その他には、「新左衛門」「孫七郎」などの仮名や「永丸」「宗丸」などの幼名とみられるもの、さらには「おいと」など女性の名ととれるものも列記されている。ここに名前を列ねた人々は、一体どういう人びとなのだろうか。

大原同名中構成員の名前に関しては、わずかに残存している同時代史料や、近世・近代に作られた記録・系図等から、おおよそ確認することが可能である。同名中構成員の名前は、次にあげる史料から確認できる。

A明応四年(一四九五)十一月二十九日油日神社再建奉加札(9)

佐治村・多喜村・大原村・岩室村・上野村・毛牧村・上野村・和田村(以上、現滋賀県甲賀市甲賀町)、池田村・寺庄村(以上、現甲賀市甲南町)、湯舟村(現三重県伊賀市阿山町)から甲賀の中心的神社であった油日神社(現甲賀市甲賀町)

へ納められた奉加米・銭と人名が記されている。

B天文十八年（一五四九）七月二十三日佐々山資治畠地替状(10)

佐々山資治が大原上田村（現甲賀市甲賀町大原上田）にある常光寺に宛てた文書。対象物件は畠地二ヶ所であるが、その四至記載に「合弐ヶ所者／四至限奥殿後／東ハ勝井殿畠限／西ハ青木殿畠限南ハ道／北ハ道限」「一ヶ所字奥殿後三斗畠・一ヶ所字七郎左衛門殿東一斗畠」とある。

C永禄二年（一五五九）四月二十七日大原奉行中惣異見状(11)

「櫟野藤兵後室」が常光寺へ寄進した土地をめぐる相論を、大原奉行中惣が裁許した文書。ここには、相論当事者として「弥介」、その身寄として「奥之新介方・同太郎次郎方」、それを裁定する奉行中惣として「弐十人ハ源兵衛・徳田・青木・勘右衛門尉・保松・森澤・繁実・九郎五郎・礒・勝井・大口・一八郎・向山・源介・勘五郎・彦太郎・松井・橘二郎・藤左衛門尉・一郎左衛門尉」の名前が記されている。

D永禄十一年（一五六八）三月十五日毎野土佐入道畠地売券(12)

毎野土佐入道が畠地を売却した相手として、「大原廣森殿／大原繁見殿／大原宗玉坊／大原向山殿／大原勝井殿／大原大口殿／大原一八郎殿」という名前がみえる。これらの人々の多くは、史料Cの奉行中物のメンバーと重なる。

E寛永十一年（一六三四）八月十一日神保三郎兵衛殿江上ル帳面下書(13)

「廿一家古士連名」として、佐治氏一一人・神保氏二人・隠岐氏一六人・山中氏一九人・美濃部氏四人・鵜飼氏二五人・芥河氏八人・望月氏二四人・瀧氏一一人・服部氏三人・池田氏一人・岩室氏三人・上野氏一四人・大原氏一五人・伴氏一〇人・和田氏五人・大野氏四人・下甲賀一五人（岩根氏五人・夏見氏五人・針氏二人・宮嶋氏二人・青木氏一人）、計一九〇人の名前と年齢に加え、その祖父・親の名前が記されている。その内、大原氏の箇所のみをあげておく。

大原同名

一、祖父肥前　親意竹　　年三十三　大原平兵衛

一、祖父金右衛門　親喜助　　年三十七　大原権右衛門

一、祖父肥後　親若兵衛　　年弐十弐　大原吉之丞

一、祖父道嘉　親九兵衛　　年五十　大原甚之丞

一、祖父休嘉　親休賀　　年五十　大原五左衛門

一、祖父福嶋　親久兵衛　　年六十五　大原勘右衛門

一、祖父大口　親介八郎　　年五十　大原助八郎

一、祖父城　親肥前　　年六十　大原意竹

一、祖父肥後　親善之丞　　年弐十九　大原二郎兵衛

一、祖父道嘉　親孫市　　年四十　大原義右衛門

一、祖父道加　親吉兵衛　　年五十四　大原勝左衛門

伏見籠城

年四十　大原民部

年五十　大原介市

年二十　大原長三郎

年五十五　大原六助

以上拾五人

Ｆ安永六年(一七七七)三月京都御所司代様江甲賀廿一家書上帳面之写(14)

この帳面の中に、「御奉公申上候甲賀廿一家古士累代之名前帳」があり、甲賀侍諸家の先祖の名前が記されている。大原氏に関しては、「一、大原城／肥前／意斎《年六十四》／佐左衛門／三之助／三之助／幸治郎」という系統と、「一、大原道嘉／吉兵衛／勝左衛門《年五十四》／弥五兵衛／重右衛門／孫十郎／数馬」という系統がみえる。「山中文書」一八五号によると、前者は「上田村大原三之助」の系譜、後者は「田堵野村大原数馬」の系譜であることがわかる。

Ｇ明治十一年(一八七八)四月川枯神社伝(大原氏)(15)

この記録の中には、甲賀に城を構えていた者として、「大原村ニ瀧川・徳田・廣岡・高屋・竹嶋・奥南・岩尾・福嶋・勝井・篠山・垂井・高野・伴・瀧」という名字が記されている。

Ｈ(年未詳)甲賀五拾人釣書古士控(16)

この記録の中に、「姓解小苗字記録」があり、大原同名中構成員の二重名字として「大原　山北・景行・垂井・竹林・勝井・岩尾・高屋・篠山・廣林・西田」という小苗字が記されている。史料ＧとＨにみえる名字は、大原氏の小名字(二重名字)と考えられる。

Ｉ(年未詳)甲賀郡田堵野村大原篠山家々譜(17)

戦国期以降の大原篠山家の系譜が書かれている。

Ｊ(年未詳)甲賀二十一家由緒口上扣(18)

大原氏は伴氏の後裔であるといわれているが、その系図が詳細に記されている。

なお、史料ＩとＪについては後掲系図を参照。

以上の史料のうち、大原同名中構成員の名前がわかる同時代史料はDである。この史料からは、「大原廣森殿」など、大原名字を名乗る人々の二重名字を知ることができる。そのうち、「大原繁見殿」は⑲に（前掲「与掟」翻刻の交名部分に付した数字に対応する。以下同）、「大原向山殿」は㉝に、「大原勝井殿」は⑭に、「大原大口殿」は⑫に対応する。この四氏は大原名字を名乗っていることから、大原同名中構成員であることが確認できる。そして、この四氏はいずれも奉行中惣の記載があるCの史料にも名前がみえることから、大原同名中構成員の中でも特に大原奉行中惣の一員でもあったことがわかる。その他、⑲の「繁実」は、Aの史料に「百文　茂実」とあり、油日神社の奉加に加わっていたことがわかる。また、⑫の「大口」は、Eの史料に寛永期の同名中構成員である「助八郎」の祖父としてみえている。寛永期に祖父であることから考えれば、時代的に「与掟」にみえる人物と同一人物と考えてよいであろう。

同様に、⑭の「勝井」に関しても、他の史料に頻出する。以下順にあげると、Bの史料には「東ハ勝井殿畠限」とあり、畠地所持者であったことが確認できる。Gの史料には、大原村に城を構えていた者として、またHの史料には大原氏の二重名字としてみえている。勝井氏について、石田善人氏は「勝井氏はその家系によれば、甲賀二十一士のひとりに数えられる大原源三為家の子家親が加津井五郎と称したのに始まり、その子景則は永正年中（一五〇四〜二一）に加津井を勝井と改め大原荘高野（現甲賀市甲賀町高野、筆者註）に小城を構え、近隣の大久保・上田を支配し、近世には上田村に居住した甲賀郷士の家筋である」という。(19)この記述によるならば、勝井氏は戦国初期の大原家の分家であったことがわかる。

次に、同時代史料としてあげられるのは、Cの史料である。Cの史料にみえる「奉行中惣」のうちの一部は、Bの史料の存在によって大原同名中構成員であったことが明らかである。その上、この史料が、大原同名中領内の相論を裁定した異見状であることから考えれば、ここにみえる奉行中惣「弐十人」は、すべて大原同名中構成員であったと考えられる。そのうち、「勘右衛門尉」は㉟に、「礒」は⑪に、「源介」は㉔に、「彦太郎」は㊱に、「藤左衛門尉」は㉒に、「一郎左衛門尉」は㉚にあたるのではないかと考えられる。ただし、仮名の人物の場合は、同名であっても別の人である可能性もあるので確定はできないが、Cの史料は「与掟」と比較的年代も近いことから、さしあたり同一人物と想定しておく。また、Cの史料における相論当事者と身寄の者のうち、「弥介」は①と同一人物と想定され、「奥」は⑨にあたると捉えられる。このうち⑨の「奥」は、「奥殿後三斗畠」（史料B）、「一貫文　奥殿」・「百文　奥殿」（史料A）、「奥」（史料G）と、他の史料にも頻出する。また、応永三十一年（一四二四）の山賊人交名（「山中文書」四一二）に、「大原奥被官人」とみえることからも、大原同名中構成員であったことが確認できる。さらに、史料Jの系図にも、「大原奥右衛門次郎家行」がみえる。『甲賀郡志　下巻』や『甲賀町史　資料編』によれば、奥氏の居所として神（現甲賀町神）の小字今朝丸に「奥殿城跡」「奥殿屋敷跡」があり、今でも土塁が残っているということである。

以上の史料の次に「与掟」に近い年代の史料は、A・B・Eである。まず、Eの史料であるが、これは大原同名中の書上で、「与掟」が作成された永禄十三年から六十五年後の寛永十一年（一六三四）に作成されたものである。そのため、「与掟」段階の大原同名中構成員は、基本的にEの史料に記されている親・祖父の年代であったと捉えられる。この点をふまえて史料Eをみてみると、「肥前」は㉕に、「金右衛門」は⑥に、「介八郎」は⑬、「城」は㉓にあたると考えられよう。このうち、㉓の「城」と㉕「肥前」は、史料Eによれば親子であることがわかるが、そのことは史料Fに「一、大原城／肥前」とあることからも確認できる。また、㉓の「城」は、史料Aにも「百文　城殿」とみえ、油日神社の奉加に参加していることがわかる。

## 大原氏系図（部分）

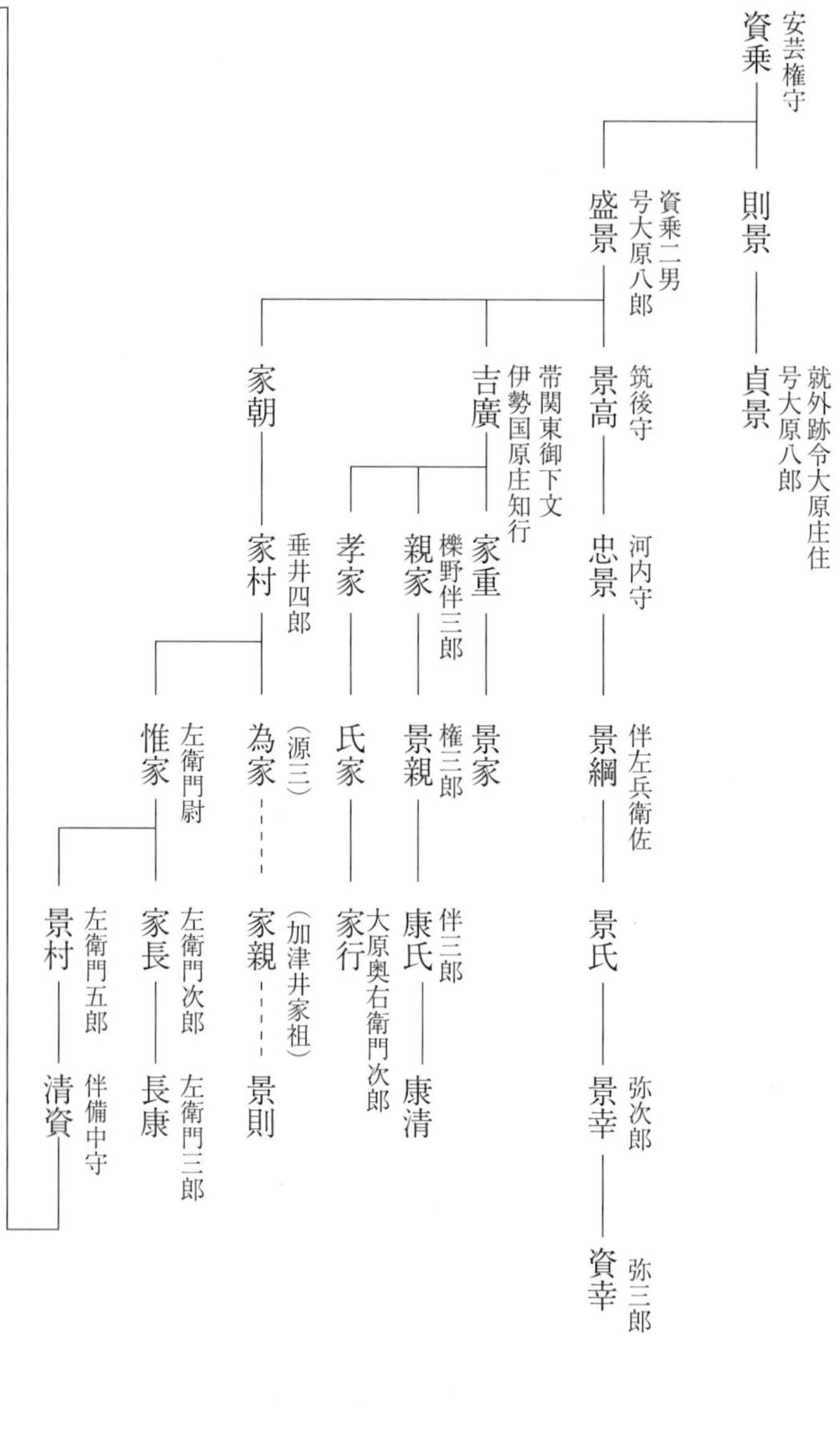
安芸権守
資乗
則景
資乗二男
号大原八郎
盛景
就外跡令大原庄住
号大原八郎
貞景
筑後守
景高
帯関東御下文
伊勢国原庄知行
吉廣
家朝
河内守
忠景
家重
櫟野伴三郎
親家
孝家
垂井四郎
家村
伴左兵衛佐
景綱
景家
権三郎
景親
氏家
（源三）
為家
左衛門尉
惟家
景氏
伴三郎
康氏
大原奥右衛門次郎
家行
（加津井家祖）
家親
左衛門次郎
家長
左衛門五郎
景村
弥次郎
景幸
康清
景則
左衛門三郎
長康
伴備中守
清資
弥三郎
資幸

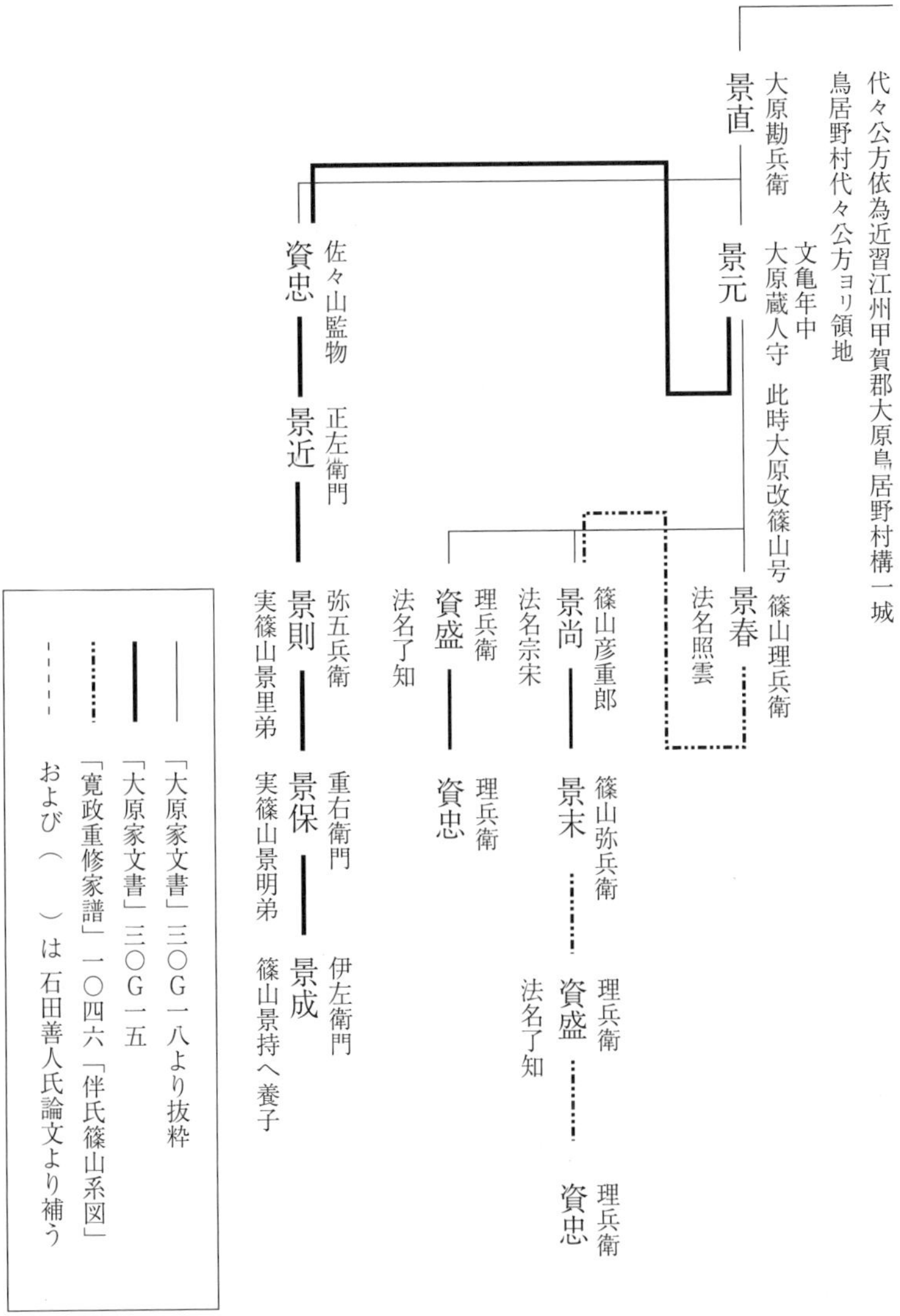
代々公方依為近習江州甲賀郡大原鳥居野村構一城
鳥居野村代々公方ヨリ領地
大原勘兵衛
景直
文亀年中
大原蔵人守　此時大原改篠山号
景元
篠山理兵衛
景春
法名照雲
篠山彦重郎
景尚
法名宗宋
篠山弥兵衛
景末
理兵衛
資盛
法名了知
理兵衛
資忠
理兵衛
資盛
法名了知
理兵衛
資忠
佐々山監物
資忠
正左衛門
景近
弥五兵衛
景則
実篠山景里弟
重右衛門
景保
実篠山景明弟
伊左衛門
景成
篠山景持へ養子
「大原家文書」三〇G一八より抜粋
「大原家文書」三〇G一五
「寛政重修家譜」一〇四六「伴氏篠山系図」
および（　）は石田善人氏論文より補う

次に、史料Bについてみてみる。史料Bにおいて畠地の替地を求めている「佐々山資治」は、㉗の「佐々山」と同族の人物と捉えられる。この「佐々山」という名字は、史料Jの「大原家系図」にも「佐々山資忠」とあり、大原同名中構成員であることが確認できる。さらに、史料Jには、大原景元の項に「文亀年中大原蔵人守、此時大原改篠山号」とあることから、「佐々山」は「篠山」とも書いたことがわかる。そこで「篠山」について探してみると、史料G・Hに「篠山」名字がみえ、これらの史料からも大原同名であったことがわかる。また、史料Aには、「二石」と「百文」の奉加をしたことが記されている。ちなみに、『寛政重修家譜』第一〇四二「伴氏山岡系図」と第一〇四六「伴氏篠山系図」によれば、篠山氏は景助（景元）の子資家（景春）と孫某（景尚）が慶長五年（一六〇〇）に伏見城において戦死した後、景尚の弟資盛（景友）の代になり、旗本として鳥居野村（現甲賀町鳥居野）に領地を授かっている。[20]

さらに、Aの史料についてであるが、ここでの奉加者は、大原村のみに限らず、かなり広範囲から参加しているため、直接に大原同名中構成員であることを示す材料に乏しい。そこでまず先に、大原同名中構成員の名字が列挙されている史料GとHと、史料Jの大原家系図についてみてみる。史料G・H両方にみえる「高屋」は⑳、「岩尾」は⑧に、また史料Gのみにみえる「廣岡」は㉛、「竹嶋」は⑤、「南」は⑩、さらに史料Hのみにみえる「竹林」は㉖に、それぞれあたると考えられる。このうちの⑳「高屋」、⑧「岩尾」、㉛「廣岡」は、史料Aにも奉加参加者としてみえる。また、㉖の「竹林」は、「竹林左衛門九郎景吉、其二男薩摩某（中略）伏見城の名古屋丸に籠り」（『寛政重修家譜』第一〇四二「伴氏山岡系図」の「景光」の項）や、「家伝に、先祖大原備後守盛景近江国甲賀郡に住す、其子孫竹林を称し、景時にいたりて大原に復すといふ」（『寛政重修家譜』第一四九五「伴氏大原系図」冒頭）とあることから、すでに戦国期には分家していた家であったと捉えられる。次に史料Jをみてみると、「景元（篠山）」の親として「勘兵衛景直」の名前がみえる。景元が関ヶ原前夜の伏見城にて討死していることからすれば、その親「景直」は「与掟」の時代の人物と想定され、それは㉘の人物であったと考えられる。

最後に、史料Aのみにみえる名前についてみてみると、④「鷲野」、⑦「村山」、⑮「吉田」、⑯「乾」、⑰「浅井」、⑱「広屋」、㉑「平田」、㉙「吉井」、㉜「北田」、㉞「玉木」の名前が確認できる。彼らについては、他に確認できる史料がないため、大原同名中構成員か否かは不明である。しかし、特徴的な名字も多いことから、このうちのある程度は大原同名中構成員であったと想定される。また、「江州佐々木南北諸士帳」(『甲賀郡志　下巻』)には、「同主(大原庄鳥居野城主、筆者註)大原丹後守貞綱」がみえるが、これは③の「丹後守」に想定できる。

以上、煩雑になったが、同時代史料および近世・近代の史料・系図から、「与掟」にみえる人物のうち大原同名中構成員とわかるものについて取り上げた。その結果、名字持ち二四人、官途名二人、仮名の者一〇人の、合計三六人の人物が、大原同名中構成員であった可能性が確認できた。しかし、これは交名全体三二〇人の約一一%にすぎない。その他の人びとの存在は、いかに考えられるだろうか。戦国期では、一般的に名字持ちや官途名を名乗る人々は、侍層であった可能性が高い。また、侍層は法名を名乗ることも多い。そのため、名字や官途名、さらに僧名・寺庵名と思われるものをすべて数に入れてみると、九一人になる。しかし、これでも全体の約二八%にとどまる。史料Eによれば、寛永期の同名中人数は、一五人である。永禄期段階の同名中がどれくらいの人数であったかは不明であるが、仮に寛永期の同名中の親の世代を入れても三〇人、さらに祖父の世代まで入れても四五人程度である。あくまでも推測ではあるが、おおよそこれくらいの人数が、大原同名中構成員の人数の最大値だったのではないだろうか。

したがって、「与掟」には、同名中構成員以外の人びとの名前が書かれている可能性があるといえよう。同名中構成員以外の人びととして、まずはじめに思いつくのが、同名中の被官(若党)である。(21) 山中氏の若党は、延宝年間の記録に、山中氏の本拠地である宇田村とその隣村二ヶ村からの若党一五人が確認される。(22) 大原氏「領内」の範囲は、詳しくは不明であるが、先にあげた諸史料や『甲賀郡志』・『甲賀町史』などの記載から考えれば、田堵野・高野・大原市場・相模・大原中・上田・大久保・櫟野・神・鳥居野の一〇ヶ村程度（ただし、そのすべてとは限らない）と考えられる。そこで、山中氏の若党人数から類推すると、大原氏の若党の人数は五〇人程度になる。仮にその倍程度の人数を見込めば、同名中と合わせて二〇〇人程になるが、それでもまだ全体の約六二％である。

当時、甲賀郡地域の村々には、若党とは別に百姓衆も存在していた(23)。田堵野村の事例では、天保十五年（一八四四）段階での村の総人数が一一〇人（内男五一人・女五八人・出家一人）、家数一九軒（内庄屋一軒・本百姓一六軒・無田人二軒）であった(24)。この数字は、近世以降在村していた大原同名中構成員とその被官を含む、一ヶ村の人数である。この一ヶ村の人数、特に男五〇人という人数は、大原同名中構成員や被官だけであったとは考えがたく、百姓衆も存在していただろう。こうした状況を勘案すれば、三二〇人の中には、大原同名中構成員や被官の他に、百姓衆も含まれていたと想定できるのではないだろうか。

いずれにしても、この三二〇人の存在を明らかにするためには、現地調査を含めたさらなる検討が必要となるが、本章ではこれ以上掘り進めることはできない。ここでは、三二〇人の交名の中には、大原同名中構成員と被官以外の人びとが含まれていたことを指摘するにとどめ、すべて今後の課題としたい。しかし、「大原勝井文書」にはみられなかった交名部分を分析することにより、「同名中」や「郡中惣」に関する研究をより深めることになるのは間違いない。引き続き検討していきたい。

以上、新出の「与掟」によって、新たに指摘できる部分に関して若干の検討を行った。この史料は、文書論や惣国一揆論などの研究を進めるきっかけとなるだろう。後考を期したい。

註

（1）石田善人「甲賀武士団と甲賀忍術」（『万川集海　一二巻』所収、誠秀堂、一九七五年）・同「甲賀郡中惣と大原同名中惣について」（『中世村落と仏教』所収、思文閣出版、一九九六年、初出一九七六年）。
（2）宮島敬一「戦国期における在地法秩序の考察―甲賀郡中惣を素材として―」（『史学雑誌』八七編一号、一九七八年）、湯澤（久留島）典子「中世後期在地領主層の一動向―甲賀郡山中氏について―」（『歴史学研究』四九七号、一九八一年）、拙稿「土豪同名中の形成・構造とその機能」（同『中近世移行期における村の生存と土豪』所収、校倉書房、二〇〇九年、初出二〇〇二年）。
（3）『中世法制史料集　第五巻武家家法Ⅲ』一三二～一三四頁。
（4）国文学研究資料館の目録番号は三〇G一九八。以下、「大原家文書」に関しては、同館の目録番号を示す。
（5）国文学研究資料館編『史料館収蔵史料総覧』（名著出版、一九九六年）。
（6）『甲賀郡志　上巻』三六五頁、『甲賀郡志　下巻』一一二〇・一二五一頁など。また、『滋賀県の地名』（平凡社）の「田堵野」の項（四〇七頁）を参照。その場所は、『滋賀県中世城郭分布調査報告一〇』（一九九二年）によれば、櫟井川と杣川の合流点付近にあったようである。
（7）大原家は、寛永十一年八月の段階で一五人の存在が確認できる（「大原家文書」三〇G一〇七）。その後、寛政元年二月には、「上田村大原三之助」「田堵野大原数馬」「櫟野村大原長次」の三家が、「甲賀弐拾壱家」とされている（「山中文書」二八五、『水口町史　下巻』）。
（8）全文翻刻と文書データ部分については、西ノ原勝氏のご協力・ご執筆による。
（9）油日神社蔵（滋賀県教育委員会事務局社会教育課『重要文化財油日神社修理報告書』所収、一九六二年）。
（10）「大原家文書」三〇G一一九。

(11)「大原勝井文書」（石田善人「甲賀武士団と甲賀忍術」、『万川集海　一二巻』所収、一九七五年）。
(12)「大原勝井文書」（同前掲註（11）論文所収）。
(13)「大原家文書」三〇G一〇七。
(14)「大原家文書」三〇G二。
(15)「大原家文書」三〇G一八六。
(16)「大原家文書」三〇G三。
(17)「大原家文書」三〇G一五。
(18)「大原家文書」三〇G一八。
(19)石田前掲註（1）「甲賀郡中惣と大原同名中惣について」。
(20)大原氏の中には、近世の史料で「篠山」を名乗っている者もおり（「大原家文書」）、史料Iの系譜も「大原篠山」の系譜とされている。両者の関係は詳しくは不明であるが、史料Jの「大原家系図」は、近世の部分が篠山家系図につながっていること、また史料Iの「大原家系図」によれば、篠山家から大原家に養子が入っていることから考えれば、旗本の篠山家と田堵野に在村していた大原家との関係は密接であったことがうかがえる。
(21)被官に関しては、村田修三「戦国時代の小領主—近江国甲賀郡山中氏について—」（『日本史研究』一三四号、一九七三年）に詳しい。
(22)延宝九年十二月一日山中同名衆交名（「山中文書」二七二）。
(23)明和三年四月行水田賃水証文案（「山中文書」二八二）。
(24)天保十五年江州甲賀郡田堵野村御領分明細帳（「大原家文書」三〇G七六）。なお、この当時の田堵野村は、旗本西郷氏と淀藩主稲葉氏領との相給地であるが（『甲賀町史　通史編』）、この明細帳には両者の別なく記されている。

# 第四章　戦国大名被官としての土豪

## はじめに

関東一円に広大な領国を形成した戦国大名北条氏は、領国を拡大する過程で、重要拠点に一族を配置して領国支配を担わせた。なかでも多摩地域には、甲斐国の戦国大名武田氏に対する西の押さえとして、北条氏照が天正十八年（一五九〇）の北条氏滅亡まで君臨することになる。大永四年（一五二四）までに、北条氏綱が浄福寺城（現八王子市）の城主大石氏を従属させると、その後弘治二年（一五五六）までには北条氏康三男の氏照が大石氏の養子となって家督を継いだ[1]。氏照は、永禄二年（一五五九）頃に浄福寺城へ入り、北条領国の支城領として大石氏領であった由井領の領国経営に乗り出していく。

浄福寺城と、その後に築城された滝山城・八王子城を領国の拠点として、氏照は領域支配を進めていくが、その際に、もともと大石氏に従っていた多摩地域の土豪たちは、氏照被官として再編成されていく。本章では、多摩地域および氏照領国下の土豪に焦点をあて、氏照による被官の編成過程を概観しつつ、彼らの足跡を追いながら、戦国期土豪の特徴について考察する。

## 第一節　氏照に重用された土豪―小田野氏―

氏照被官として、戦場での軍事行動に従事した小田野氏は、由木郷（現東京都八王子市）を本拠とした土豪である。小田野氏は、多摩地域が氏照領となる以前から大石道俊に仕え、「由来〔木〕之内別所谷并堀之内分手作之所」の年貢を給分として免除されていた[2]。その後、小田野氏が氏照の被官として活動し始める史料上の初見は、永禄四年（一五六一）のことである。

この年は、前年から元関東管領上杉憲政を擁して関東に侵攻してきた越後の長尾景虎（上杉謙信）が、北条氏の本拠小田原城に向けて進軍しようとしていた時期にあたる。そうした危機的状況に際して、小田野氏には氏照から次のような命令が届く。

〔史料1〕（永禄四年）一月二十一日　北条氏照朱印状写（「静嘉堂本集古文書ア」『戦北』六六二）

由木上下之強人相談、敵働付而之〔者カ〕出合可討留、万乙忠信申者ニハ、随望恩賞可被下、此旨各ニ為申聞、可相稼者也、仍如件、

（永禄四年）
酉
正月廿一日（「如意成就」朱印）　横地（吉信）奉

小田野源太左衛門尉殿

この時の北条氏にとって、長尾・上杉氏の関東侵攻はよほど切羽詰った状況だったのだろう。史料1にみえるように、氏照は小田野源太左衛門尉に対して「由木上下之強人」と相談して軍勢を派遣するように命じ、さらに「忠信申者」には望みに随い恩賞与えると述べているのである。実際に小田野氏は、氏照による軍勢催促から約一ヶ月半後、氏照から「渋谷一跡」を宛行われている(3)。永禄四年以前に、小田野氏が氏照から所領を与えられたという史料は残っていないので分らないが、おそらく小田野氏は、まさに地域の危機に際して、氏照による軍勢動員を受け入れることで、氏照との被官関係を形成していったものと考えられる。

永禄四年の氏照の命令書が示すように、この時氏照は、領国内に居住する小田野氏のような無給の土豪に対し、働き次第によっては給分を与えると呼びかけて動員した。それは、大石氏旧領を継承した氏照が、大石氏被官を改めて把握しなおし、新たな氏照家中を創設しようとした試みであったともいえよう。実際に、大石氏旧臣や、その後氏照によって制圧された三田氏の旧臣が、その後の氏照家中の中核となっていくのである。

このような氏照家中の編成過程のなかで、小田野氏は急速に氏照との結びつきを深めていく。特に永禄四年の長尾・上杉軍との戦闘において華々しく活躍したようで、小田野氏の「屋敷」を攻めてきた敵方一五人を討ち捕ったり、敵の通路を塞いで荷物を押し取ったりして、北条氏当主氏康からも感状や太刀を与えられている(4)。小田野氏は、自らの本拠地を守る戦いでは、当主源太左衛門尉を中心に、肥後守や新左衛門などの一族が一丸となって軍事行動していたようである(5)。

永禄四年の危機的状況を、いわば「郷土防衛」という共通の目的のもとで氏照に結集していった土豪たちは、その後は遠隔地の戦場にも動員されていくこととなる。それは、一旦氏照の家中に名を連ねた者の必然的状況であったといえよう。小田野氏は、永禄七年に北条氏と房総の里見氏らが戦った第二次国府台合戦に参戦し、同じく氏照被官で

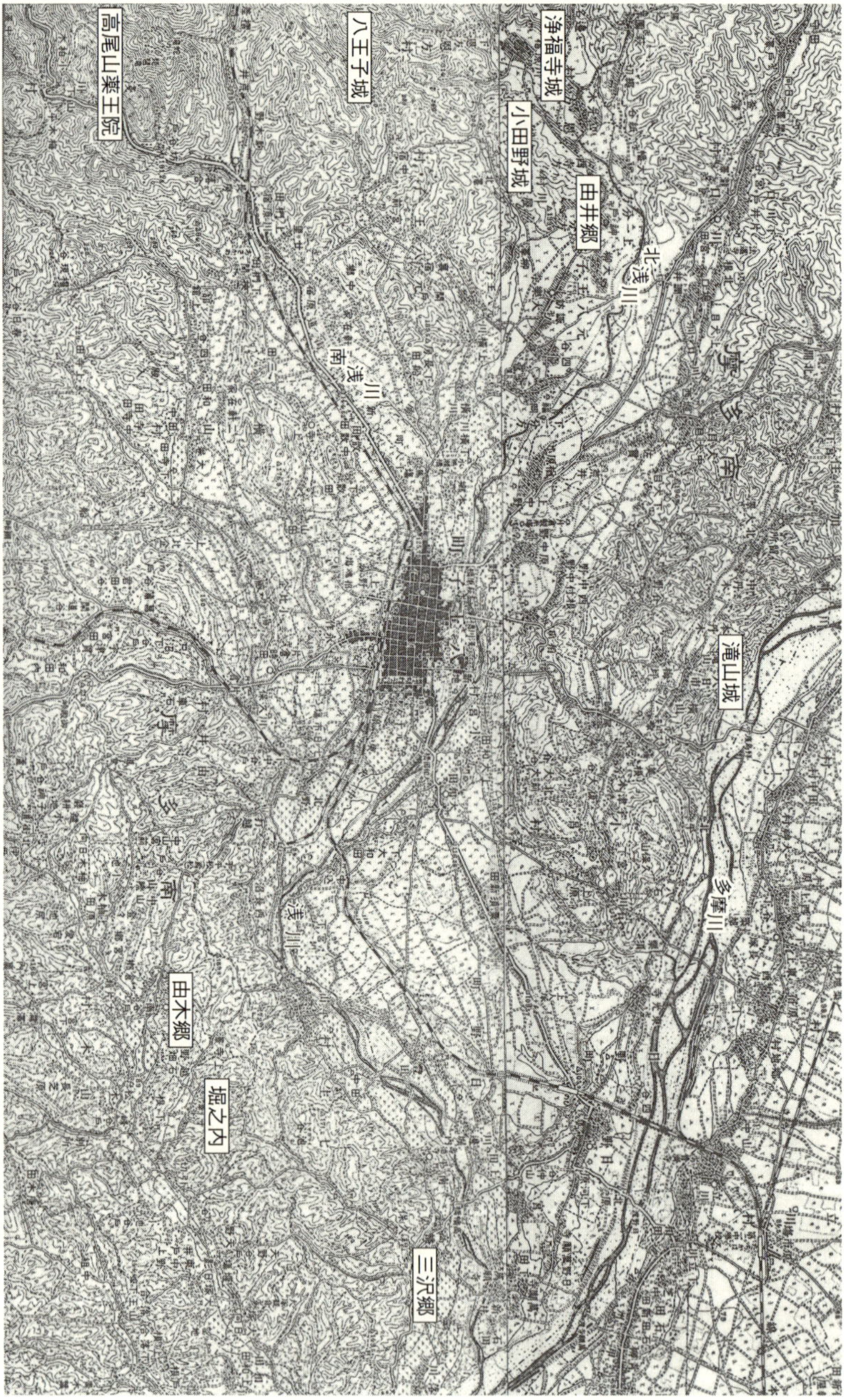


小田野氏・三沢十騎衆関係地図（旧五万分一地形図「八王子」「青梅」より作成）

あった神田氏や小針氏・菅沼氏らとともに氏照から感状を与えられている。(6)しかも、戦場は下総国の国府台(現千葉県市川市)という、小田野氏の本拠地から遠く離れた場所であった。だが、給分をもらって被官化している以上、こうした軍役が被官の勤めとして求められることになるのである。

残存する史料からみると、小田野氏は氏照家中のなかでも特に軍事面で重用されていたようである。例えば、永禄五年には、氏康による岩付太田氏領国の石戸城(現埼玉県北本市)攻めに出陣していた氏照が、浄福寺城留守居の重臣横地吉信に対して、早々に小田野氏を参陣させるようにと伝えている。(7)この時、まだ上杉勢は出陣しておらず、しかも上杉方に味方していた上野国衆の軍勢も少なかったことから考えると、敵方を根絶やしにするつもりでの増員要請であったと捉えられる。北条氏に味方していた甲斐国の武田信玄の軍勢も氏康のもとに参陣することになっていたので、隣接する氏照領の情勢も気がかりではあるが、まずは兵力増強が第一、ということだったのであろう。この時に小田野氏を名指しで呼び寄せているところに、小田野氏に対する氏照の高い評価がうかがえよう。

また、天正十四年(一五八六)には、下野国の鹿沼(現栃木県鹿沼市)への援軍として、氏照領からは小田野氏と池上氏が鉄砲衆を率いて派遣されている。(8)その際に、援軍の軍勢に対して「小田野・池上両人如申可走廻」と命じられていることから、小田野氏が池上氏とともに氏照から軍事指揮を任されていたことがうかがえる。実際に、天正六年には、小田野氏は氏照から「木澤地之足軽廿余人指南」を命じられ、下野国木澤の北曲輪に移って足軽の指導にあたっている。(9)これらのことからも、氏照はある程度、小田野氏に軍事面の作戦などを任せていたといえよう。

その他、小田野氏は占領地域で味方となった領主・土豪の人質の管理を命じられたり、味方国衆への使者として遣わされたりもしている。(10)人質の管理や使者などは、特に信頼のおける被官に命じられる役目である。この時の小田野氏に対する氏照の信頼度を知ることができよう。

しかし、遠隔地での軍事行動を遂行し、戦国大名のさまざまな要求に応えていくとなると、それなりの装備や武器、さらには大量の兵粮などが必要となってくる。それらは、基本的には氏照によって与えられた給分からまかなうわけであるが、度重なる戦争によって十分に準備できない状況も生まれてくる。そのため、小田野氏は元亀二年（一五七一）に氏照に「御侘言」を申し上げ、氏照から武蔵国内牧郷（現埼玉県春日部市）を宛行われている。(11)

従来の研究では、土豪が大名権力に被官化し、所領を宛行われることを、「土豪の上昇転化」とか、「領主化の契機」と捉えてきた。しかし、実際には、小田野氏のように、戦国大名との被官関係によって義務化された軍役が、土豪の経営に重くのしかかっていたのである。なかには、こうした負担に耐えきれず、没落してしまった土豪や、また伊豆国西浦（現静岡県沼津市）の大川氏のように、被官関係を解消して百姓身分に戻った土豪もいた。土豪が戦国大名との被官関係を維持し、大名との結びつきを強化していくのも、それなりのリスクが伴うものだったのである。

しかも、大名の家中の大半は、一部の重臣衆を除いては、このような土豪たちで占められていた。そのため氏照は、家中の兵力を維持するためにも、土豪の経営が破綻しないように気を配らなければならなかった。だからこそ、他国所領の占領と占領地の宛行いが、家中の一員である土豪の軍事行動に対する恩賞として還元される必要があったのである。以上の点から、土豪の被官化を、ただ単に下剋上的な「上昇志向」論によって説明することはもはやできない。

一方で、氏照領の土豪は、小田野氏のように氏照との被官関係に特化していく者ばかりではなかった。氏照との距離という観点で捉えると、同じ氏照被官といっても、そこには違いが見受けられる。その点を確認するために、次に三沢十騎衆についてみていきたい。

## 第二節　氏照領土着の土豪集団―三沢十騎衆―

三沢十騎衆とは、三沢郷（現東京都日野市）あたりを本拠としていた土豪衆である。[12] 彼らが小田野氏などの土豪と違う点は、「十騎衆」や「三沢衆」という集団として氏照に把握されているところであろう。しかし、こうした集団のなかにも中心的土豪は存在していた。それが、三沢十騎衆関係の史料「土方文書」を伝えている土方氏である。北条氏領国下でのこのような把握のされ方は、武蔵国荒川郷（現埼玉県花園町）の持田氏と荒川衆、上野国北谷郷（現群馬県藤岡市）の飯塚氏と北谷衆などの事例とよく似ている。そして、三沢十騎衆と氏照との関係が確認できるのが、永禄六年（一五六三）のことである。

〔史料2〕（永禄六年）七月二十八日　横地吉信判物（「土方文書」『戦北』八二一）

三沢之郷之事、各無足ニ候へ共、被走廻ニ付而、自大途（北条氏政）被成御落着候、全相抱弥以可被励忠節候、於此上ニも、
猶可被加御扶持状如件、
（永禄六年）亥七月廿八日　　横地（吉信）（花押）
十騎衆

史料2にみえるように、永禄六年、氏照は三沢十騎衆に対し、「無足」で働いてくれた恩賞として三沢郷を宛行っている。おそらくは、居住地である三沢郷において三沢十騎衆が負担すべき年貢上納分が免除されたものと推測されるが、この史料2から、三沢十騎衆と氏照との被官関係形成の契機も、小田野氏などと同様に氏照への無給での軍事協力にあったと捉えられよう。つまり、氏照への被官化の契機は土豪側からの軍事奉公にあったといえ、危機的な状

況下で氏照が広く軍事動員をかけることによって、氏照家中が形成されてきたことを指摘できるのである。

　しかし、三沢十騎衆をはじめとして、本拠地の年貢分のみを給分とした土豪と、小田野氏のように本拠地以外の給分をもらっていた土豪とでは、氏照との被官関係の内実が若干異なっているようである。例えば、小田野氏が急速に氏照被官として重要視されていったのとは対照的に、三沢十騎衆は非常時において軍事動員される以外に氏照配下で目立った活動はみられない。

　しかも、永禄九年の軍事動員で三沢十騎衆は、「甲立物無之付而者可被為改易、如何ニもきらへやか《（綺羅美耀）》にいたし可走廻」と、兜の前立てをしっかり飾り立て、きらびやかな甲冑を用意せよと氏照から命じられている。[13] 同様に、天正六年（一五七八）に小旗役を命じられた土方氏は、「古小旗不可持候、小旗を新致立、其外諸武具、兼日之如御軍法之致立」と、小旗などの武具をきちんと調えるように指示されている。[14] これらの文言からは、三沢十騎衆が日常的には武具などを使用しなくてよい存在であったことを推測させる。同じ多摩郡戸倉郷（現東京都あきる野市）の土豪来住野氏に対して氏照が示した軍役規定にも、「無立物甲、雖軍法ニ候、由井衆不立者も有之」と記されており、氏照領の土豪の多くが軍法に背いて前立てのない兜を付けて参陣していたことがわかる。[15] こうした事態に対して、氏照が細々と指示しなければならなかったのは、たまにしか使用しない彼らの装備が、いい加減で古くなった道具であったことをよく承知していたためであろう。氏照は、北条氏の軍勢として出陣するからには、他の被官と見劣りしないようにしっかり準備せよ、と常日頃から命じなければならなかったのである。

　三沢十騎衆や来住野氏に対する戦場での装備に関する細かな指示は、百姓を動員する際の「人改令」によくみられる文言と酷似しているが、[16] 逆にこうした指示は小田野氏関係の史料にはみられない。それは、小田野氏が日常的に氏照のもとに参上し、遠方での氏照の軍事行動に従軍していたためであろう。この点から、逆に三沢十騎衆が日常的に氏照のところに出入りしていたのではなく、特に重要な戦局において軍事動員される存在であったと捉えることが可能であろう。先にあげた荒川郷の持田氏や北谷郷の飯塚氏も普段は在所にいながら、必要に応じて動員された在郷被官であった。三沢十騎衆も、彼らと同様に在郷被官と呼ぶべき存在といえよう。

では、三沢十騎衆は、在所においてどのような存在だったのだろうか。天正十六年、豊臣秀吉との戦争をひかえた状況下で、三沢郷の百姓らに宛てて出された文書が、三沢十騎衆宛の文書を伝えた「土方文書」の中に残されている。

〔史料3〕（天正十六年）一月十一日　北条氏照朱印状（「土方文書」『戦北』三二六七）

御書出

一、今度大途（北条氏直）之依為御弓箭、当根小屋八王子御仕置被仰付候、当郷ニ有之侍・百姓共ニ、為男程之者ハ罷出、可走廻事、

一、普請之事肝要ニ候、奉行衆如申可走廻事、

一、此時候間、於何事も、如御下知可走廻事、

右、御大途弓箭之儀候条、御国ニ有之程《為》為男程之者、此時候、為不走廻不叶候、存其旨、可抽忠信旨、被仰出者也、仍如件、

（天正十六年）子　正月十一日（印文未詳朱印）

三沢

史料3は、北条氏が国家存亡の危機的状況において、百姓の動員を求めた「人改令」として有名なものである。この文書が三沢十騎衆の土方氏の家に伝来しているという事実からは、土方氏が三沢郷百姓の代表として、氏照の命令を受ける立場にあり、また率先して「当郷ニ有之侍・百姓共ニ、為男程之者」を引き連れて参陣する役目を負っていたことを読み取れよう。いわば、地域のボス的な存在である。三沢十騎衆は、小田野氏などに比べ、より在地百姓と近い距離にいたことを推測させるのであるが、実際にそのことは次の事例からも裏付けられるのではないだろうか。

天正六年、上杉謙信亡き後、上杉氏の家督をめぐって争った御館の乱に際し、北条氏は氏康の娘を妻としていた武田勝頼とともに、氏康の子景虎を支援していた。北条氏は武田方に援軍を頼むが、突如勝頼が北条氏との甲相同盟を破棄し、景虎の敵方、景勝側に付いてしまう。この事件をきっかけに勝頼と対陣した天正八年に、土方氏は氏照によって滝山宿(現八王子市)に動員された。

〔史料4〕(天正八年)閏三月四日　北条氏照朱印状(「土方文書」『戦北』二一五七)

一、西口有御用、今日中□御立ニ候、重而御触次第、不嫌夜中可罷立事、

一、惣御人衆打出陣取候、然ニ在所へ罷越ニ付而者、可被処越度、滝山宿ニ然与陣取、重而御触次第不嫌夜中可打立、御触之時滝山宿ニ不有合ニ付而者、可被懸過失事、

右、条々可存其旨趣、被仰出者也、仍如件、

(天正八年)
辰　壬三月　四日　(印文未詳朱印)

土方弥八郎殿

史料4には、勝頼との対戦を前に、土方氏が動員できる兵力をすべて参陣させるように氏照から命じられ、しかも「在所へ罷越ニ付而者、可被処越度」とあるように、自分の本拠地に戻った者は厳罰に処すとされているのである。武田氏の進軍ルートにほど近い氏照領国が、特に緊迫した状況にあったことを史料4は物語っているが、氏照領国の危機は、同時に土方氏にとって郷土の危機でもあった。そのため、氏照は三沢十騎衆が、郷土防衛に専念して滝山宿に参陣しないようなことがあっては困ると恐れたのであろう。「御触次第」に昼夜を問わず滝山宿に来るように命じ、もし御触の時に滝山宿にいなかった者は「過失」であると述べているのはそのためである。このような氏照の文言からは、三沢十騎衆が在地に残って氏照の動員に応じない事態が想定されていたこと、つまりは三沢十騎衆と在地との強いつながりを物語っていよう。

以上、氏照領国の土豪をみてみると、戦国時代の土豪は、軍事動員に応じる過程で、大名家中に編成されていったこと、そしてその家中構成メンバーの中には、戦国大名との関係を強化していく者と、在地とのつながりを維持し続けた者との二つに大きく分けられることが確認できた。前者は本拠地以外に給分を得た給人、後者は本拠地において支払うべき年貢分を免除された在郷被官、ということになろう。そして、戦国大名の兵力の大半は、三沢十騎衆のような在郷被官で占められていた。被官関係がこのように大きく二形態に区分されるのは、土豪自身の志向性や土豪と村との関係によるものと考えられるが、いずれにしても地域のまとめ役ともいうべき土豪衆が、危機的状況において軍事動員されることで、大名領国の平和が維持されていたことは間違いないであろう。

## おわりに—氏照領国の土豪の行方—

天正十八年(一五九〇)七月、関東一円に強大な国家を創り上げた北条氏も、ついに豊臣政権の軍事力の前に降伏した。北条氏が本拠地小田原城を開城する一つのきっかけとなったのが、氏照の居城八王寺城の落城である。もともと、対武田氏戦を想定して西側の防御に力を入れて築城され、その後豊臣政権との対抗のなかで、より強力な防御設備が施された城ではあったが、豊臣軍の強大な兵力の前にわずか一日で落とされてしまう。この戦いによって、豊臣政権の全国統一が完成をみることになったが、氏照領国の土豪たちは、北条氏滅亡後どのような道を進むことになったのか、最後にみておきたい。

まず小田野氏である。小田野氏の本拠地は武蔵国由木郷であったが、氏照が八王子城を築城した頃、小田野氏も八王寺城の北東側に小田野城を建設したという。小田野城は、東西に伸びる陣馬街道と、南北をつなぐ高尾街道の接点近くにあり、ちょうど八王寺城の出城的な場所に位置している。氏照との被官関係を重視していた小田野氏は、氏照の八王子城移転とともに本拠由木郷を離れたと考えられる。伝承では、小田野城は八王子城攻撃の直前に、上杉景勝軍によって攻め落とされたという。その後小田野氏は、他の氏照被官と同様に、水戸徳川家に仕官している。被官関係を中心的な活動とした氏照の給人は、氏照家臣として活動するなかでしだいに本拠との関係が希薄化したために、北条氏滅亡後は本拠に戻らず、武士として生きる道を選択したのであろう。

一方の三沢十騎衆は、豊臣方の八王子城攻めが始まる以前に、すでに豊臣秀吉から禁制を与えられている(17)。禁制は、与えられる側の申請により発給される文書であったことからすれば、この時点で三沢十騎衆は氏照との被官関係の維持よりも豊臣政権への従属を選択したといえよう。禁制が、在所の安全を守るための手段であったことを考えれば、在地に密着した三沢十騎衆は、なによりもまず郷土防衛を優先させて行動した、ということであろう。八王子落城後には、豊臣方の武将太田一吉によって、在所の指出を求められていることからも[18]、豊臣政権を新たな領域権力として受け入れた、ということなのではないだろうか。

小田野氏が本拠を離れて、最終的には水戸へと移住したのとは対照的に、三沢十騎衆はその後も在所に残り近代に至る。幕末に活躍した新撰組の土方歳三も、三沢十騎衆の土方家の出身であるという伝承もある。氏照との関係や在地との関係違いが、土豪のその後の進む道を大きく規定することになったのである。

## 註

(1) 大石氏については、黒田基樹編『武蔵大石氏』(岩田書院、二〇一〇年)を参照。
(2) 『戦国遺文後北条氏編』三三四号文書。以下同書は『戦北』と略し、文書番号のみを記載する。
(3) 『戦北』六六九。
(4) 『戦北』六八〇・六八四・六九〇。
(5) 『戦北』六八四。
(6) 『戦北』八四四〜八四七。
(7) 『戦北』三九〇六。
(8) 『戦北』三〇〇四。
(9) 『戦北』一九八一。

(10)『戦北』二七四二・三八九六・四二四二。
(11)『戦北』一五一二。
(12)三沢十騎衆については、湯山学「戦国時代の高幡三郷―高麗氏と三沢十騎衆―」(同『武蔵武士の研究』所収、岩田書院、二〇一〇年、初出一九八四年)を参照。
(13)『戦北』九九五。
(14)『戦北』一九六五。
(15)『戦北』九五六。
(16)『戦北』三一三三など。
(17)『日野市史史料集古代中世編』一三一。
(18)『日野市史史料集古代中世編』一三四。

# 第五章　戦国期における村請の構造と土豪

## はじめに

戦国期の村研究が、「自力の村」論を中心に進められるようになって久しい。荘園の枠組みの解体とともに、地域権力が荘園制下の村を直接把握したことによって生み出された新たな社会体制として、村町制論は提起されたわけであるが、そのことは同時に荘園制下の村を政治的な村、すなわち自力の村と措定することともなった。畿内近国の村を事例として概念化された自力の村の諸活動を、東国の事例にあてはめてみると、戦国大名などの地域権力から文書の発給を受けていた郷村の動向と合致する。そのため、東国の村研究においては、郷村の枠組みを自力の村の単位として扱ってきた(1)。

こうした動向に対して疑問を呈したのが、池上裕子氏である(2)。池上氏の疑問は、①村と村請の成立過程が議論されていないこと、②百姓と地侍(土豪)が村と同一視されていること、③村が静態的・抽象的に描かれ、それを中心にまわりの環境が変化するという論理構成になっていること、の三点である。これらの疑問を解決するために、氏は東国の郷村の構造について分析を進めているが、特に①や②の問題は、村をどのようなものとして定義するか、という点において重要な課題となろう。

確かに、自力の村を戦国大名領国下で議論する場合、郷村が大名側の把握の枠組みであったという意味で、それを政治的な村と捉えることは妥当である。ただしこれまで、その内部構造までを考慮に入れて郷村を扱ってこなかったのではないだろうか。もちろん、東国の郷村のなかには、戦国期の枠組みのまま近世に継承される場合も少なからず存在していた。その場合、郷村のまとまり自体を自力の村と捉えうるかもしれない。しかし一方で、東国の郷村の内部には、人々の生活により密着したレベルのまとまりがみえる場合もある。このような、内部に小村を抱えた郷村はどのように考えるべきであろうか。

畿内近国の村の、自力の村としての諸活動は、村側に残された文書や記録で確認されることが多い。それは、その村の枠組みが、村人にとって、生き残るための組織として認識されていたことを示している。一方、東国で郷村の動向が確認できる史料は、ほとんどが権力側によって発給された史料である。つまり、東国の郷村はあくまで戦国大名側が認識した村の枠組みなのである。したがって、それが実際の自力の村と一致しているかどうかは、その史料だけではわからない、ということになろう。村側からみた生命維持装置としての枠組みと、大名からみた支配のための枠組みとはずれる場合もあるということである。

このような郷村と小村の枠組みのずれ、および郷村の内部構造については、小規模な経営体が、大名と結びついた土豪を中心とした郷請へと転換すると捉えた池上氏の議論のなかで触れられてはいるが、この議論自体が実証されているわけではない。したがって、この問題に関しては各地域の戦国から近世までの状況を追究しないかぎり具体的にはみえてこないのである。戦国期東国の村研究においは、今後は郷村内部の小村の近世的展開までを追究する視角が必要となろう。本章では、東国の郷村の構造、ひいては村や村請といった枠組みの意味を追究する手がかりを得るために、下総国八木郷と上野国北谷郷を具体的事例として、郷村とその内部の小村との関係を考察する。

## 第一節　郷村の内部構造と請負の実態

池上氏が指摘するように、東国では内部に複数の集落（小村）を抱えている郷村が存在する。「郷」という名称から考えれば、荘園公領制における「荘郷」枠組みの「郷」が、そのまま権力の体制基盤に据えられた状況と捉えられるかもしれない。では、郷村とその内部に存在した小村とはどのような関係にあったのだろうか。(3)

〔史料1〕（天正七年）九月六日　高城氏黒印状（「吉野文書」『戦国遺文後北条氏編』二一〇〇）

郷中年貢諸色物別調方之儀、五人之者相談、少も無如在可走廻候、政所之事者、順番ニ可致之候、若此内如在之者聞召及付而者、可加折檻者也、仍而如件、

卯（天正七年）

九月六日　（「胤吉」黒印）

吉野六郎左衛門尉

洞毛大炊助

河辺二郎右衛門尉

吉野源五郎

同彦七郎

史料1は、下総国小金城を中核に領国を形成した国衆高城胤辰が、領国内の郷村に宛てた黒印状である。傍線部に

みえるように、宛所にあげられた吉野六郎左衛門尉以下五名の者が相談し、そのうちの一人が順番に政所となって、「郷中」の「年貢諸色」を納入するように命じられている。史料1を伝えている吉野縫殿助家は、八木郷のうちの芝崎村に拠点を構え、近世を通じて芝崎村の名主を務めた土豪であった。今でも、中世以来の土豪館に居住し、戦国から近世・近代文書を多く伝えている。(4)

戦国期における吉野縫殿助家は、国衆高城氏と被官関係を結んでいたと考えられ、「高城家由緒書」には高城氏に随って吉野氏が参戦していた記述をみることができる。(5)同時代史料としては、永禄七年(一五六四)に高城胤辰によって「従前代持来田地屋敷」を安堵されていることが確認できることから、遅くとも永禄七年には高城氏の被官であったことがうかがえる(『戦北』八四三)。おそらくは、同年一月に勃発した第二次国府台合戦に、吉野氏が高城軍として参戦したことをきっかけに、高城氏との被官関係が形成されたと考えられ、(6)その被官関係は、吉野氏が軍役を務める対価として、所持する田地・屋敷の年貢分の納入を控除された、いわゆる在郷被官であったと捉えられる。(7)

だが、吉野縫殿助の名は、史料1の宛所にはみえない。したがって、なぜ史料1が吉野縫殿助家に伝来したのかが問題となるが、具体的には不明である。ただ、のちにふれる武蔵国関戸郷で、小代官の「非分」が郷中百姓から提訴され、その結果「百姓六人ニ郷中をあつけ」られている事例に鑑みると(『戦北』二九三四)、領主側の役人の不正など、何らかの問題が生じ、郷中から高城氏被官である吉野縫殿助を取り次ぎとして提訴されたために、史料1が吉野縫殿助家に伝来したものとも推測できよう。しかし、吉野縫殿助が郷中の問題を、いわば郷中の代表として提訴するような立場にあった一方で、逆に村の役職である政所に設定されなかったのは、吉野縫殿助が地域権力に被官化して各所に参戦するという、郷内では突出した存在であったためではないだろうか。

では、具体的に史料1をみていこう。ここで問題となっている「郷中」は、おそらくはこの文書を伝えた吉野縫殿助家の居宅があった「八木郷」（現千葉県流山市）であったと考えられる。そこでまず、八木郷の範囲を確認する必要があるだろう。八木郷は、「八木百姓中」宛の文書（『戦北』三六四五）を伝える吉野縫殿助家の本拠地であった芝崎村を含む領域であったと推測される。松戸の本土寺に残された「本土寺過去帳」には、故人の命日や法名とともに、故人の居住地地名が記されているが、この史料に記された芝崎村周辺の地名をみてみると、「八木」のほか、「名都借」「前カ崎（前ヶ崎）」「ヒレカサキ（鰭ヶ崎）」「長崎」「加村」「野々下」「駒木」「大黒（大畔）」「桐谷（桐ヶ谷）」が確認できる（後掲地図1参照）[8]。また、近世初頭に作成された「下総之国図」[9]には、「やき（八木）」「なつかり（名都借）」「松ヶ崎（前ヶ崎）」「鰭カ崎（鰭ヶ崎）」「加村」「西平井」「一ノ屋（市野谷）」「野々下」「三輪山（三輪野山）」「小牧（駒木）」「大里（大畔）」「切谷（桐ヶ谷）」がみえている。

しかし一方で、八木郷に含まれると推測される「芝崎」という村名は、これらの史料のなかにはみえない。とすれば、現存する芝崎周辺の地名のうち、「本土寺過去帳」および「下総之国図」に村名が単独で記載されていない地名が、八木郷に含まれる小村であったと推定しうる。したがって、中世における八木郷は、思井・中・前平井・後平井・芝崎・古間木という六つの各小村から構成されていたと捉えられよう（地図2参照）。なお、前平井と後平井は、その名称から、元は一つの村であったと推測されるため[10]、中世段階における八木郷は内部に五つの小村を抱えていた郷村であったと考えられる。

では、史料1の宛名の五人はどのような存在だったのだろうか。史料1が八木郷に宛てられた文書であることから、彼ら五人はこの八木郷に拠点をもっていた有力者であったと捉えられる。天正七年（一五七九）のこの時に、年貢・諸役の請負について、彼らに任せなければならなかった具体的背景は不明であるが、彼らに委託することで、八木郷の年貢・諸役を回収しようとした高城氏の意図はうかがえよう。では、吉野縫殿助ではなく、宛所の五人が八木郷の政

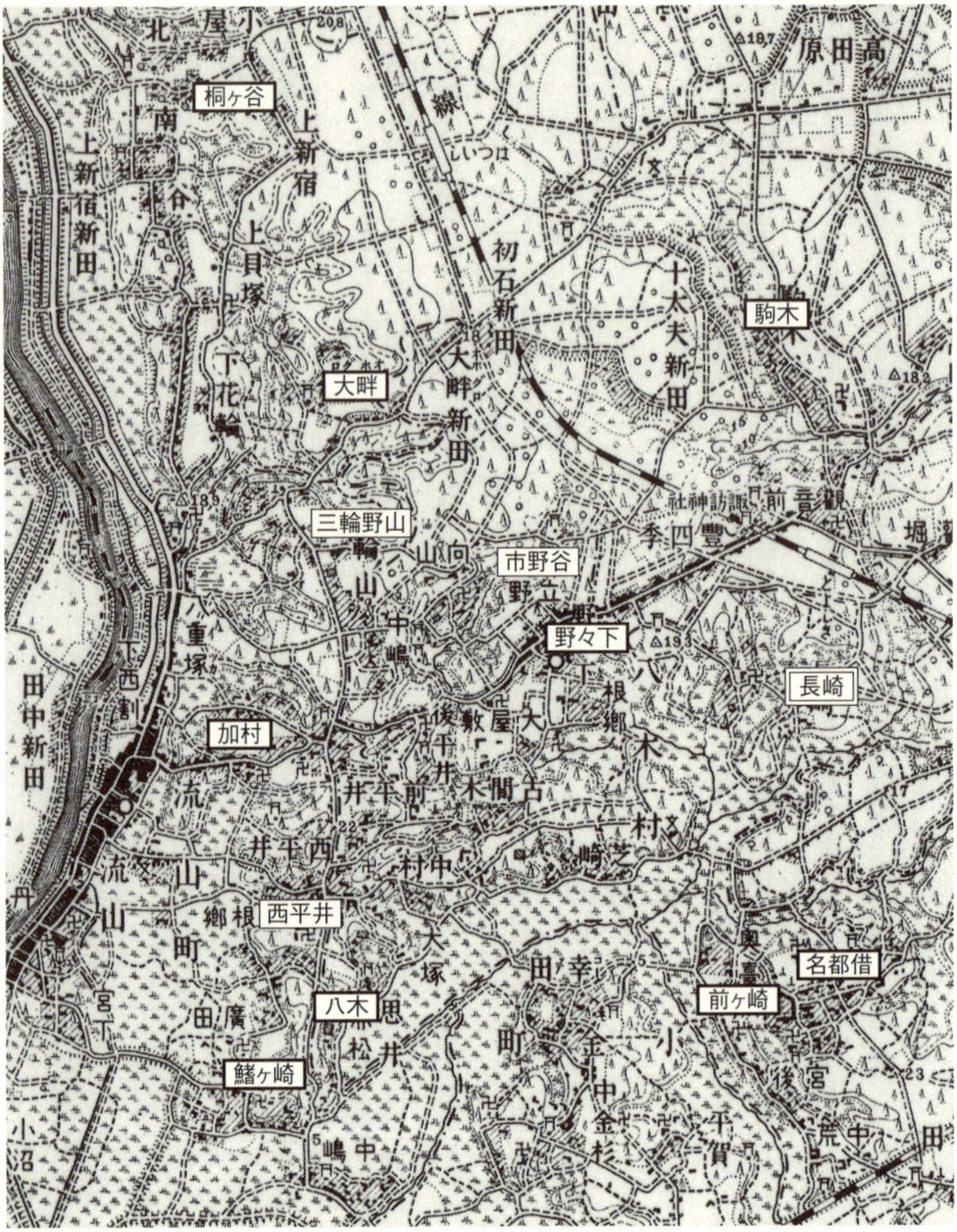


凡例

：「本土寺過去帳」と「下総之国図」の両方にみえる地名

：「本土寺過去帳」のみにみえる地名

：「下総之国図」のみにみえる地名

地図1　下総国八木郷周辺地図(1)
「本土寺過去帳」と「下総之国図」にみえる流山市域の地名
(旧五万分一地形図「粕壁」より作成)

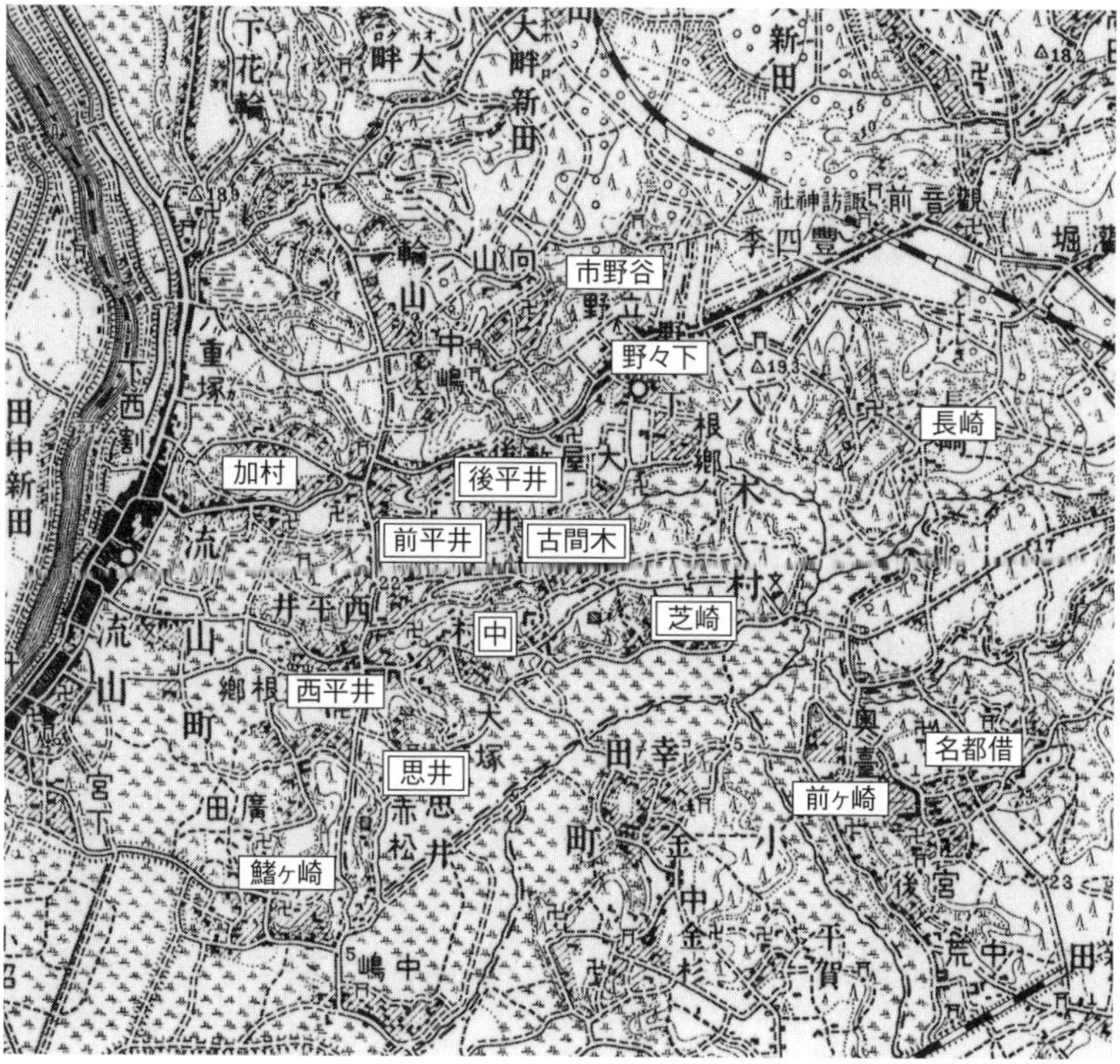


凡例
□：八木郷内の小村名
□：八木郷周辺村名

地図２　下総国八木郷周辺地図(2)　郷内の小村名および周辺の村名
（旧五万分一地形図「粕壁」より作成）

所を任されたのはなぜか。この点を吉野縫殿助家に伝来した二つの帳面から探ってみたい。

〔史料2〕（年月日未詳）芝崎村検地帳（「吉野縫殿介家文書」追加Ⅰ—二一）

ぬかかう切下

六郎左衛門尉分

上田　壱畝拾弐歩　大学作

二郎左衛門尉分

上田　弐拾八歩　又五郎作

上田　弐畝拾弐歩　縫殿助分

主作

（中略）

（高田分）
同分　縫殿助分

下田　七反四畝弐拾歩　刁不作　主抱

同所　六郎左衛門分

下田　弐反六畝弐拾歩　刁不作　主抱

五斗蒔　同分

下田　四畝弐拾四歩　巳不作　大学作

（中略）

沢田七右衛門

平岩六蔵
佐野新蔵
新井忠三郎

史料2は、表紙を欠いていて年代表記はみられない。この帳面を分析した原田信男氏は、近隣村である野々下村の天正二十年検地帳に書式が近似していることを根拠に、芝崎村の検地帳を天正二十年に比定している[11]。しかし、書式の面からすれば、他国の事例ではあるが、武蔵国荒川村の文禄四年(一五九五)検地帳とも近似している[12]。また、史料2の検地帳に記載された不作情報が、天正二十年(辰年)以前の「刁不作」「卯不作」とともに、天正二十年以後の「辰不作」・「巳不作」も記されていること、また不作記載は午年(文禄三年)以降の記載はみられないことから、この検地帳を文禄三年のものと判断した。なお、帳面の最後に記された、検地奉行の一人としてみえる佐野新蔵は、伊奈忠次・忠治に仕え、文禄二年に佐野新田(現東京都足立区)を開発し、同所に居住した土豪である。佐野新蔵は、慶長十四年(一六〇九)に没しているので[13]、慶長検地帳の可能性もあるが、書式の類似性と不作記載の年代との関係から、本章ではこの検地帳を文禄三年のものと比定しておきたい。

史料2の検地帳には、吉野「縫殿助」とともに「六郎左衛門尉」の名が分付主としてみえている。この六郎左衛門尉は、史料1の吉野六郎左衛門尉と同一人物と考えられ、芝崎村の分付主としてみえる一〇人のうち四番目に多くの高を所持していたことが検地帳からわかる(表1参照)。芝崎村の分付主であること、また芝崎村のうち約一二%の土地を所持していることから、吉野六郎左衛門尉は八木郷のなかでも芝崎村の有力百姓であったことがうかがえる[14]。おそらくは、芝崎村の約四二%の土地を所持する吉野縫殿助が、高城氏被官として各所の戦場に駆り出されていたため、それに代わる者として、吉野六郎左衛門尉が芝崎村の年貢等のとりまとめを任されていたものと考えられよう。

表1　下総国芝崎村文禄三年検地帳　分付主持高集計表

| 分付主 | 面積 | 所持地数 | 不作地数 | 不作地面積 | 不作地割合 |
|---|---|---|---|---|---|
| 縫殿助 | 13町7反　18歩 | 97 | 41 | 8町1反　17歩 | 60% |
| 二郎左衛門尉 | 6町5反9畝8歩 | 59 | 29 | 4町　9畝19歩 | 62% |
| 藤三 | 4町　2畝28歩 | 38 | 17 | 2町2反7畝7歩 | 56% |
| 六郎左衛門尉 | 3町8反2畝20歩 | 31 | 11 | 2町　3畝 | 53% |
| 大郎衛門 | 2町7反3畝23歩 | 28 | 20 | 2町1反4畝12歩 | 78% |
| 喜楽坊 | 1町　7畝14歩 | 14 | 8 | 8反2畝8歩 | 60% |
| 定使 | 2反　24歩 | 3 | 0 | 0歩 | 0% |
| 円泉坊 | 1反9畝23歩 | 4 | 1 | 2畝3歩 | 11% |
| 孫衛門 | 1反6畝15歩 | 4 | 4 | 1反6畝15歩 | 100% |
| 長福寺 | 8畝 | 1 | 0 | 0歩 | 0% |
| 総計 | 32町9反1畝23歩 | 279 | 131 | 19町7反7畝21歩 | 60% |

一方、史料1の五人のうち、吉野六郎左衛門尉以外は史料2に記載がみられない[15]。つまり、あとの四名は芝崎村とは別の村に拠点をもつ者であった可能性が高いのである。それを裏付ける史料に芝崎村新田検地帳がある(「吉野縫殿介家文書」追加I―二二)。この文書も表紙を欠いており、年未詳であるが、文字や記載方法などからみて、近世初期の帳面と推測される。具体的な内容については不明な点が多いものの、「開」という記載から、近世以降に再開発された耕地の帳面であること、またその開発を主導した者として「縫殿助」「彦四郎」「久右衛門」という「三人之御地頭」が存在したことが確認されるとともに、各耕地ごとに新田を所持する分付主と耕作者の記載がみられている。芝崎村付きの新田でありながら、耕地の分付主や耕作者として他村名と百姓名の記載がみられていることから、芝崎村の再開発に他村の百姓も動員されたことがわかる。そしてそのなかに、「中村／大炊助」という記載がみえるのである。年代が不明であるため確定はできないが、おそらくはこの大炊助が、史料1にみえる洞毛大炊助と同一人物であったと推定できよう。ここで大炊助は、「中村」の者と記されているので、洞毛大炊助の本拠は八木郷のなかの中村にあったと捉えられる。

このように六郎左衛門尉が芝崎村、大炊助が中村に拠点をもつ有力百姓であったことから考えれば、史料1で政所を任された五名は、それぞれ八木郷の内部に存在した五つの小村の有力者であったと推測することも可能であろう。吉野源五郎と吉野彦七郎に関しては不明であるが、河辺という名字は現在も古間木に残っているという(16)。直接の系譜は追えないものの、宛名の五人がそれぞれ各小村を代表する存在であり、彼らの存在によってはじめて郷村の請負体制が機能するという、郷村内部の実状が読み取れるのではないだろうか(17)。同様の事例をもう一つ挙げよう。

戦国大名北条氏の直轄領であった武蔵国関戸郷の年貢請負に関して、天正十四年に代官松田憲秀は「郷中所務」を「百姓六人」に任せた(『戦北』二九三四)。それまで松田氏は、自身の代官森岡を郷中へ派遣して年貢等の徴収を行っていたが、「森岡近年非分」が郷中より「百姓書付」で注進されたため、欠落した森岡を松田氏が処罰し、所務を郷中の百姓六人に預けたのである。

関戸郷は、『当社記録(香蔵院珎祐記録)』によれば「関戸六ヶ村」から構成されていたという。その六ヶ村については、必ずしも明らかではないが、関戸・和田・寺方・貝取・百草・落川・乞田のうちの六ヶ村であったと推測されている(18)。郷中所務を任された百姓は、有山源右衛門・小磯三郎衛門・増田市右衛門・鈴木八郎左右衛門・塩沢弥左衛門・帰白の六名であったが、彼らと関戸六ヶ村との関係をみてみると、郷内の関戸には近世初期まで同村の名主を務めていた有山源右衛門が居住していたことはまず間違いない。また、乞田には小磯氏、寺方には塩沢氏の姓がみられることから、彼らも乞田・寺方の名主的存在であったと想定できる(19)。増田氏や鈴木氏・帰白の所在地は不明なものの、小村の数と人数から考えて、関戸郷の所務を任された六人は、それぞれ郷内の小村を代表する有力者であったと推測されるのである。

以上、八木郷と関戸郷の事例から、東国の郷村内部は複数の小村から構成され、その各小村ごとに村を取りまとめる有力者が存在していた状況を確認した。彼らが、地域権力である高城氏や北条氏から年貢・諸役の所務を任されていた背景には、おそらくは彼らが各小村内で名主的役割を果たしていた状況があったためであろう。郷村を単位に村請を設定した地域権力による年貢請負体制は、その内部に存在した小村ごとの収取単位と、それを主導した小村の有力者によって支えられていたのである。

これまで、年貢の村請に関しては、近年の村論において「自力の村」という生活共同体を単位に設定されたと捉えられている。確かに、権力との関係における「政治的な枠組みとしての村」という意味では、東国の郷村を自力の村の単位と捉えることはできよう。しかし、権力が設定した請負単位と、実際の在地における収取単位はずれていたのである。このことは、権力との関係における請負単位は郷村であっても、生活共同体としての枠組みはあくまで小村単位であり、郷村の村請は小村の自立的な活動によって可能になっていたという実状を示していよう。それゆえに、近世になると郷内の各村が個別に村請の単位として設定されていくのである。だが、郷内に小村を抱えつつも、すべての郷村が近世になって小村を分立させたわけではなかった。次に、近世においても郷村の枠組みが維持された事例をみていこう。

## 第二節　年貢・諸役の請負と土豪

上野国北谷郷は、その内部に一八の小村を抱える谷間の郷村で（地図3参照）[20]、戦国期には、武田氏に随っていた国衆長井氏の領国下、また天正十年（一五八二）以降は北条氏邦の鉢形領および猪俣邦憲の箕輪城付の郷村であった。基本的に「北谷」「北谷之郷」という郷村単位で権力側に把握されていたが、すでに戦国期段階から北谷郷のうちに

「琴辻」「大沢」「大奈良」などの小村名が散見され、内部に小村単位のまとまりが存在していたことがうかがえる[21]。だが、神流川の支流である三波川に沿って細長く展開する谷一帯を一つの郷村とした北谷の枠組みは、戦国期からそのまま近世の三波川村に引き継がれ、内部の小村が村として独立することはなかった。戦国段階から郷村内部に小村が確認できるのに、なぜ八木郷や関戸郷のように、近世においても小村の単位で村立てされなかったのだろうか。その理由を、北谷郷のうち琴辻を本拠とした土豪飯塚家に伝来する「飯塚家文書」のなかに探っていきたい[22]。

〔史料3〕（天正十三年）三月二十一日　北条氏邦朱印状（「飯塚家文書」『戦北』二七八八）

五貫文　　御蔵銭
　以上
右之代物預置候間、郷中へかし（借）、利銭を以戌（天正十四年）四月漆調、可指上、毎年如此相定者也、仍如件、
酉（天正十三年）　三月廿一日（「翁邦挹福」朱印）
　北谷
　　飯塚六左衛門
　　同源七郎
　　根岸忠右衛門
　　北谷衆中

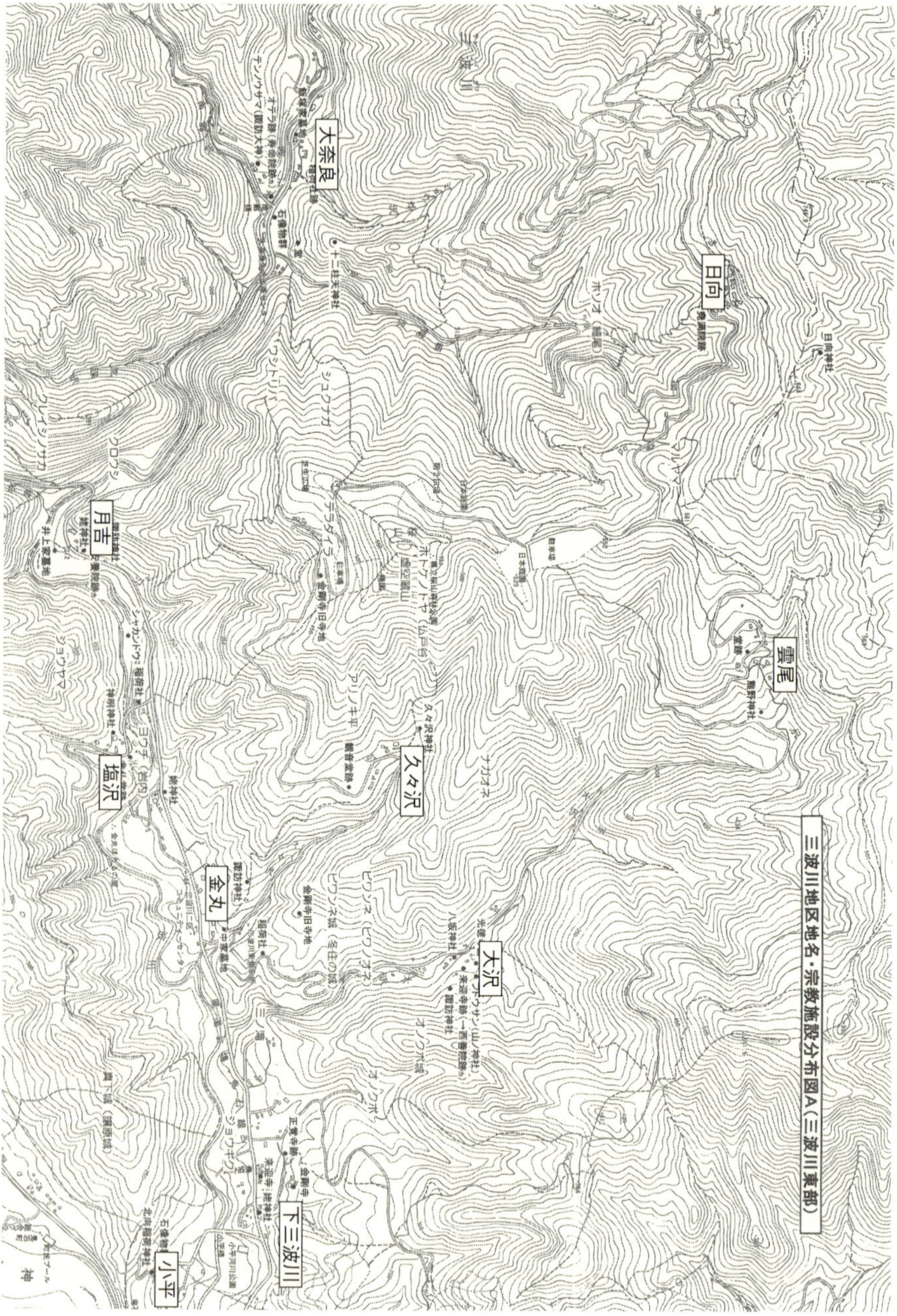


▶地図3-2に続く

地図３－１　上野国三波川村地図（三波川東部）

（池上裕子編『中世近世移行期における土豪と村落に関する研究』〈科学研究費補助金研究成果報告書〉掲載地図より作成）

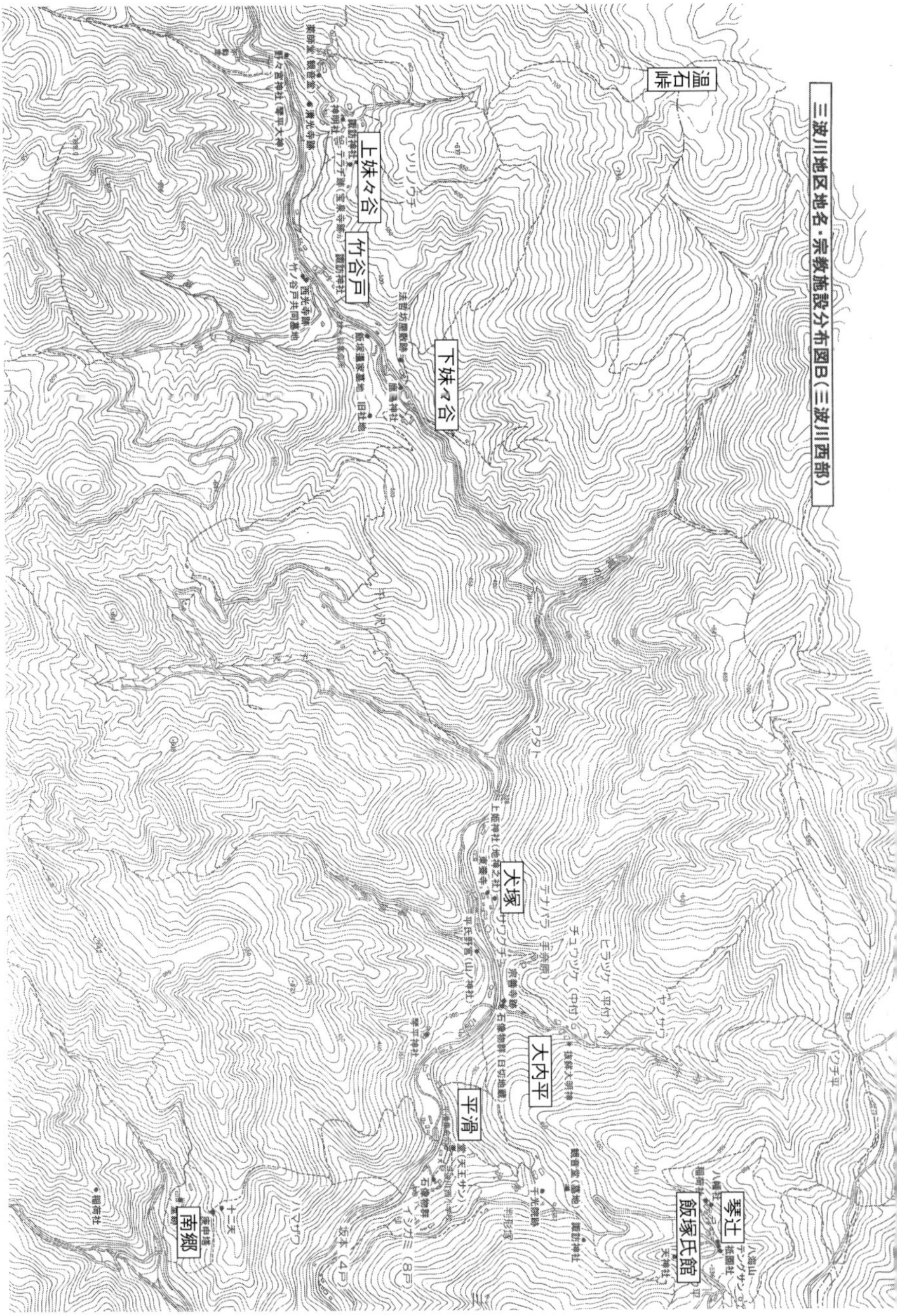


地図３－２　上野国三波川村地図（三波川西部）

▲地図３－１から続く

史料3には、鉢形城主であった北条氏邦が、北谷郷から領主へ納入される年貢のうち五貫文の運用を、飯塚六左衛門等三人と「北谷衆中」に任せたことが記されている。このうち、筆頭に挙げられた飯塚六左衛門(のち和泉守)は、天正十四年、「北谷之内西之屋敷付之下地」を「自前々名主免」として、「北谷之郷」の検地帳から免除されている(『戦北』三〇一一・三〇一二)。このことから、遅くとも天正十四年までには、北谷郷の名主を飯塚六左衛門家が務めていたことが確認できる。北条氏邦領国以前の長井氏領国段階でも、北谷郷のうち飯塚氏の本拠であった琴辻の年貢や(『群』二八八九)、北谷郷のうちの「大奈良源左衛門分」の年貢・夫銭納入を飯塚六左衛門の父弾正忠が請負っていることから(『群』二九四〇)、この頃から北谷郷の有力土豪として権力に把握されていたことを知りうる。また、近世を通じて三波川村の名主を務め、また明治期には三波川村の戸長に任じられた飯塚本家は、慶長三年(一五九八)検地の時には、大内平に居住していた飯塚大膳家とともに検地の案内者を務めており、村内で一番の大高持でもあった[23]。

郷村内で名主を務める一方、飯塚氏は国衆長井氏や北条氏とも被官関係を結んでいた。長井氏との関係においては、居住地琴平の「屋敷分」および北谷郷の「大那良(大奈良)」「白根坂之内」「源左衛門分」、さらには武蔵北部の「本領金屋」「本領日野澤内」「はき平真仁田分」の計三〇貫文(『群』三〇三四)、また実際に軍事奉公した対価として、敵方所領であった「北谷大沢新左衛門拘」が(『群』三〇八九)、飯塚六左衛門に宛行われている[24]。北条氏段階では、飯塚氏が所持する「抱地之内」五貫文が知行として与えられ、周辺有事の際に「谷中野伏」を集めて参陣するよう命じられている(『戦北』三一八一)。このような被官関係は、先にみた八木郷の吉野氏と同様に、在郷被官と位置づけられよう。

現存する史料からは、飯塚本家が戦国期の北谷郷内では突出した存在のようにみうけられるが、一方で支城領主北条氏邦から蔵銭運用を任されたのは、飯塚本家だけではなかったことにも注目したい。このことは、飯塚六左衛門と同列に書かれた飯塚源七郎・根岸忠右衛門、さらには名前は明記されないまでも、「北谷衆中」と呼ばれる有力層が飯塚本家以外にも北谷郷に存在していたこと、また北谷という谷間の広範な地域では、飯塚本家だけではなく、その他の有力層の存在があって実務が可能になると、権力側が認識していたことを示していよう。

確かにその後、飯塚源七郎や根岸忠右衛門、または飯塚本家以外の北谷衆の存在は、「飯塚家文書」のなかには一点を除いて確認できず、史料上は北谷郷の年貢等の収納実務は飯塚氏に一任されているようにみえる(『戦北』三四九一・三四九八)。史料3ののち、飯塚源七郎や根岸忠右衛門は没落したのかもしれないが、この時に北谷郷の代表として、複数の有力者がその名を挙げられたことには、なにか意味があるように思われる。その点を、慶長三年の地詰帳から探ってみたい(25)。

「飯塚家文書」には、慶長三年の地詰帳が二冊伝来している。一つは、「畑」「落地」「屋敷」「新屋敷」という地目ごとに整理された帳面で、一筆ごとに地字・本納高・改出高・名請人が記載され、一丁ごとに集計されているものである(以下A帳とする)。このうち、本納高は文禄三年(一五九四)検地段階での高で、改出高は慶長三年検地での増分と考えられる。また、「落地」「新屋敷」には改出高が記載されていないことから、これらも慶長三年に新たに把握された高であろう。一方、もう一冊は名寄形式で整理された帳面で、一八の集落分、三つの寺分、和泉・大膳といった村の有力者分という計二三の区分に分けて集計されているものである(以下B帳とする)。B帳には、屋敷以外の地目記載はないが、A帳と同様に地字・本納高・改出高・名請人の記載があり、その内容はA帳と合致する。村高の数値や「落地」の数など、若干の相違はみられるものの、集落別の記載をもつB帳とA帳を対比することで、耕地や名請人の居住地についてある程度の特定が可能となる。

まず、地詰帳にみえる名請人についてみていきたい。この帳面は貫高で記載されているが、そのうち一貫文を超え

表2　上野国三波川村慶長三年地詰帳　名請人別持高・屋敷地・耕地所在地一覧表

| 人名 | 持高(文) | 居住地 | 耕地 | 分付記載 |
|---|---|---|---|---|
| 和泉 | 8690 | 琴辻 | 久々沢・月吉・金丸・大沢・犬塚・日向・上きき・上妹ヶ谷 | 分付主 |
| 大膳 | 8167 | 大内平 | 白根坂・小平・西沢・久々沢・金丸・大沢・犬塚・上妹ヶ谷 | 分付主 |
| 左京助 | 3981 | 上妹谷 | 上妹ヶ谷・下妹ヶ谷 | 分付主 |
| 雅楽助 | 3803 | 西沢 | 犬塚・西沢 | 分付主 |
| 図書 | 3587 | 小平 | 小平 | |
| 左馬允 | 2100 | 白根坂 | 白根坂 | |
| 修理 | 1827 | 金丸 | 金丸 | |
| 勘解由 | 1825 | 大沢 | 大沢 | 分付主 |
| 新左衛門尉 | 1725 | 大沢 | 大沢 | |
| 九郎右衛門 | 1560 | 月吉 | 月吉 | 和泉の分付百姓 |
| 内蔵助 | 1435 | 金丸 | 金丸・小平 | |
| 助左衛門尉 | 1253 | 久々沢 | 久々沢 | 和泉・大膳の分付百姓 |
| 兵部 | 1250 | 塩沢 | 塩沢 | |
| 七郎右衛門尉 | 1230 | 雲尾 | 雲尾 | |
| 弥左衛門 | 1190 | 月吉 | 月吉 | 和泉・大膳の分付百姓 |
| 小太郎 | 1145 | 小平 | 小平 | |
| 主水 | 1020 | 日向 | 日向 | |

・持高1貫以上の百姓のみを表記した。
・和泉・大膳の耕地の所在については、地字名から判断した。
・分付百姓記載のある百姓は、このほかに分付主の畑・屋敷を名請する。

る高を所持する有力百姓は一七人で、名請地をもつ全百姓四六人のうちの三六％にあたる（寺分を除く）。また、有力百姓の持高だけで、全村高五八貫六七三文のうちの七八％を占めている。そして、有力百姓のうち五人が分付主となっており、耕作者を分付百姓として抱えているが、分付百姓のなかには一貫以上の高持百姓もいることから、分付百姓すべてが分付主の下人的存在というわけではないようである。一方、有力百姓の居住地をみてみると、彼らは北谷郷（近世では三波川村）のうちのいくつかの小村に点在していたことがわかる（表2参照）。谷間の小集落ごとに分散して、三波川村の有力高持百姓が存在していた様子がうかがえよう。

では、名請人の所持耕地はどのよう

な範囲で展開していたのか。表2をみると、和泉・大膳・左京助・雅楽助・内蔵助以外の百姓は、居住地のみに耕地を所持していることがわかる。一方、居住地以外に耕地をもつ百姓のうち、和泉・大膳を除いては、基本的に居住地の隣村に耕地を有するのみで、北谷全体に広がっているわけではない。そのため、居住地を中心に、数筆を隣村に有する彼らも、居住地のみに耕地をもつ百姓と同等に捉えて差し支えないだろう。したがって、問題となるのは北谷全体に耕地をもつ和泉と大膳であるが、その前に居住地とその隣村にのみ耕地をもつ有力百姓についてみておきたい。

三番目に持高が多い左京助は、上妹ヶ谷に居屋敷と被官の居宅、上妹ヶ谷・下妹ヶ谷に九筆の耕地を所持する有力百姓である(26)。両小村の耕地が、すべて左京助に名請および分付されていることから、左京助が同地域の主導者であった状況がうかがえるが、それは地詰帳以外の史料からも確認できる。上妹ヶ谷に祀られている神明社には、慶長元年の棟札が残されている。この棟札には、「飯塚左京助」が上妹ヶ谷に初めて神明社を造立したことが記されている(27)。そして、その目的が「家運栄久分家一門村内安全」にあったことは、飯塚左京助が自らの家のみならず、分家、さらには村の人々の平穏無事を祈念していたこと、そしてそれを左京助が主導する立場にあったことを示していよう。つまり、この地域の耕地をほぼ独占する左京助は、小村を代表して小村の生存を維持する存在だったのである。

この点を裏付ける史料をもう一つあげよう。天正十八年の北条氏の滅亡に際して上野国に復帰した長井昌繁は、「椚山野地」の木材伐採を願い出た飯塚左京助に対して、伐採の許可を与えている(28)。「椚山」は、三波川村の北側の高山村に属する山であるが、椚山へ登る道の一つが上妹ヶ谷から温石峠を抜けるルートであった（地図3-2参照）。おそらくは、村のほとんどが山林であった三波川村においては、山を生業の場とする百姓が多かったものと捉えられる。そうした山は、他村と入会ながら利用されていたと考えられ、その利用を円滑に行うためにも、地域権力への許可申請がなされたのであろう。左京助は、村を代表して権力に交渉する立場にあり、またそうすることで、村の生業を主導していたのである。左京助の事例から、各小村に居住する有力百姓は、村を代表して村の生存を主導する存在であったと捉えられよう。

では、北谷全体に耕地を所持する和泉と大膳はどのような存在であったのだろうか。地詰帳から彼らの居住村である琴辻・大内平の状況は確認できないが、おそらくは他の有力百姓と同様に、彼らはこれらの小村を主導する立場にあったであろう。ではなぜ、他の有力百姓とは異なって、広範囲に耕地を所持することになったのだろうか。その理由として考えうることは、池上氏も指摘するように、北谷郷の再開発への関与である。つまり、天文二十一年（一五五二）、「三波川谷・北谷之百姓等」に対する還住と再開発を命じた北条家朱印状を所持し（『戦北』四一〇）、再開発に乗り出した飯塚本家（和泉家）は、左京助のような各小村の有力百姓であった「北谷衆」を動員しながら、北谷各所の再開発を行い、その結果として北谷全体にわたる耕地を所持するに至ったと考えられるのである。飯塚本家からの分家と推定される飯塚大膳も、同様の役割を担ったものと捉えられよう(29)。そして、このような飯塚氏の存在が、北谷郷のその後の展開、すなわち近世における三波川村という政治的な村の枠組み設定に大きく影響を与えたのではないだろうか。

確かに、各小村には、すべてではないが、左京助のように「北谷衆」と呼びうる有力百姓が存在していた。しかし、小村自体が狭小で耕地が少ない上に、全村高の約三〇％を飯塚和泉・大膳に占められている状況では、各小村単位で自立して年貢納入を請負うことのリスクは大きい。不作分や未進分の立替という意味も含めて、和泉・大膳を取り込んで、北谷郷全体で請負う方が村として成り立ちやすいと考えたのではないだろうか。もちろん、三波川村単位で村立てされた理由はそれだけではない。耕地よりも、むしろ北谷郷の主要な生業であった山利用の場面において、より三波川村という枠組みが求められたのではないか。各小村は、単独で他村と交渉し、お互いの山を共同利用していた。

だが、他村との交渉あるいは相論のなかで、小村より大きな枠組みが必要となる場合も存在した[30]。三波川村という枠組みは、山の生業を維持するために求められ、継承された枠組みでもあったと捉えられるのである[31]。北谷郷は、再開発の過程や生業のあり方に規定され、八木郷や関戸郷のように小村が分立する道へ進まなかったといえよう。そしてそれこそが、生存のために人々に選択された村の枠組みだったのである。

## おわりに

以上の検討から、①小村を内部に抱える東国の郷村では、郷単位での請負であっても、内部の小村の代表者が共同で年貢・諸役等の納入責任を負っていたこと、②またその点から考えて、郷単位の請負の下に小村単位の取りまとめが行われていたと想定されること、③同じように内部に小村を抱える郷村でも、近世になって小村が村切りされる場合と、近世以降も郷村の枠組みが維持される場合があったこと、④そうした違いは、村の形成過程および村と土豪との関係、あるいは生業との関係などによって生み出されるものであったことを指摘した。つまり、どの単位を村とするかは時と場所によって変化する流動的なものであったということである。このことは、東国の郷村のなかにも、より小さな枠組みで行動しうる自力の村の存在を示唆する一方で、その枠組みがすべて近世に独立するわけではなかったことも明確にした。自力の村を政治的な村と一体化させるか、あるいは小村単位で自立しつつも、なお「郷」などの従来よりの政治的な村の枠組みを継承させるかの違い、といえるかもしれない。重要なことは、村にとってどの枠組みで村の生存を維持しうるか、ということであり、その意味で郷村の枠組みが近世以降にも維持される意義もあったのである。

そのように考えると、幕藩体制下の村請・村切りの議論はもとより、村町制論、惣荘―惣村論といった、荘園制の枠組みとその崩壊後の体制理解についても、厳密な意味では再考が必要となるだろう。すでに勝俣鎮夫氏の村請論に対しては、年貢・諸役を請負う政治団体としての枠組みと、生活レベルでの集落が異なるという議論が提示されている。(32)また、権力との村請という請負契約のもと、実際の収納は村の内部の複数の番頭を中心に行われていた事例や、(33)有力な土豪を中心に村のまとまりが形成されてくるという事例も報告されている。(34)これらの事例は、郷村の再開発の問題や内部構造および村の形成過程、さらには生活レベルの村と政治的な村との関係を理解する上で、示唆的な議論となるであろう。本章では、事例の提示と検討にとどまったが、このような事例をふまえた村・村請の位置づけや議論の整理に関しては、すべて今後の課題としたい。

## 註

（1）稲葉継陽『戦国期の荘園制と村落』（校倉書房、一九九八年）、黒田基樹『中近世移行期の大名権力と村落』（校倉書房、二〇〇三年）など。

（2）池上裕子「中近世移行期を考える―村落論を中心に―」（『人民の歴史学』一七九号、二〇〇九年）。

（3）以下、『戦国遺文後北条氏編』については『戦北』と略記し、文書番号を併記する。

（4）現在「吉野文書」は、中世文書・近世文書ともに吉野家で保管されている。また、それを撮影したマイクロフィルムは流山市立博物館にあり、『流山市史　資料目録1下』に「吉野縫殿介家文書」としてまとめられている。さらに、同目録発行以後に整理された文書については、流山市立博物館が作成した「吉野縫殿介家文書目録」追加Ⅰ・Ⅱにまとめられている。本章で同文書の近世分を引用する場合には、これら目録の番号を付記する。なお、マイクロフィルムの閲覧等に関しては、流山市立博物館の広瀬氏にお世話になった。記してお礼を申し上げたい。

(5)『我孫子市史資料集　古代・中世篇』。なお、「高城家由緒書」については、事実関係の誤認などがあることが指摘されている(松戸市立博物館編『(補訂版)小金城主高城氏』(一九九六年)展示資料解説)。また、高城氏と吉野氏との関係については、原田信男「中世末・近世初期における谷田村落の様相—下総国葛飾郡八木郷の場合—」(『歴史論』七号、一九八四年)に整理されている。

(6)いままで被官関係になかった土豪が、戦争参加することで被官として取り立てられる事例は、戦国大名北条氏の被官にもみられている(拙稿「土豪の生態と村・大名」、同『中近世移行期における村の生存と土豪』所収、校倉書房、二〇〇九年および本書第四章「戦国大名被官としての土豪」、初出二〇一〇年)。

(7)黒田基樹「北条領国における郷村と小代官」(同『中近世移行期の大名権力と村落』所収、校倉書房、二〇〇三年)。

(8)流山市立博物館編『中世の流山を探る　附・流山市内板碑集成』(二〇一〇年)に、「本土寺過去帳」に現れる流山市域の地名一覧が掲載されている。

(9)船橋市西図書館所蔵。松戸市立博物館編『中世の東葛飾—いのり・くらし・まつりごと—』(二〇〇一年)によれば、江戸幕府成立後に武蔵国に編入される江戸川西岸の葛飾郡が下総国と表記されていること、また一六二〇年に消滅する関宿城下の網代宿が記されていることから、同図が戦国段階の下総国の村々を記していることがわかる。

(10)実際に、近世初頭の成立と考えられる芝崎村新田検地帳(「吉野縫殿介家文書」追加I—二二)には、「平井」という地名がみえている。

(11)原田前掲註(5)論文。

(12)「持田英孝家文書」中世二四〜二七(『武蔵国榛澤郡荒川村持田家文書　第一集』一〇三〜一〇六)。

(13)「奉仕伊奈家由緒書」(「佐野家文書」『新修足立区史　上巻』)。
(14)前掲註(10)史料には、「縫殿助」と並んで「彦四郎」「久右衛門」が「芝崎村三人之御地頭」と呼ばれている。年代が不明であるため、史料2にみえる分付主と誰が直接つながる人物なのか定かではないが、少なくとも縫殿助以外にも村内には「地頭」とよばれうる存在がいたことを示している。なお、久右衛門は、芝崎村筒井知行分の名主である縫殿介と並んで、相給である弓気多知行分の名主であったと推測される(「吉野縫殿介家文書」八〇・四九〇『流山市史　近世史料編I』一四六・五〇)。
(15)なお、原田信男氏は、史料2にみえる「二郎左衛門尉」を史料1の「河辺二郎右衛門尉」と同一人物に比定しているが、史料2で「二郎右衛門」と記載されている箇所がないことから、両者は別人であると考えられる。
(16)流山市立博物館の広瀬氏のお話による。
(17)稲葉継陽氏は、史料1にみえる五人を芝崎郷の有力家と捉え、高城氏からの年貢・諸役の請負を「この五家の郷内における緊張関係に対応したシステム」と位置づけている(同「村の再開発と名主」、同前掲註(1)著書所収、初出一九九七年)。しかし、高城氏から吉野家に宛てられた文書には「八木」という地域名はみえても、「芝崎郷」とは記されていない。したがって、戦国期段階での請負の枠組みは「八木郷」であり、この五人も八木郷内の有力家と捉えた方が妥当である。
(18)『多摩市史　通史編一』。なお、同書によれば、乞田村は貝取村とともに一村であったという伝承があるという。そうであるならば、関戸六ヶ村は関戸・和田・寺方・百草・落川・乞田の六ヶ村に比定される。
(19)『多摩市史　通史編一』による。
(20)元禄十五年八月上野国緑埜郡三波川村差出帳(「飯塚家文書」一七三二)では、上妹ヶ谷・竹谷戸・下妹ヶ谷・犬塚・

大内平・平滑・大奈良・南郷・日向・月吉・塩沢・金丸・久々沢・雲尾・大沢・下三波川・小平・琴辻の一八ヶ村が書き上げられており、その枠組みは近世を通じて変化はない。一方、のちに検討する慶長三年(一五九八)四月二十一日上野国緑埜郡三波川之郷郷地詰帳(「飯塚家文書」五四)には、その一八ヶ村のうちの一三ヶ村を含む一八の地名が記載されていることから、元禄期の小村の過半が、近世初期には形成されていたことを確認できる。なお、北谷郷の集落については、小酒井大悟「慶長三年「上州緑野郡三波川之郷地詰帳」(二冊)について」(池上裕子編『中世近世移行期における土豪と村落に関する研究』所収、科学研究費補助金研究成果報告書、二〇〇五年)を参照。また、「飯塚家文書」近世分は、現在群馬県立文書館で保管され、目録化されている。本章で近世文書を使用する際には、群馬県立文書館の目録番号を記載する。

(21)　増山智宏・松澤徹「群馬県多野郡鬼石町三波川地域現地調査報告」(池上前掲註(20)報告書所収)。

(22)　「飯塚家文書」の中世分に関しては、現在も飯塚家で保管されており、その翻刻は『群馬県史　資料編7中世3』に掲載されている(北条氏関係文書は『戦北』にも翻刻がある)。以下、『群馬県史　資料編7中世3』に関しては『群』と略記し、その文書番号を併記する。

(23)　慶長三年四月二十一日上野国緑埜郡三波川之郷御地詰帳(「飯塚家文書」五四・二四六二)

(24)　なお池上裕子氏は、「大奈良源左衛門分」や「大沢新左衛門拘」という記述を、年貢納入が小村単位ではなく百姓の経営単位で行われていたことを示すものと捉え、「北条氏の支配が及ぶ以前には、この谷筋の小村全体について一括して年貢を納入する人物もいなかったし、そうした仕組みを構築しようとの政策もみられない」と述べている(池上前掲註(2)論文)。ただ、「大奈良源左衛門分」「大沢新左衛門拘」という記述は、あくまで彼ら個人が所持していた土地を請負ったり宛行われたりしたことを示すのみであり、この記述からただちに年貢納入が百姓の経営単位であったと断定することはできない。むしろ彼らの所持地の年貢を納入する責任者として、また彼らの所持地の年貢を受け取る者として、飯塚氏が設定されたことを示していると捉えられる。

(25) 全文の翻刻は、池上前掲註(20)報告書に掲載されている。なお、この帳面の分析については、小酒井前掲註(20)を参照。

(26) 左京助については、拙稿「三波川村上妹ヶ谷の飯塚家について」(池上前掲註(20)報告書所収)を参照。

(27) この棟札から、左京助が飯塚姓であったことがわかるが、飯塚和泉・飯塚大膳との血縁関係については不明である。

(28) (天正十八以降)四月九日長井昌繁判物(「飯塚家文書」中世一八、『群』二三二八)。年代比定については、長井昌繁の花押型から判断した。なお、同文書は、『群』では長井昌実の差出で、飯塚左兵助が宛所として翻刻されているが、原文書で確認したところ、差出は長井昌繁、宛所は飯塚左京助と読める。詳細は拙稿前掲註(26)論文を参照。

(29) 飯塚大膳について、干川明子氏は、大膳が和泉の弟であり、のちに居住することとなった大内平を開発したことを指摘している(同「国絵図における枝郷の性格—緑埜郡三波川村を事例として—」、『群馬文化』二二六号、一九九一年)。

(30) 三波川村の山論や山利用に関しては、渡辺尚志「十七世紀上野国三波川村における山論」(池上裕子編『中近世移行期の土豪と村落』所収、岩田書院、二〇〇五年)、遠藤ゆり子「生業からみた村落—近世前期における上野国緑埜郡三波川村の考察—」(『史苑』六九巻合併号、二〇〇九年)を参照。

(31) 和泉国上神谷は、近世になって各小村ごとに村立てされたが、山相論に関しては、従来の上神谷の枠組みで対応していた(拙稿「近世前期の地域秩序と村域形成」、渡辺尚志編『畿内の村の近世史』所収、清文堂出版、二〇一〇年)。

(32) 矢田俊文「戦国期の村と地域—和泉国—」(同『日本中世戦国期の地域と民衆』所収、清文堂出版、二〇〇二年、初出一九八八年)。

（33）　矢田前掲註（32）論文。
（34）　榎原雅治「中心村落と周縁村落についての覚書―修験者の見た中世末期の在地社会―」（同『日本中世地域社会の構造』所収、校倉書房、二〇〇〇年）。

# 第二部　戦国期地域権力の特質

# 第六章　用水相論の実態と戦国大名権力

## はじめに

　近年の村論は、これまで領主・土豪の支配の対象として捉えられてきた百姓や村について、村を一つの政治的集団として捉えた上で、村側の視点から当該期社会の再検討を目指したものであった(1)。それにより、村が自己の武力を保持し、権益・用益維持のための実力行使を行っていた自力の世界や、また自力の世界であるがゆえに村が不可避的に負わなければならなかった多大な犠牲についても明らかにされてきている。そして、村の自力解決に伴う犠牲の大きさが、村落間相論を訴訟により調停する戦国大名や豊臣政権といった権力を生み出してくるという考えが示されている(2)。また、そうした戦国期の村落間相論は単に村同士の合戦にとどまるのではなく、同時に村に基盤を持つ領主・土豪同士の合戦へと発展していくことが指摘され、村請の村から領主・土豪が収取を行うには、そうした村の再生産を維持する行動に、領主・土豪であっても荷担しなければならなかった事実が確認されている(3)。

　一方、近年の中近世移行期研究では、近年の村論の進展に伴い、中世と近世を断絶する社会と捉えていた七〇年代までの研究に対し、中近世移行期を連続する社会として捉えようと試みられている。それは主に、中世以来の村のあり方が近世初頭の村の基礎となっていたことや(4)、村落間相論における実力行使が近世初頭まで存在していたこと(5)、またこれまで統一政権の画期的政策と捉えられてきた諸政策の再検討[6]などを通じて行われてきている。それにより、村のあり方の連続性や、そうした村に対応する近世統一権力と戦国期権力の同質性が解明されつつある。

こうした研究に対しては、村をあたかも一枚岩のように描き、階級矛盾を軽視しすぎた牧歌的な村像となっているという批判も出されているが[7]、これらの研究は領主と村との間の階級矛盾・対立を強調する従来の視点からでは把握できなかった領主と村との関係を解明し、新たな中世社会像を提示することになったといえる。しかし、これらの研究においても、村落間相論がどのように土豪・領主間の相論へ発展していくのか、その展開過程についての具体的分析はまだそれほどなされていない。また、村の自力による紛争解決を抑制し、訴訟による解決を目指した戦国大名や統一権力の裁定の具体的な方法についても、まだ研究されはじめたばかりであるといえよう。さらに近世初頭における村落間相論の実態についての研究も、藤木久志氏の分析がある以外は、ほとんど取り上げられていないのが現状である。

したがって、当該期社会をより実態に即して理解するためには、村論をふまえた上で、さらに村落間相論から領主間相論へ展開する過程や戦国期権力による紛争調停の実態、さらに村落間相論の近世的展開を、相論の現場からより具体的に追究していく必要があるといえる。近年では、中近世移行期社会の生活環境や社会状況の把握が進められ、中世社会は絶え間ない戦争状況と共に、自然状況（日照りや水害など）による作物の不作が頻繁におこっていたこと[8]、そしてそれにより中世社会は慢性的な飢饉状況であったことが解明されてきている。このような当時の社会状況をふまえると、村の用益相論は深刻な問題であったと考えられ、そうしたことからも右の課題を具体的な実態からみていく必要があるといえよう。

このような問題関心から、本章では中近世移行期における村の用益確保の実態や具体的な村落間相論の発生原因、さらにはそうした村落間相論が土豪同士の相論へ発展していく過程とそれに対する権力の裁定について、近江国湖北における用水相論を事例にみていきたいと思う。近江国の湖北地域は、昔から灌漑用水が不足する地域であり[9]、「江州北郡有用水之相論合戦、六百余人打死、希代次第也云々[10]」と記されていることからも、しばしば激しい村落間相論の発生する地域であったことが知られている。こうした激しい用水相論の原因や展開過程は実に様々であると思われるが、その一例として具体的な事例から実態的に考察することが本章の目的である。

## 第一節　姉川流域の用水相論

まずはじめに、村同士の用益相論が領主・土豪間の相論へ発展する過程について、姉川流域で戦国期に展開された用水相論を具体的事例として取り上げて分析する。姉川における用水慣行としては、いわゆる「出雲井落とし」「出雲井の三度水」が有名である[11]。これは、渇水の時に限って、姉川左岸の一番上流にあり大原荘一帯を灌漑する出雲井を切り落とし、その下流の左岸にある郷里荘を灌漑する郷里井に、三度にわたって引水できる慣行である（後掲地図1参照）。この慣行が行われるようになった理由は定かではないが、近世の記録によれば文明の頃からの慣行であり、年に三度までなら何時でも出雲井を切り落とすことができ、西上坂・東上坂・春近・堀部・保多・垣籠といった村々を潤していたという[12]。出雲井落としが行われる際には、出雲井から郷里井の間に存在する取水口はすべて切り落とされるのであるが、郷里井よりやや上流の姉川右岸に取水口をもち、相撲庭をはじめとする今荘・佐野・野村・三田・大路といった村々を灌漑する大井のみは切り落とされず、出雲井が切り落とされる前に流れていた水の分を、切り落とし後も取水できるきまりがあった[13]。

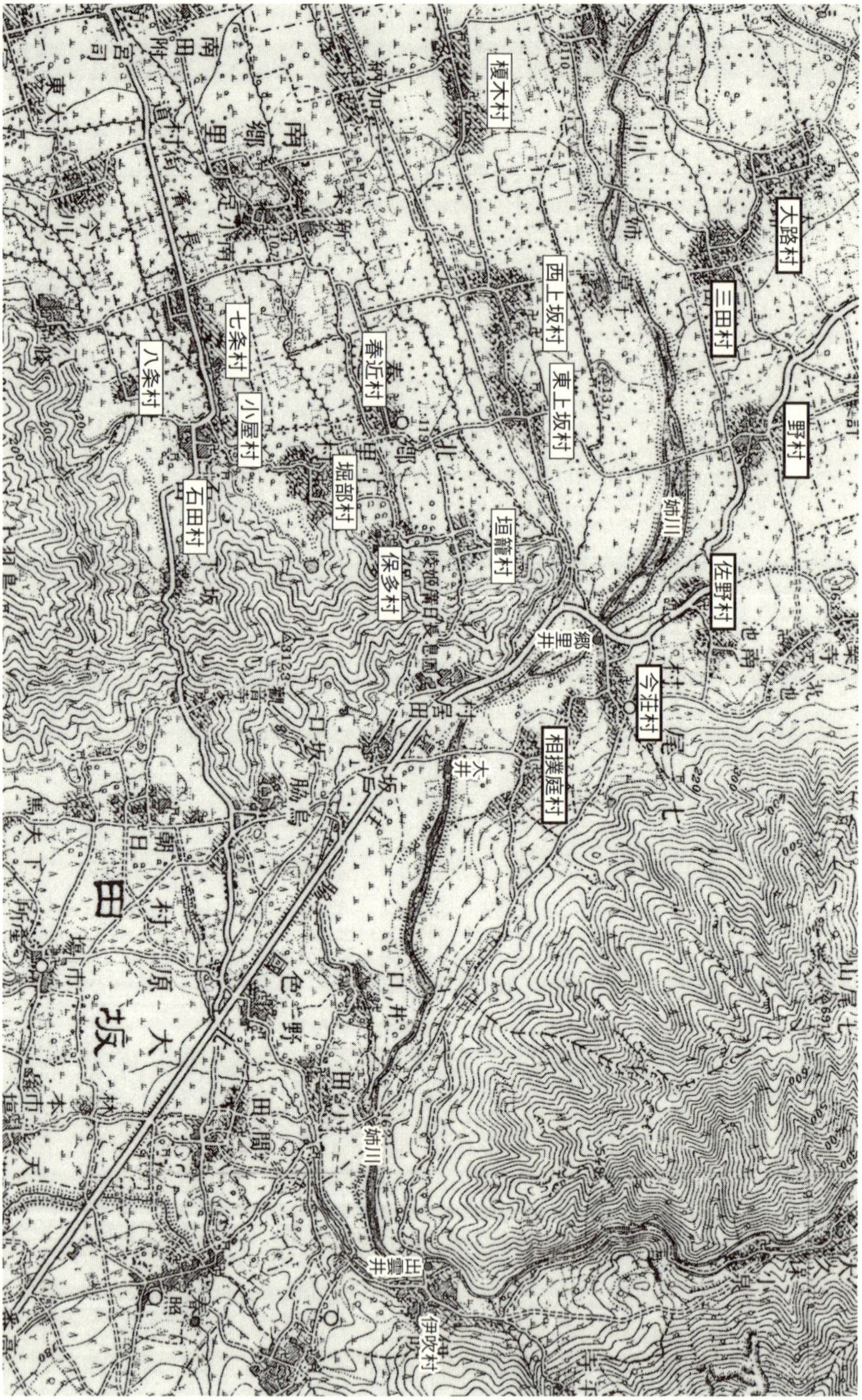


凡例
□：大井用水系の村名　□：郷里井用水系の村名

地図1　姉川用水地図（旧五万分一地形図「長濱」より作成）

出雲井落としにおける大井の特権の由来については、はっきりとはわからない。喜多村俊夫氏は、天文年間（一五三二～五四）にこの地域が浅井亮政の所領になった時、亮政の一族が出家して福寿庵と称して相撲庭村に住し（浅井氏系図参照）、用水相論に関与したことによるとしている。(14) また、別の史料によれば、この大井の特権の根源が応永年間（一三九四～一四二七）の用水相論にさかのぼることが読みとれる。

〔史料1〕郷里庄辰ヶ鼻渇記（「上坂文書」九八、東京大学史料編纂所所蔵写真帳）

　江里（郷、以下同じ）庄辰ヶ鼻渇記（中略）

一、浅井郡三田村・大路村・野村地頭を三田村出雲殿とて三田村住居被召候、

一、江里ニハ大野木海楽殿とて、東上坂村・垣籠村・保（多）田村・相模（撲、以下同じ）庭村を知行して、東上坂村ニ居住被召候、（村脱、以下同じ）応永廿五戊戌年六月、就旱魃浅井三ヶ村と江里と相模庭村領古川清水詮議日々夜々ニ在之候所、従三田殿上坂へ以使者当年就渇水水論無止所、此上者遂一戦切勝方へ末代迄無異儀水可取之条、日限可被極と依被仰越、尤可然、則明後八日ニ於辰ヶ鼻可遂一戦とて、双方辰ヶ鼻井手先ニて卯ノ刻より戦所、三田村勢戦負壱町余引退は、三田村殿之郎等野村善四郎弓之上手ニ而、散々ニ射、江里者共忽三人射殺、四人射伏所ニ中野瀬四郎鑓提真先ニ進、三人突伏と、江里者共崩立払軍す、追討ニ上坂へ追籠、散々ニ相戦、三田殿も上坂之領内とうね俣迄陣致寄ハ、海楽宵より箱手山之南の山陰ニ伏居て、時分ハ今と三田殿之後より切て懸は、海楽郎徒松嶋左太夫三田村殿と鑓を合突落首捕、田辺・堀内抔名懸松嶋討とる続とて切て懸は、中野瀬四郎・野村善四郎ハ上坂へ乗籠戦所ニ、三田村殿討れ給ふと聞、取て返し戦へ共、今暁より戦疲れ、前後の敵にきりたてられ、横道より三田村へ逃帰、

一、三田村殿首捕、旗奪取しより以来、江里之用水之節ハ姉川を立切、練留にして水一滴も下へ遣し不申候、（中略）

一、相模庭村も大野木殿依為知行所、出雲井水江里へ取申節も、横井（大井）ニ而した水ハ分遣し候、（後略）

浅井氏系図（『改訂近江国坂田郡志』第二巻をもとに作成）

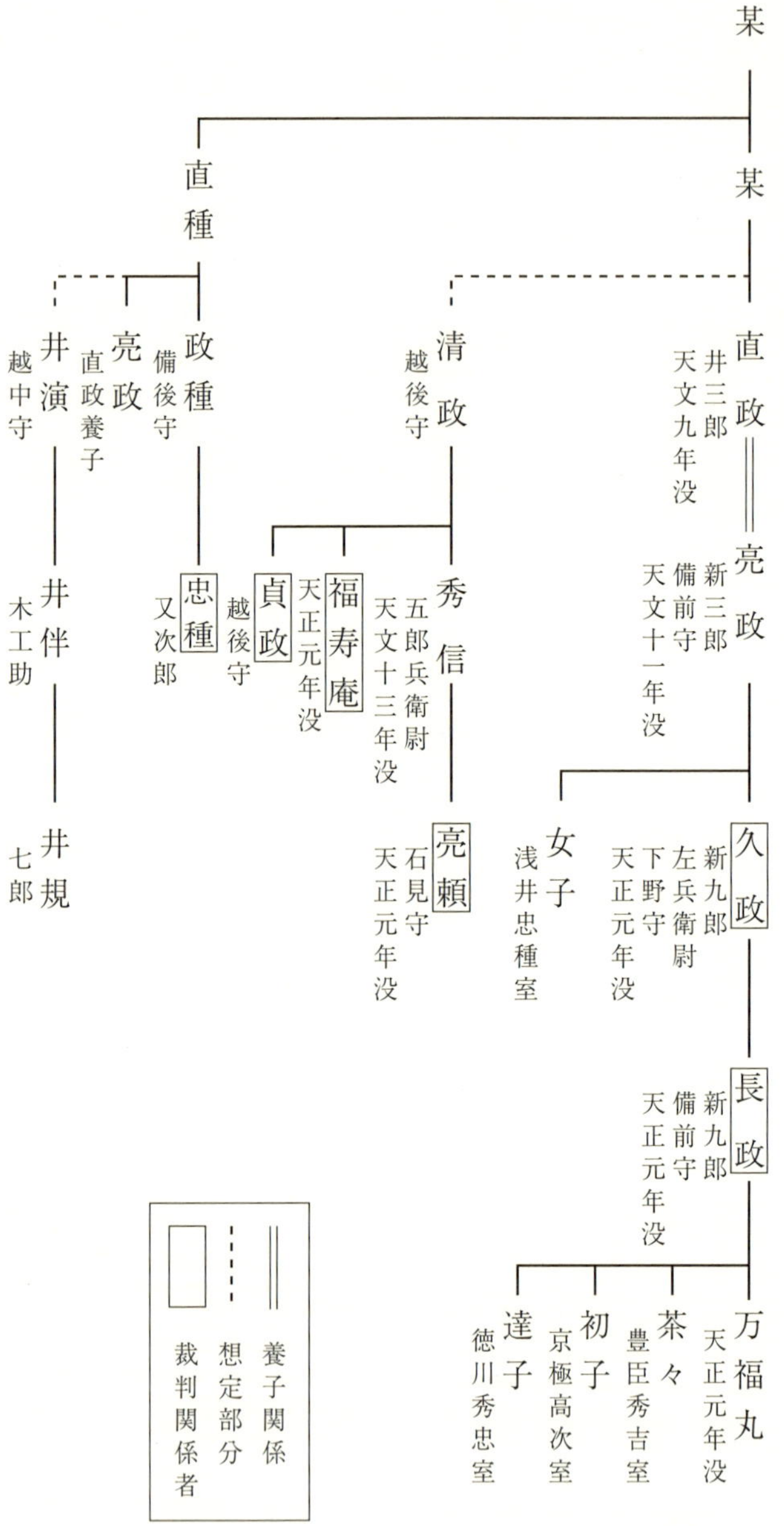

史料1によると、応永二十五年の旱魃に際し、姉川右岸の村々と姉川左岸の村々が「相撲庭村領古川清水」の水の配分をめぐって対立し、右岸側を知行する三田村氏と左岸側を知行する上坂氏及び大野木氏が合戦して切り勝った方が水を取るという解決策が図られることとなったことがわかる。この合戦には、三田村氏・上坂氏の交流関係を通じて、関係する村々以外からも人々が参戦していたようで、姉川より南にある箕浦庄に居住していた中西氏や嶋氏も、「応永の比かとよ、坂田郡上坂の井事とて、上坂・三田村合戦に及ふ事ありしに、今井一門に中西といふ侍上坂に所縁ゆへ、彼戦場におもむきしか、（中略）嶋・中西共に討死」と、この合戦に参加して討死していることがみえる。[15] つまり、かなり大がかりで、激しい合戦であったことが知られるのである。こうした合戦は、この時が初めてではなかったようで、嘉禎三年（一二三七）にも旱魃により合戦が起こっている。

〔史料2〕慶長七年三月日　龍ヶ鼻井水ニ付四ヶ条之由来写（「福永文書」東京大学史料編纂所所蔵写真帳）

　龍ヶ鼻井水ニ付四ヶ条之由来（中略）

一、坂田郡東上坂村領字龍ヶ鼻井水之根元者、夫嘉禎之季ニ五月旱年々打続、姉川筋之水細く相成、坂田（左岸、筆者注、以下同じ）と浅井（右岸）之百姓等、龍ヶ鼻井口ニ於て水取合、昼夜之差別なく片時も止ことなし、水之流ハ双方長一町と不流故に、植付たる田地ハ□畑之如くに相成、目も当られぬ有様を百姓等歎き訴へ申ニ付、先祖大野木左近将監秀政、三田村左衛門尉定義と及対談ニ、双方太刀先之勝負ニ任せ、流水一方江堅め申へき由決断之上、嘉禎三年五月廿三日龍ヶ鼻井口ニ於て一戦ニ及ける所、秀政切勝、依之直様姉川筋を築留させ、龍ヶ鼻之井水と堅め候事、（後略）

史料2によれば、この時も渇水によって田地が畑のように水がない状態になったことにより、百姓等がこの地を知行する大野木氏に訴え、それを受けた大野木氏が三田村氏と一戦により決着をつけたことがわかる。これらの記録は、近世の記録であるため、そのまま信じることはできないが、渇水時に姉川の対岸の村々が水をめぐって対立していたことは、あながち作り話とはいえないであろう。特に、こうした用水相論が、実際に耕作をする百姓からの歎きにより、その地を知行する三田村氏や大野木氏・上坂氏といった土豪同士の合戦による決着が図られていたことが注目される。しかも、その合戦は三田村氏の当主が討死する程の本格的で大規模なものであったと想定されるのである。こうした事例から考えれば、冒頭に引用した『晴富宿禰記』の「江州北郡有用水之相論合戦、六百余人打死」という記述も、それほど誇大表現とばかりはいえず、むしろこうした記述から当時の用水相論が在所の村々・百姓や、その地を知行する土豪、そしてその土豪の所縁により動員される人々によって争われていた実態が浮かび上がってくるといえる。

このような激しい用水相論が行われた結果、いずれの場合も姉川右岸の三田村氏が敗北したことにより、左岸の郷里庄への引水が勝ち取られたことがわかる。したがって、本来ならば姉川右岸の相撲庭にも水は行かないはずであるが、三田村氏を討った大野木氏が東上坂・垣籠・保多と同様に相撲庭も知行していたために（史料1）、おそらくこの時も水を取ることができたと考えられる。こうした事情が、後の出雲井落としの際に、大井のみが堰を切り落とさずに用水を取水できた要因であると、少なくともこの史料1が書かれた近世においては認識されていたといえる。

そのような事情により慣例となっていた、出雲井落としの間も行われる大井の引水は、出雲井が切り落とされる以前に流れていた水量のみを取水できるもので、出雲井落としによって増水した分の水は引くことができないきまりであったことが次の史料からわかる。

〔史料3〕井水之古実（「上坂文書」九〇、東京大学史料編纂所所蔵写真帳）

井水之古実（中略）

一、相撲庭村三ノ堤横井（大井、筆者注、以下同じ）、出雲井落す前晩宵より右三人（西上坂村水奉行の内一人、堀部村一人、春近村一人）相撲庭村へ行キ、役人（相撲庭の人）同道ニ而右之横井口へ行キ、横井川之水古川之上ゑ三之堤より百三拾間計下ニて分木を立て、水之深さを定め、其澪木《ミヲキ》を二つニ割、相撲庭へ半分、此方へ半分持て、翌朝出雲井水来ル時、件之澪木を持寄り、宵之水深さほど下水遣シ、除る水ハ古川筋へ落し、番を付ヶ分シ、役人ハ古川筋を帰而、出雲井之水ハ一滴も不遣候也、

史料3から、出雲井落としの際、それ以前に流れていた水の量は「分木」を立てて定め、その水の深さの分を相撲庭へ遣わし、出雲井の水は相撲庭には下さない慣行であったことがわかる。すなわち、出雲井からの増水分は「古川筋」を通じて郷里庄側へ落とすのである（後掲姉川用水概念図参照）。そして、出雲井切り落とし以前の水量を測る「分木」は、郷里井・大井双方の奉行の立ち会いのもとに定められるとある。この「分木」については、史料1の続きに詳しい記述がある。

〔史料4〕郷里庄辰ヶ鼻湒記（「上坂文書」九八、東京大学史料編纂所所蔵写真帳）

分木伏申次第ハ、井川之両脇ニ杭を打石を居（据）、水之底ニ竹を結付、水之上ニも竹を結付、水之深さを極、丸竹ニ而分木之間之水之深さを取、件之竹を二ツニ割、江（郷、以下同じ）里と相模（撲、以下同じ）庭互ニ持居候而、水増ハ古川筋へ落申候、不足候得ハ、立迄右之した水程遣し候、則江里・相模庭双方より番人付置候、

史料4によると、まず大井の井川の両側に杭を打ち、その両側の杭に水底と水面に二本の竹を渡して結びつけて水の深さを測り、その二本の竹の間の杭の長さを「丸竹」にて測り取る、という作業が「分木」による水の深さの測り方であったことがわかる。これらの作業は、郷里井・大井双方から役人が立ち合って行われ、深さを測った「丸竹」は二つに割って双方が出雲井の水が下されるまで所持し、出雲井切り落とし以後はその「丸竹」をもとに双方が番人

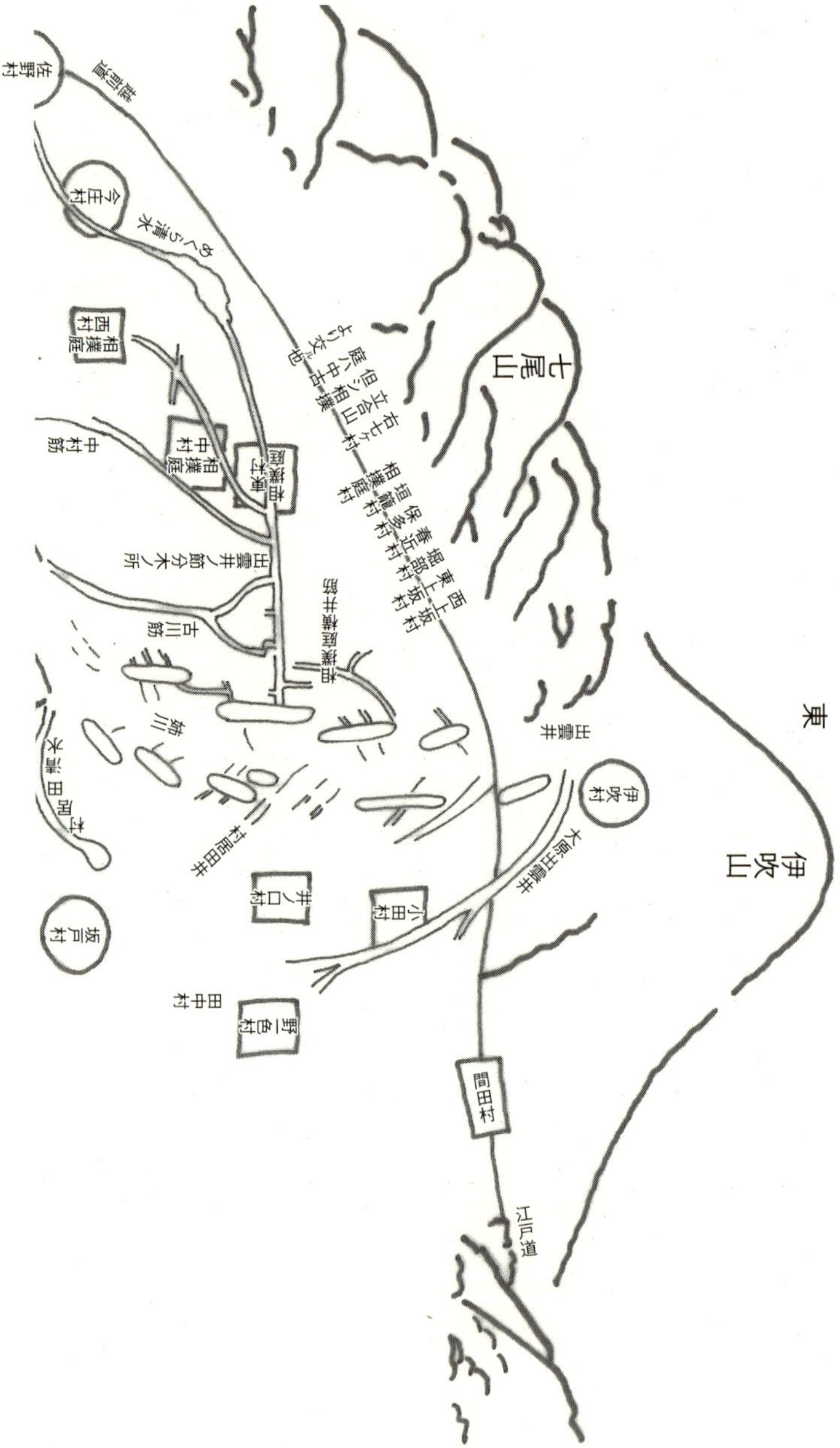
東
伊吹山
七尾山
伊吹村
出雲井
大原出雲井
西上坂村
東上坂村
堀部村
春近村
保多村
垣籠村
相撲庭村
中村筋
古川筋
姉川
村居田井
小田村
井ノ口村
坂戸村
田中村
野一色村
間田村
江戸道
今庄村
佐野村
西相撲庭
中村相撲庭

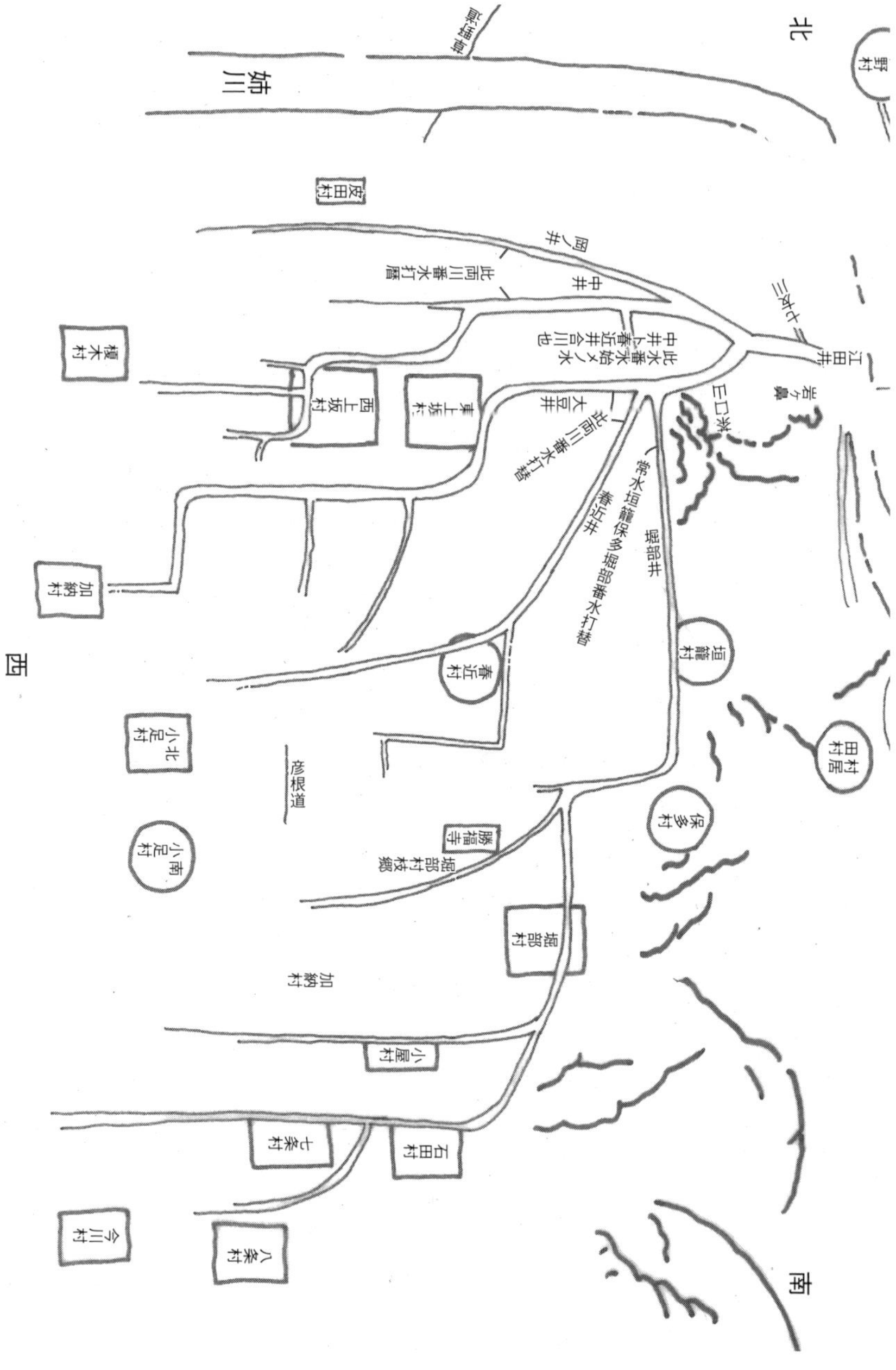


姉川用水概念図（「上坂家譜」秋より作成）

として監視するという。こうした慣行は、近世においても出雲井が切り落とされるたびごとに行われていたのである。しかし、これらのことは近世にのみ行われていたことではなく、すでに中世から続いていた慣行であり、また戦国期にはこの「分木」をめぐる相論もみられている。そこで次に、戦国期に起こった「分木」をめぐる相撲庭と上坂の相論について具体的にみていきたい。

〔史料5〕天文二十二年六月一日　浅井久政書状写（「相撲庭字大井来由（宮川文書）」所収文書）[16]

就出雲井下、分木之立所相違ニ而、相撲庭百姓罷出申候、如何在之、如前々可然候、相紛候ニ於ては、急度可被遂詮議候、恐々謹言、

天文廿二　　浅井左兵衛尉
六月朔日　　久政在判
大野木土佐守殿
上坂八郎兵衛殿
御宿所

〔史料6〕天文二十二年六月十三日　大井分木事書（「宮川文書」『近江国古文書志　第1巻　東浅井郡編』）[17]

切水ニ出雲井下ニ付而、相撲庭之大井之分木之事、従先規井口ニ打来分木を、郡より新義之旨被仰候て、たもとニ打由被仰候を、百姓迷惑之由申、立相不申候処を、郡より人数を被上、たもとニ被打候、則浅井（右脱カ）衛門尉殿御知行めされ候間、注進申候処、御奉行ニ藤山与太郎殿を被上候て、郡衆打所ニ各被居候所へ、くいを新義之所者迷惑之由被仰候て、郡衆へ御使被立候へハ、何かと御まきれ候処、新義之旨ハ迷惑之由被仰候て、くい（杭）をぬ（抜）かせられ候時、郡衆も被帰候、此方之御奉行衆も被帰申候、其晩まて分き（木）ハ打不申候処ニ、上坂より扱を被入候て、

如先規之井口ニ、郡衆と立相、分木打申候、是ニ而相究候之事、まきれなく候、其已後南之知行之折節、切水ニ付而、出雲井下候時も、無別義井口ニて立相、分木打申候事、子細まかわす候、重々是而相きわまり（極）候しを、新儀を被仰候事、一段迷惑仕候、此上ハ郡ニも立相候て、くいを被打候仁、于今被居候間、被召上御ふしん（不審）ニおいてハ、可被成御尋候、

天文廿弐癸丑

六月十三日　　相撲庭

〔史料7〕（天文二十二年）六月二十二日　浅井久政書状（「宮川文書」『東』）

相模（撲）庭分記〔木〕之事、我等存分者、先日申候つる、福寿庵へ自其一往御届候て、井被落可然候、猶以其御心得肝用候、

恐々謹言、

（天文二二年）六月廿二日　（浅井）久政（花押）

（浅井左兵衛尉）左兵

「（捻封上書）　　久政

（河毛三河守清充）参州

（月瀬若狭守忠清）若州　　」

〔史料8〕（天文二十二年）六月二十二日　河毛清充・月瀬忠清連署書状（「宮川文書」『東』）

上坂より出雲井、明日被落に付而、相撲庭ふんき（分木）の事、上坂より被申候、則左兵（浅井久政）へ其分申候処、如此御返事候、

為御披見進之候、御返事承、可申遣候、恐惶謹言、

（天文二二年）六月廿二日　（月瀬若狭守）忠清（花押）

（河毛三河守）清充（花押）

「(捻封上書)　河参

月若

福寿庵　　清充

侍者御中」

〔史料9〕(天文二十二年)七月五日　浅井久政書状(「上坂文書」『東』)

相撲庭与御在所井公事之儀候付て、如此申来候、両通為御披見進之候、於時宜者、猶已牧(已牧院正瑞)・月若申入由候、不可有御油断義管要候、尚以両人へ能々御相談可然候、恐々謹言、

(天文二二年)七月五日　　久政(花押)

「(端裏上書)　浅井左兵衛尉

(捻封墨引)上坂八郎兵衛助殿　　久政

御宿所」

この相論は、史料5によると、天文二十二年に起こったことがわかる。この年は同地域においてもかなりの旱魃であったことが、近年の研究により明らかにされている[18]。相論のそもそもの原因は、出雲井を下すにあたって立てられた「分木」の立て所が以前と異なっていることにあり、それを相撲庭の百姓等が訴えたことが発端となっていたことがわかる(史料5)。その後出された相撲庭からの訴状である史料6では、以前からの「分木」の立て所についてや、以前の相論ではどう決着がつけられたかということについて記してある。それによると、出雲井落としの時には大井の「分木」は以前から「井口」に立てていたのであるが、「郡」[19]より「たもと」に打つという新儀を持ち出し、「たもと」に打ってしまったという。それに対し、相撲庭が当時この地を知行していた「浅井衛門尉殿」へすぐさま注進し

たところ、浅井衛門尉は奉行として「藤山与太郎」を遣わし、「郡衆」に対し「新儀之所者迷惑」であると伝え、杭を抜かせたことがわかる。その後、上坂から「扱」が入り、先規のように「井口」に分木を打つことで決着したのである。また、「南之知行之折節」[20]の渇水時においても、先規のように「井口」に分木を立てたと述べ、このような先例を示した後に、今回(天文二十一年)新儀の所に分木を打った郷里庄側の非分を訴えている。それが史料6の内容である。

ここで注目されることは、郷里庄側の非分に対し、相撲庭がすぐにこの地を知行していた浅井衛門尉へ対処を求めていることである。浅井衛門尉については詳しくは不明であるが、史料7・8において浅井久政がこの相論についての自己の意見を「福寿庵」へ伝えていることから考えると、あるいは福寿庵が浅井衛門尉であったのかもしれない。そうすると浅井氏のごく近い一族がこの地を知行していたことになる(前掲浅井氏系図参照)。いずれにしても、浅井衛門尉は相撲庭からの訴えに対して、すぐに自己の奉行を遣わし「分木」を抜かせるという実力行使に出ているのである。こうした行動は、先の史料1・2にみられた動向と類似している。つまり、用水確保における諸問題への対処やその解決を、在所を知行する領主へ求めているのである。そして、求められた領主の側も、すぐに対応していることから考えると、領主はこうした用水相論を単に在地の問題として切り捨てることができなかった実態がうかがえよう。

それではなぜ、領主はこうした用水相論への対処をすぐさま行わなければならなかったのであろうか。それは当時の村のあり方に由来する。惣村が成立した後の村は、その後年貢納入を村で請け負うようになり、中世後期においては村請が展開していたという[21]。年貢を村で請け負うことにより、領主は村から年貢を収取するためには、村に対し領主の責務を果たすことを求められることとなる。その責務とは、主に村内の再生産維持であり、安全や生命の維持であったが、[22]領主がそれを果たしえない場合、村は領主への年貢を村で抱えてしまうため、領主は自己の年貢を収取しえなくなるのである。[23]ここで問題となっている用水の確保も、百姓が田地を耕作するには欠かせない用益の一つであったことから考えると、領主は村からの収取を行う以上、領主の責務を果たさなければならないと認識していたといえ、それが浅井衛門尉にすぐさま対処させた要因であったと考えられる。相撲庭は自己の用益が他の村々によって阻害された場合、領主として対処することを当然の責務として要求する一方、領主である浅井衛門尉も自己の収取や存在を維持するために、その要求に応えて対処していたと捉えうるのである。

在地の相論は、このようにしてそれへの対処が領主へと持ち上げられ、史料1・2の場合では領主間の相論へと発展している。史料6では、相撲庭方の領主が杭を抜くという行動に出たが、その時は領主同士の合戦へは発展せず、中人が入り解決したことがわかる。そして、天文二十二年の事例では、こうした相論が大名浅井氏の解決すべき問題として在地から上げられてきているのである。それに対する浅井久政の裁定は、史料7・8において自らの側近である河毛清充・月ヶ瀬忠清を通じて当時相撲庭に住していた福寿庵に伝えられ、また史料9において史料7・8と共に相論相手の上坂氏へ伝えられて解決が図られているが、その内容はおそらく史料5にみえるように先規のように「分木」を立てるようにと定めたものであったと想定される。

以上から、戦国期において用益維持をめぐる相論は在地の村を中心に、その地を知行する領主をも巻き込んで行われていたことが確認でき、また村落間相論がすぐに領主間相論へ発展していく過程・実態をみることができた。また、ここでの争点は渇水時の用水慣行である「分木」の立て所をめぐって争われていたことから、「分木」の立て所の違いによっては一方の用益が大きく阻害されうるという状況が読みとれる。「分木」とは、川の水量がそれほど多くないこの地において、少ない用水を如何に配分するかをめぐって形成されてきた用水慣行であったが、その場においてもなるべく自己の方に多く引水することを求める村は、戦国期において「分木」という用水慣行自体を否定するのではなく、その立て所を替えることによって多くの水を確保しようとしていた。そこに用水相論が発生する原因が存在していたのであり、こうした根本的な原因が近世において「分木」の立て所を絵図に書き記す要因となったといえよう。

## 第二節　高時川流域の用水相論

それでは次に、用益相論がどのように戦国大名によって調停されるかという問題について、高時川流域における用水相論を取り上げて検討したい。高時川流域の用水慣行及び用水相論に関しては、これまでにも多くの研究がなされている[24]。それによると、戦国末から近世初期にかけての高時川の主要な用水は、右岸(伊香郡)には上流から上水井《こうずいゆ》・大井・下井があり、左岸(浅井郡)には餅の井がおかれ、それぞれに上水井組(八ヶ村)・大井組(上六組と下六組の計一二ヶ村)・下井組(八ヶ村)・餅の井組(八ヶ村)という井組が形成されていたとされる(後掲地図2参照)[25]。この高時川流域では、戦国期において同じ右岸に存在する大井懸かりと下井懸かりとの間で用水相論が展開されていたことが確認できる。その相論は、天文二十二年(一五五三)から史料上現れるが、もっとも関連史料の多いのが天文二十四年の相論である。

〔史料10〕(天文二十四年)七月一日　浅井亮頼書状(「三田村文書」『東』)

「(捻封上書)　浅井新兵衛
三田村大蔵殿(貞政)
三田村伊予殿(定頼)　亮頼

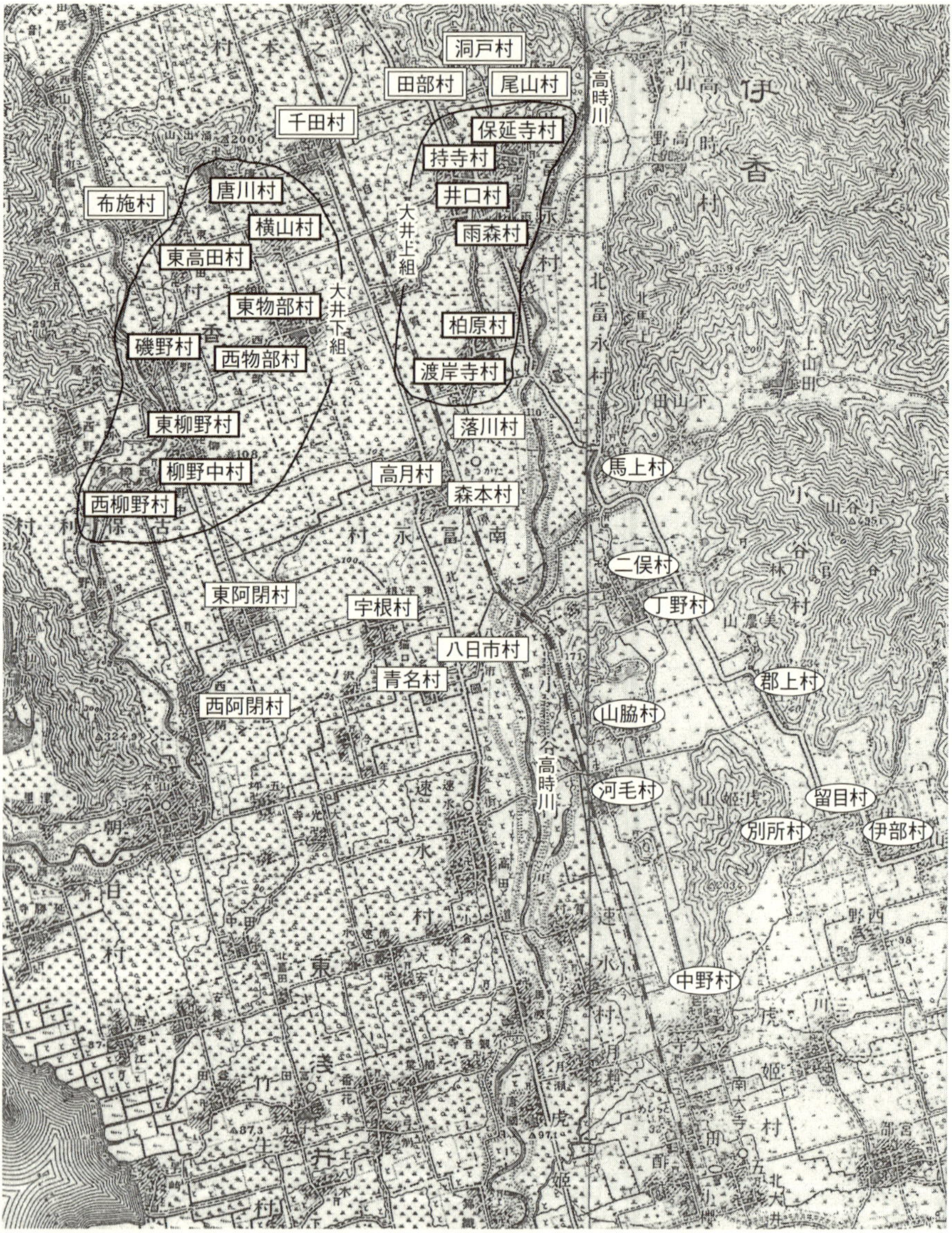


凡例

▭：大井用水系の村名　▭：下井用水系の村名

▭：上水井用水系の村名　⬭：餅井用水系の村名

地図２　高時川用水地図（旧五万分一地形図「長濱」「竹生嶋」より作成）

御宿所　」

福寿庵相煩候、為我等申候、

井公事之儀、世上切水に成候間、前々のことく、切水之立様を井奉行へ相尋、可相立之由候、我等当座へ申様ハ、前々の立様相論不相果候間、其段何と成共、一途被相究、可随其哉と、左兵（浅井久政）へ申候つる、其段者時分柄候間、先々久政預りの分に候て、切水之立様ニ可相究之由候、其内百姓共かたへ被仰聞候て、明日にても御登城候而、可被仰分候、為其申候、恐惶謹言、

（天文二四年）七月朔日　（浅井）亮頼（花押）

〔史料11〕（天文二十四年）七月十日　浅井久政書状（「三田村文書」『東』）

大井与下井申詰儀、今日井奉行衆へ相尋申様候之間、明後日十二日可相極候間、必可有御出候、自然奏者之内被違候共、可相果候之間、其御心得肝要候、我等不可成越度候、尚以明後日早朝ニ可被出候、以外飢水ニ付て、双方長々在城候て、切々申候処、今日新兵（浅井新兵衛亮頼）・又次（浅井又次郎忠種）無出頭候、外聞旁以無勿体候、万事を被打置、御出肝要候、恐々謹言、

（天文二四年）七月十日　久政（花押）

〔史料12〕（天文二十四年）七月二十日　浅井久政書状（「三田村文書」『東』）

「（捻封上書）
左兵
久政
（新兵）□□衛尉殿（浅井亮頼）
（又）□次郎殿（浅井忠種）
御宿所　」

尚々何かと以後□□□□返事不可申候、

大井そうしや衆より書状候、今まてハかいふん我等為存分か、へ候へ共、此以後ハ、何かとしぜん承候共、一切不可成候、雨もふり候ハず候、旁以一切其御心得候て、下井へ可被仰候、恐々謹言、

（天文二四年）七月十四日　久政（花押）

〔史料13〕（天文二十四年）七月二十日　井口経元書状案（「三田村文書」『東』）

大井籠急度上候へと、一昨日より数度使立候へ共、何かと迷惑之由申候、言語道断、沙汰限候之間、赤新兵衛（赤尾清世）へも尋可申由申候、夜前磯野者罷上、赤新へ尋申由候、籠上候へと異見候て、今朝籠上候由、先刻申候間、自是其趣以使者可申之処、蒙仰候、只今見せに遣、万一不上候者、上させ候て、可罷帰旨申付候、然者籠上候儀、御意得候て、可有御申候、其方よりは切々被仰候、磯野百姓者、種々なま心へ不申候中ニ、私之迷惑無是非様体候、籠者上申候、恐惶謹言、

（天文二四年）七月廿日　井越（井口越前守）

経元判

若狭守殿（月ヶ瀬忠清）

忠兵衛殿（浅井貞政）

御報

〔史料14〕（天文二十四年）七月二十日　月瀬忠清・浅井貞政連署書状（「三田村文書」『東』）

（前欠）儀、井口より切々被申由、定而今日ハあけ可申候、一昨日□（書）状遣候、其趣を以、度々大井へ被申由候、井口方如在とハ不可□□。尚以被申遣候、定而今日者かこあげ候ハん哉と存候、可得御意候、恐惶謹言、

（天文二四年）
七月廿日

（月ヶ瀬）
忠清（花押）
（浅井）
貞政（花押）

〔史料15〕天文二十四年七月二十三日　浅井久政書状（「磯野共有文書」『東』）

富永庄大井堅様儀、今度井奉行如誓談、可相堅候、不可有異儀候、恐々謹言、

天文廿四
七月廿三日　浅井
久政（花押）
大井懸所々
百姓中

これら一連の史料は、天文二十四年「世上切水」（史料10）により、「切水之立様」をめぐって大名浅井久政の法廷で大井懸かりと下井懸かりが相論となったことを示している。史料10では、用水訴訟が浅井氏の法廷にのぼってきたことに対し、まず浅井久政が「世上切水」なので、前々の「切水之立様」＝渇水時の用水の堰き留め方について浅井氏の「井奉行」に尋ねた上で堰を立てるようにと指示を出したことがわかる。ところが、それに対しすぐさまこの文書の発給者である浅井亮頼が、以前の「立様相論」はいまだ解決していないので、何が何でもその相論を裁定し、それに随うようにすべきであると意見をしている。その意見を入れて浅井久政が、この度「切水之立様」をはっきり定めるということになった。そのため浅井亮頼は、こうしたやりとりを書状にし、三田村氏へ伝えてきたのである。

史料10に登場する三田村貞政・定頼は、この相論の一方の当事者である下井懸かりに属する高月村の土豪であり、浅井氏の被官でもあった。そして、「明日にても御登城候而、可被仰分」とあるように、直接浅井氏の居城小谷城へ登城して意見を述べるように求められていることから、この時、三田村氏は下井懸かりを代表する者であったと考え

られる。そして、差出の浅井亮頼は浅井久政の一族であるが（前掲浅井系図参照）、この時の久政とのやりとりを三田村氏に伝えていることから考えると、久政と三田村氏との間をとりもつ奏者であったことがわかる。[26] しかし、「福寿庵相煩候、為我等申候」とあることに鑑みれば、本来三田村氏の奏者は福寿庵であったと考えられ、この時は「煩」のために浅井亮頼が代行していたものと捉えられる。史料10から、用水相論に際し下井懸かり側は三田村氏を代表として、奏者浅井亮頼を通じ訴訟を展開したことが読みとれる。

その後、史料10を受け、三田村氏が早速登城したことは史料11からわかる。この文書には宛所が示されていない。しかし、「以外飢水ニ付て、双方長々在城候て、切々申候」と、この度の渇水に際し下井方として在城し意見を述べているのは、先に見た三田村氏である。それに対し、浅井亮頼・浅井忠種が[27]「新兵・又次無出頭候、（中略）万事を被打置、御出肝要」と、在城していないことを責められた上、すべてを打ち置いても登城すべきであると指示されていることから考えると、この宛所は彼ら下井側の奏者両名であったと考えられる。ここで浅井久政は、大井・下井間の用水相論について、おそらく実際に現地を検分した井奉行に今日意見を求めるので、明後日（十二日）に裁決を下すと述べている。その決意は「自然奏者之内被違候共、可相果」と、たとえ奏者衆の意見が異なっていようと、その裁定にて解決とするという言葉に示されている。そして、浅井氏の裁定は奏者に対して告げられるようで、奏者に対し明後日の早朝に登城するようにと伝えている。

七月十二日の裁定がどのように下されたのかについては、史料がないため具体的にはわからない。だが、史料12によると何らかの裁定が下されたようで、裁定の二日後に久政は下井奏者衆に対し、これまでは久政が訴訟を預かり究明をしてきたが、この裁定が下されて以後は一切訴訟を取り次いではならない（この裁定で了承するように）と述べ、それを下井側へ伝えるように指示している。そもそもこの相論は、渇水時に大井より下流に位置する下井へ水が下らなくなったことをきっかけに、渇水時の立様をめぐって相論となったのであるから、その裁定はおそらく下井へ水が下るように大井の立様を設置するという内容のものであったと考えられる。そして、この裁定によりそれがすぐに執行されるはずであったと思われる。しかし、事はそれでおさまらなかった。

史料13からは、大井を堰き留めている「籠」を上げるように再三使いを立てていることがわかる。つまり、裁定後八日経っても大井側は堰き留め方を変えていないのである。史料13にみえる井口経元は、大井懸かりに属する井口村の土豪であり、また浅井氏の被官でもあった。その井口氏に対し、大井の籠を上げるようにとの使者を遣わしていることから考えると、井口氏が大井懸かりの代表者であったことがわかる。また、文中にみえる赤尾清世は、井口氏が「赤新兵衛へも尋可申」と述べていることからすれば、大井側の奏者であったと捉えられる。下井側の三田村氏―浅井亮頼・浅井忠種ルートに対し、大井側は井口氏―赤尾清世ルートで対応していたのである。そして、宛所の月ヶ瀬忠清・浅井貞政は、浅井久政の裁定を受けそれを実行させようと動いていたことをみると、浅井氏の奉行あるいは側近であったと考えられる。

史料13で注目されるのは、大井の籠を上げるようにとの裁定を受けたことに対し、大井懸かりの内でも流末に近い磯野村の百姓が赤尾清世と問答していることである。赤尾氏が「籠上候へ」と意見をしたので、磯野村百姓等も承諾して籠は上げることとなったのであるが、このことからは逆に、流末の磯野村が承引し、それを地下人として実行しない限り「籠上」はなされなかった事実が読みとれる。すなわち、実際に用水の立様を問題としているのは在地で田地を耕作する百姓および村であったといえる。特に取水口から遠く離れた流末に位置する村にとっては、用水の立様次第で自己の村にまわってくる水の量が左右されるため、その立て方をどうするかは彼らにとって死活問題であったと捉えられよう(28)。この問題は先に見た姉川流域における用水相論と同様に、ここでは井口氏という土豪を通じて意見が大名浅井氏に伝えられてはいるが、実際は大井懸かりの村々にとっての問題だったのである。

このことは下井側についても同様であった。それは、史料10で「百姓共かたへ被仰聞候て、明日にても御登城候而、可被仰分」と、三田村氏が下井側の意見を小谷城に登城して述べるにあたって、まず百姓共の意見を聞くようにと指示されていることからわかる。両井懸かりの相論は、浅井氏の被官である土豪によって浅井氏の法廷に訴えられているとはいうものの、実際には直接田地を耕作する「百姓」、すなわち村落間の相論であったのである。言い換えれば、根源は大井懸かりの村々と下井懸かりの村々の用水相論が、浅井氏被官である土豪を通じて訴訟されているということになろう。

以上のような訴訟の過程・状況をふまえて考えると、村々の用水相論の実態およびそれを大名法廷に訴訟をする被官と村との関係はどう捉えることができるであろうか。おそらくは、耕作を行うための用水を確保するために、村落が在地に居住する土豪に、浅井氏との被官関係を利用した訴訟を依頼しているものと捉えられる。村落にとっては、在村している土豪がとり結ぶ被官関係自体も村に対して機能するものと認識され、またその訴訟ルートの方が訴訟を有利に展開できると判断されていたのではないだろうか。一方、土豪が村側と同一行動をとっているのは、先に第一節においても述べたように、土豪がそうした役割を怠ると、土豪は自らの収取も不可能となり、自身の成り立ちも維持できなくなるためであろう。そして、こうした相互の補完関係こそが、村落間相論が村のみでは収まらず、土豪間・領主間の相論へと発展していく要因であったということができよう。

また、村落間相論に対処しなければならないことは、大名にとっても同じであった。なぜなら、用益をめぐる村落間相論が大名被官を通じて訴訟されるために、大名としてそれを調停できなければ、被官同士の相論として拡大していく可能性を含んでいるからである。そのため、村落間相論が被官を通じて訴訟されてきても、その原因が村にあると大名も認識した上で、百姓共の意見を聞くようにと指示したり（史料10）、相論の裁定も直接浅井久政から在地の村へと伝えられているのである（史料15）。つまり、村から土豪そして大名までもが、自身の存在を維持するためには、万事を打ち置いてでも解決しなければならない問題として、こうした用益争いを捉えていたのである。

　こうして、ようやく二十日になって大井側の籠が上げられることになったことを、浅井氏側近は下井方へ伝えた（史料14）。しかし、その後浅井氏の裁定がすぐに実行されなかったためだろうか、浅井氏は裁定から一一日後に書面で裁定を言い渡している（史料15）。そこでは、立様は「今度井奉行如誓談、可相竪」と、井奉行が相談して定めるとしている。その井奉行が定めた立様は、史料15の浅井久政書状と一緒に大井側に遣わされている。

〔史料16〕（天文二十四年）七月二十三日　井奉行起請文案（「磯野共有文書」『東』）

写

天罰起請文事

一、大井竪様、一重立・二重立之儀者、先以存知不仕候、河水強時者、二重も三重も相竪所モ可有御座候、亦一重之所も可在之候哉、飢水ニ成候とて、二重・三重之俵執候儀者、不承事、

一、莚留薦止之儀者、大井江能々可被成御尋事、

一、飢水之時、下井ヨリ就訴訟、手崎明候儀、六分一遣候事、

一、去々年大井立様、越前守（井口経元）成道寺仁三日在城仕候時、被成御尋、可被書起請旨候、井奉行江左様之義、一向無分別候間、存分申者、於其上非分申方可有御糺明之由、御返事被申候事、

一、一段飢水ニ成、迷惑之時、下井ヨリ訴訟申、手崎明申候間、左様之義被成御分別、可被仰付事、

右条々、贔屓偏頗更不存候、有姿申上候、万一於偽申者、

日本国中大小神祇、富士・白山・春日大明神、天満大自在天神、熊野三所之権現、八幡大菩薩、殊者当社山王(小谷山王権現)
可蒙御罰者也、仍起請文如件、
天文廿四年七月廿三日　平井九郎右衛門尉
竹本太郎次郎

史料16の文書の差出人が、浅井氏の井奉行としてこれら立様を定めた人物であると捉えられる。ところで、史料10によれば、以前の立様相論が解決していないとされている。史料10がいう「前々」が何時にあたるかは定かでないが、この相論の二年前にも同じ井奉行が定めた立様の覚書が残っている。

〔史料17〕天文二十二年八月吉日　井水立様諸仕置覚書写（「井口日吉神社文書」東京大学史料編纂所架蔵写真帳）

富永井水立様諸仕置覚書
一、松田井、柴ニ而ひとへ立、
一、上水井、たわし(俵)一ゑ立、
一、大井、土表土芝ニ而二重ぬい、手さきあけ、水六分一下井へ落シ遣候極、
一、下井、妙蓮寺井、かこ入かため、土表土芝ニ而立詰ル、
一、大井より下井へ六分一水はかり候時者、井本ノ水をむしろニ而三日とめ候て、水のくらいを見届、はゝ(幅)三尺弐分ニ板ニ而かつとりをさし、其かつとり口より六分一の水遣候極也、其時下井より礼物ニ、酒壱斗五升入壱桶・そうめん代三百文分・魚肴一つ・清心肴一つ、井口以御奉行衆へ上ル、
一、大井口はせうめ候時、物部村・磯野村より訴訟ニ付、丁場割ならせ候時、下ノ郷より樽二つ・肴時之物一色、井奉行

平井九郎右衛門

天文廿弐年　　　同

八月吉日(29)　　　竹本太郎二郎

天文二十二年は、先にも述べたように諸国で日照りが続いていた年であったことから、この時双方が「切水之立様」について争っていた背景は容易に想定できよう。史料17では、大井の立様についてかなり細かく定めているにもかかわらず、相論が解決しなかったということは、この定めでは双方が了承しなかったのだろう。それは、史料16と比べることで明らかになると思われる。まず、史料17では大井は堰を二重に立てても、すべてを塞がずに六分の一を下井へ落とすくらいの川幅を開けるようにとされていたものが、史料16では川水が強いときはともかく、渇水時には二重・三重に立ててはならないとし、下井から訴訟があった場合には速やかに堰を開け六分の一下すようにと定められている。また、具体的な堰き留め方について、史料17は「土俵・土芝」と定めているが、史16では特に明記していない。しかし、史料16・17に「籠上」「かこあげ」とみえるように、この時大井は史料17の「下井、妙蓮寺井、かこ入かため、土表土芝ニ而立詰ル」と同様の立て方だったのではないか。したがって、渇水時にはその時流れている水の六分の一の分量を大井から下井へ落とすことについては、双方で合意されていたが、問題となっていたのは堰を二重・三重に立てることと、その堰き留めに使う道具にあったことがわかる。双方が争っている「井公事」の本質は、この部分にあったのである。

こうした双方の利害が直接に絡む問題に関しては、なかなか大名の裁定で合意に達するのは困難であった。それ故、二年前には解決できなかったのである。しかし、解決しないままでは、渇水になると再び相論が繰り返され、大名浅井氏はそのつど調停に腐心しなければならないのである。それが、浅井氏に「自然奏者之内被違候共、可相果」（史料11）と決意させた要因であり、また奏者衆に「万事を被打置、御出肝要」と命じた背景であった。このように、戦国大名の裁定は双方の言い分を聞き、さらに実際に奉行に調べさせた上で、双方が対立する根本原因を調停して合意（たとえ一時的であっても）を取り付け、その上で裁定が執行されるまで見届けるものであった。室町幕府の裁判は、幕府が裁定を下したとしてもそれを実際に実行に移すのは在地の村であり、幕府の裁定は村が周辺に合力を求める際の正当性としての機能しかもたなかった[30]。しかし、浅井氏の裁定の場合は裁定を下す際にも奉行に検分させたり、また裁定した後それがきちんと実行されるまで浅井氏が関わっている。そうした大名裁定の側面が、前代の室町幕府の裁定とは根本的に異なる戦国大名裁判の特質であったといえる。

## 第三節　近世における用水相論

最後に、戦国期における用益相論が近世初頭ではどのように争われていたのか、その近世的展開についてみておきたい。姉川を挟んで対面する郷里庄の村々と相撲庭以下の村々は、近世初期に至っても渇水時には水の配分をめぐって相論を起こしていたようで、寛永十三年（一六三六）には用水をめぐって「公儀」への訴訟があげられている[31]。近世初期においては、この地域の大部分は彦根藩領であったことから、まず姉川右岸の大井から取水する三田村・大路村・野村三ヶ村によって六月二十三日に彦根奉行へ訴えが出された[32]。その内容は、郷里庄側が三田村以下三ヶ村の井水をうち止めた上に、武装した者が大挙して三ヶ村の井の番人を追い立て、水を一滴も下さないため、この時期の水は大事なので止められると迷惑であるというものである。それに対し郷里庄側は「三田村衆隣郷をかり催し、大勢武の出立ニ而、坂田郡たつかはな（龍ヶ鼻）の井ほね（骨）さん〳〵（散々）ニ切落し被申候」と、先に井堰を切り落としたのは三田村衆であると述べ、その行動に対し郷里庄も反撃しようとしたが「とかく何様の儀も下ニ而はからひ申事、御法度之儀ニ御座候間、無是非みのかし申候」と、現在は村同士の実力で解決することが禁じられているため反撃しなかったと述べている。(33) この訴訟の裁定が如何に下されたかは、関連史料がないため不明であるが、用水の配分について彦根藩から何らかの調停が行われたものと思われる。

しかしこの裁定に反し、翌年「郷里井水ヲ六月八日ニ三田村・上野村・相撲庭村之者共井骨切落シ、其上東上坂村山田与一ト申者ヲ三田村ノ又十郎ト申者突殺シ候」と、再び三田村以下姉川右岸の村々が郷里井を切り落とし、その上、東上坂村の者を突き殺すという行動を起こした。「左中将直孝公御書付」(彦根藩主井伊)には、「北郡三田村・野村一所ニ成、姉川一之水切落し申候ニ付、上坂村より出おさへ候所、双方たゝき合、其上上坂村之百姓鎗ニ而壱人ニ而突殺し申候由、兼日ヶ様之義法度ニ申付置候処、不作法成事到来申」とあり、三田村側の行動に対し郷里庄側の上坂村もそれを押さえようとして罷り出たため、双方がたたき合いになったという。そして、その「たたき合い」の最中、三田村側は上坂の者一人を鎗で突き殺してしまったのである。前年の寛永十三年の時は三田村側の実力による井堰の切り落としに対し、郷里庄側が対抗せずにすぐに彦根藩に訴訟をあげたため、村同士の武力衝突は起こらなかったが、今回は双方が衝突したためにこのような結果を招いたことがわかる。そのため、前回の訴訟とは異なり今回の訴訟では彦根藩は三田村側に厳しい制裁を加えることとなり、上坂村の与一を殺した三田村又十郎を磔刑に処している。(34) すなわち、前回の訴訟が用水の配分に対する裁許を求めるという、いわゆる民事裁判であったのに対し、今回の訴訟は前年の裁定に背いた上に、徳川幕府が定めた「喧嘩停止令」にも背いて三田村側が人を一人殺害したことへの処罰を求めた、いわゆる刑事裁判であった。そのため、このような厳しい裁定がなされたのである。

中世の村落間相論においては、村人が殺害された場合、被害を蒙った村は相当の仕返しを村の自力により行ったり、あるいは相手側に解死人を出させることで相論を解決していた。それに対して、戦国期の戦国大名や地域権力はそうした村の自力による用益維持行動を制限して「公儀」への訴訟によって解決することを求め、訴訟裁定の執行まで行おうとしていた。そこに戦国期権力の特質をみることができる。また統一権力も基本的に戦国期権力と同様に訴訟による解決を徹底させようとし、それに反する村の武力行使を「法度」により禁じ、さらにその「法度」に背く者に対しては厳しく処罰するようになる。こうした公儀による制裁は、稲葉継陽氏が指摘するように、村に武力を放棄させ訴訟による解決を徹底させると同時に、村が蒙った相当の報復を公儀が代わって執行することでもあっただろう。そして、その処罰を磔という形で村人が殺されたその場所で行い、村人にみせしめることで、その後の相論の再発や武力行使を回避しようとしたといえる。

こうした「法度」違反者に対する制裁を公儀として行っているところに、戦国期権力と統一政権との相違点をみることができる。しかし、ここでの「法度」に背くとは、相論現場における「たたき合い」程度の喧嘩ではなく、武器を行使して「人を殺す」という事態を指すものであり、それはすぐさま刑事事件に転化するため処罰の対象となるのである。その意味では、用益維持相論の現場における実力行使を伴った「喧嘩」は、中世以来近世初期まで変わらず激しく行われていたといえる(35)。また、近世初期にも中世以来の用水問題が渇水時に再発していることから、用益維持をめぐる対立部分は中世以来の裁定を経ても容易に解決せずに、すぐに実力を伴った用益維持行動を発生させていたことがわかるのである。こうした動向は、高時川流域においても同様であった。

近世初期における高時川の用水相論は、大井対下井という形では寛文四年(一六六四)に起こっている。この時は、「当年飢水ニ付、下井と水論仕(36)」と、再び下井と水論となったため、磯野村が預かっていたという天文二十四年(一五五五)の浅井井奉行の起請文(史料16)を「取出し奉拝見仕」り、大井懸かりの村々一二ヶ村が署判して確認している。

そして、「一重而飢水之時節、下井より新法申懸、公事出来候ハヽ、其節大井懸拾弐ヶ村へ相渡」し、確認するように定めていたことがわかる。相論の行方はその後の関連史料がないため不明であるが、近世初期に至っても戦国期以来の大井と下井の相論内容は解決されずに争われていたこと、そしてその解決法として戦国大名浅井氏の判決がいまだに有効であったことがうかがえる。

それより十二年程前の慶安五年（一六五二）には、大井懸かりの内の雨森村と下井懸かりの村々が用水相論を起こしている。[37]そもそも雨森村は、大井から「ごうのまた」という場所で分岐した支線により灌漑しているのであるが、その支線は途中で下井と交差していたため、「乗樋」によってお互いの水が混ざらないように用水路を引いていた。この用水路についても、戦国期以来相論が起こっていたようで、天文二十三年には「乗樋如絵図面不可有異儀」[38]と、乗樋については絵図面のとおりに定めるよう、浅井久政によって指示されていた。また、それをきちんと定めるために「絵図面」まで作られていたことがわかる。慶安五年の相論も、おそらくこの下井と大井支線の交差地点で起こったものと思われる。

相論の発端は、「雨森之衆拾弐人、井を落しニ参」ったため、「下井之衆ハ是を見而追立申」したところ、今度は「雨森村之衆四拾五人計程催して」下井の堰を切り落としに来たため、「下井之衆ハおとさせ申間敷之由にて人数百人計」で対抗したことに始まる。両者はこの時「双方之手負御座候まゝ（中略）拾間計間置、つふて打合仕」るという、いわゆる「喧嘩」を起こしている。その翌日、「下井之衆四百人余程催して、井口之村江詰」めよせ、また「雨森衆ハ人数三百人余程して、井口明神ニ詰」めていたところ、上水井・大井懸りの庄屋衆に仲裁され、その場は事なきを得たという。しかし、その後も両者の対立は終息せず、「雨森村（中略）三百弐拾人余催して、鑓・刀・脇指・棒にて取懸り申由ニ而、其時ハ下井之人数弐百五拾余ニ而（中略）時之声上て懸り申候（中略）弐人手負御座候まゝ、下井之衆雨森村に使を立帰申」と、雨森村が大勢を率いて押し寄せてきたために、それに応戦した下井の村々との間で鑓や刀・脇指といった武器を含めた諸道具による「合戦」へと発展し、負傷者まで出るという大がかりな争いに至ってしまっている。以上の記述から、戦国期における浅井氏の裁定によっても、村々の用水相論は根本的には解決しえず、渇水時を契機に再発していたことがわかると同時に、近世初期においても中世と同様に用水確保の現場では鑓や刀・脇指などの武器を伴って激しい相論がなされていたことがうかがえる。

近世初期におけるこのような実力行使の事例は、藤木久志氏によって数多く報告されている村落間相論の実態である[39]。この高時川流域でも、特に高時川左岸の伊香郡三井組（上水井・大井・下井）と右岸の浅井郡餅井組との相論にもみられる。正保四年（一六四七）には、「当年日照ニ付（中略）伊香より大勢罷出、鑓・ほう《棒》・ねつミつき《鼠突》と申者を持井《餅》水之口ニて度々ニおたて、散々ちやうちやく《打擲》致し、日々ニいため《痛》」といった、鑓等による相手方への攻撃や、「伊香郡百姓中一揆のごとく人数多ク打たて、井水之口をうめ、せき申候石をきりおとし」という実力による用益確保を行っていた。また寛文八年（一六六八）の相論では、「ゑ道具ニ而かゝり、伊香三つ之井組之内、磯野村之百姓壱人・柳野村之百姓壱人、十死一生ニ手を負セ」や、「ゑ道具ニ而井水立候上ニのり居候而名乗かけ、井水落シ申候ハヽ、ころし可申と申（中略）ちよちやく《打擲》致シ、伊香井組之もの共ニおいつぶてあたり、又ゑ道具にてにけ尻をうたれ、手負多ク」という事態に陥っていた[40]。両者の対立は、その後訴訟による公儀の裁定を求めることになるが、その訴訟に至るまでの両者の相論の過程では、相論現場における武力衝突が不可避的に行われていたことがわかる。

雨森村と下井の相論も、下井側が「公儀」への訴訟を決め、京都所司代の板倉重宗へ目安を上げたことにより、その後は法廷の場で対決することになる。下井と雨森村は伏見にて対決することになり、そこには上水井と大井懸かりの一四ヶ村の庄屋も召状により呼び寄せられていた。対決は下井側の証言によって始まり、まず以前正保三年（一六四六）に同様の相論が訴訟となった時下された裁定に、今回雨森村が背いてこのような相論を起こしたことを述べ、その後下井側が所持していた絵図が披見に入れられた。それに対し雨森側も証拠文書を出し自己の正当性を主張したが、最終的には大井懸かりの証人が「雨森之水口ハ先規より無御座候と申上」げたため、この相論は雨森村側の非分が決定し、「御前ニ而雨森之者五人召取被成候由、其日伏見籠江御引被遊候条、雨森久兵衛壱人と子犬千代壱人、巳（承応二年）七月廿二日ニ雨森河原ニ而親ハはつけ（磔）、子ハ御成敗被成、相残ル四人ハ明午（承応三年）二月十一日ニ籠より出申候」と、雨森村の五人がその場で籠舎させられ、翌年その内の一人の親子が磔および処刑、翌々年に四人が釈放されている(41)。

大井懸かりの庄屋衆が下井側の正当性を証言したことにより、この訴訟の裁定が決定したという事実から、雨森村が同じ大井懸かりであるからといって、大井懸かりの村々がいつも結束していたわけではないということがわかる。第二節でみた相論は、大井井堰と下井井堰の問題であり、大井と下井に属する村々全体に関わる問題であったため、大井懸かりの村々が結束して下井との相論を展開していたが、今回の相論は大井の支線における雨森と下井の問題で、その意味では大井懸かりの他の村々にとっては無関係の権利関係をめぐる相論であった。このことから、問題となっている用益権に関係のない村々は、全く中立の立場から証人となる場合もあったこと、またこうした事例から中近世移行期の村々は対立する側面と連合する側面をあわせもつ存在であったことがわかる。

さらに、この事例で注目されるのは、訴訟の結果敗者となった雨森村の者が籠舎させられた上に、その内の一人の親子が磔にされたことである。この時雨森村の者が磔刑に処された理由は、磔の現場に立てられた前札に「雨森村久兵衛井論ニ付、とか（科）ニ罷成候時ノ札之うつし／件之者水論仕、人多ク催罷出、其上相手之百姓打搦（擲）仕、証文ヲ違偽り申公事ニ付而如斯候」と示されている(42)。確かに、この相論では、訴訟があげられる前には双方の大勢による打擲などの実力行使による「合戦」が行われていた。こうした事態は、近世初期における村落間相論の初段階にみられる動向と同じである。しかし、ここでは先にみた姉川の相論のように人を殺す事態にまでは発展していない上に、雨森村の一方的な攻撃ばかりが行われたわけではなかった。ではなぜ、この訴訟の敗者側に厳しい処罰が下されたのであろうか。

そこで想起されるのが、近世の鉄火による裁定である[43]。近世初期の訴訟において、近世幕藩領主は双方を調停しようと試みるのであるが、村がそれを拒否した場合、あるいは双方の主張が対立し調停が不可能となった場合は、鉄火を取るという方法で裁定がなされ、その際領主は鉄火による裁定の敗者を「非分」として「成敗」すると定めた。もともとは在地の湯起請に淵源を持つ裁定法が、領主側の裁定法として取り込まれることで鉄火というより過酷な法式に変容したのである。さらに、その敗者に対しては領主への非分という刑罰が科せられるため、処罰を伴うものになったと捉えられている。こうした鉄火裁判における敗者の決定とその処罰のあり方をふまえると、高時川の用水訴訟において雨森が籠舎・磔刑を言い渡されたのは、鉄火における敗者と同様に、この訴訟において雨森側が「非分」＝敗者とされたため、その行動は領主に対する「非分」とみなされ、刑事罰が下されたということができる。

このように、近世初期においては、「喧嘩停止令」違反者と同様に、民事相論における鉄火裁判の敗者や訴訟における明らかな敗者に対しても、処刑や磔といった制裁を加えていたことがわかる。「喧嘩停止令」違反者に対する制裁は、いわゆる刑事事件に対する刑罰として執行されるものであるが、それでは用水相論といった民事裁判において敗者へ刑罰が科せられるのは如何なる理由であろうか。刑罰が科せられるということは、こうした民事裁判の敗者が刑事裁判における罪人へと転化するためであるといえるが、それではなぜ「敗者」が「罪人」とされるのであろうか。確かに、用水相論の初段階には実力行使が不可避的に伴うため、それが容易に刑事事件につながる可能性は多かったといえるが、藤木氏も述べるように、この転化が「喧嘩停止令」違反の罪なのか、あるいは領主の調停を受け入れなかったことに対する罪なのかは、この事例からでは不明といわざるをえない。いずれにしても、この問題はより多くの事例を分析するなかで、近世初頭における訴訟の具体的な方法・過程の解明や裁定のされ方、訴訟における幕藩領主の対応の仕方、そしてその刑罰の問題などを追究していくことが必要となろう。その意味で、中世社会から近世社会への移行における連続的側面と変化する側面については、具体的な現場・実態からさらに深めていくことが今後に残された課題であるといえる。

## おわりに

以上、戦国期から近世初期までの用水相論の実態と、それに対する権力・領主の対応について、相論の現場から具体的な史料をもとに概観してきた。それにより、中世後期においては用水をめぐる村落間相論が、村からの注進により、知行する領主同士の相論に発展し、武力を伴って激しく争われていたことが確認できた。それは、村の再生産維持や生命・安全の維持を領主の果たすべき役割として村側が認識していたと同時に、領主としても村側の用益維持行動に協力し、村の成り立ちを維持しなければ、自身の収取も不可能になると認識していたためである。そのため中世後期においては、村落間相論に根ざす領主間相論が激しく展開し、それに伴う多大な犠牲も避けられない状況となっていた。そこに、中世後期の社会状況に対応する権力として、戦国期権力が当該期社会の中から生み出されてくる要因があったといえる。

戦国大名などの戦国期権力は、村落間相論が自身の被官を通じて訴訟されることにより、それを解決することが自身の基盤を維持するためにも必要となり、訴訟によって調停・解決することになる。そうした村落間相論に直接対応した権力の性格は、前代の室町幕府および室町期領主とは異なる性格であり、その意味で新しい権力であったといえる。また村側も、中世後期における村同士の報復合戦に伴う被害・犠牲の拡大化といった、いわゆる自力に伴う「負」の部分の深刻さ故に、戦国期権力にその裁定を求めるようになり、姉川や高時川の戦国期における相論も、そうした流れのなかで、大名浅井氏の家臣を通じて大名法廷に訴訟があげられたものであった。そして、その訴訟では奉行による実検が行われた上で、具体的な調停案が提示され、実際に執行までなされていた。こうした訴訟裁定のあり方も、前代とは異なる部分として評価することができよう。

しかし、戦国大名の裁定によっても、用益をめぐる対立は根本的に解決されることはなかった。それは、戦国期に調停された相論がそのまま近世初期にも発生していることに顕著にあらわれている。いくらどのような裁定が下され、調停案が提示されても、気候条件により用益が確保できず耕作不可能となる場合には、以前の裁定を破棄してでも用益を確保しようとする行動に向かわせ、それにより相論が再発していくのである。また、戦国期において武力を伴った実力行使は抑制されつつあったとはいっても、村の紛争解決手段が権力への訴訟へ一元化されたわけではなく、いまだ村同士の実力行使による解決や、解死人・中人による解決も広く行われ、実際に相論現場における合戦は変わらず闘われていた。その状況は近世初頭においても同様であり、訴訟があげられる前段階においては、かなり激しく武力が発動されていたことがわかる。戦国期においては、訴訟による解決が唯一絶対のものではなかったため、相論現場における第一次的な衝突が激しくなされたことは容易に想定できるが、ある程度訴訟が一般化した近世初頭においても、訴訟以前は同様に武力行使が行われていたのである。

したがって、戦国期から近世初期にかけての在地の実態や村落間相論のあり方は、基本的には変化していないということができる。しかし、ここで唯一戦国期と異なることは、「人殺し」といった刑事事件に対する処罰規定がなされたことであろう。これにより、村側も訴訟を前提とした相論を展開するようになるとも考えられ、姉川の寛文十三年（一六七三）の用水相論において郷里庄側が三田村側との衝突を避け、「とかく何様の儀も下ニ而はからひ申事、御法度之儀ニ御座候間、無是非みのかし申候」[44]と述べているのも、そうした認識のあらわれということができるかも知れない。同様の事は、寛文八年の伊香郡三井組と浅井郡餅井組との相論において、訴訟をあげる前の、伊香郡三井組一七ヶ村が連署して作成した覚書[45]に「浅井御百姓出会、口論仕候ハヽ、御公義様より御法度相背候科ニ可被為仰付候間、我々下知ニまかすへきと申付、留メ申」や「浅井井水立口落シに参候共、三つ之井懸り相談仕、けんくわ口論不仕様に可致候、互ニぬけがけ致し、浅井井組と論、水落シ申間敷事」、「浅井井組よりけんくわ仕かけ、伊香井番之もの共ちよちやく《（打擲）》仕候時者、井之口御山王様之釣かねつき可申候ハヽ、村々早速井口へ出会、双方和談ニ仕、口論出来不申様ニ可仕候事」といった記述にもみられる。伊香郡側は、浅井郡側の新儀に対し同様に対抗したならば、公儀の御法度に背く罪に科せられると認識していたため、一七ヶ村は相互に浅井郡側への反撃を規制していたのである。こうした認識は、公儀への訴訟や公儀の御法度の一定度の浸透によるものと考えることができるが、これらの問題も民事訴訟の敗者に対する刑事罰の問題と共に、今後近世初期の訴訟裁定の分析の中から追究されるべき課題であるといえよう。

註

（1）藤木久志『豊臣平和令と戦国社会』（東京大学出版会、一九八五年）・同『戦国の作法』（平凡社、一九八七年）、酒井紀美『日本中世の在地社会』（吉川弘文館、一九九九年）など。

（2）藤木久志「村の越訴」（同『村と領主の戦国世界』所収、東京大学出版会、一九九七年）、稲葉継陽「用水相論と地域

財政の展開」（同『戦国時代の荘園制と村落』所収、校倉書房、一九九八年）。
(3) 藤木久志「中世後期の村落間相論」（同前掲註(1)『豊臣平和令と戦国社会』所収、一九八五年）、黒田基樹「宣戦と和睦」（同『中近世移行期の大名権力と村落』所収、校倉書房、二〇〇三年、初出二〇〇〇年）など。
(4) 藤木久志「移行期村落論」（同前掲註(2)『村と領主の戦国世界』所収、初出一九八八年）。
(5) 藤木久志「近世初頭の村落間相論」（同前掲註(1)『豊臣平和令と戦国社会』所収、一九八五年）。
(6) 池上裕子「織豊期検地論」（同『戦国時代社会構造の研究』所収、校倉書房、一九九九年、初出一九八八年）、稲葉継陽「中世社会の年貢収納枡」（前掲註(2)著書所収、初出一九九三年）。
(7) こうした見解は、西村幸信「中近世移行期における侍衆と在地構造の転換」（同『中世・近世の村と地域社会』所収、思文閣出版、二〇〇七年、初出一九九六年）・同「「自力の村」論の軌跡と課題―藤木久志氏の批判に答えて―」（同前掲書所収、初出一九九九年）に代表される。
(8) 藤木久志編『日本中世気象災害史年表稿』（高志書院、二〇〇七年）、藤木久志『飢餓と戦争の戦国を行く』（朝日選書、二〇〇一年）、田村憲美「死亡の季節性からみた中世社会」（同『日本中世村落形成史の研究』所収、校倉書房、一九九四年）。
(9) 喜多村俊夫『近江経済史論攷』（大雅堂、一九四六年）。
(10) 『晴富宿禰記』文明十一年七月三十日条。
(11) 主に喜多村前掲註(9)著書に詳しい。
(12) 延享二年「井水之古実」（「上坂文書」九〇東京大学史料編纂所所蔵写真帳）。以下、「上坂文書」については、注記がないものは同写真帳による。なお、「上坂文書」の目録は、榎原雅治『中世村落史料の史料学的研究』（科学研究費研究成果報告書、二〇〇〇年）に載せられているため、本章ではその目録番号を併記する。

(13)（年未詳）「郷里庄辰ヶ鼻滬記」（「上坂文書」九八）。

(14) 喜多村前掲註(9)著書。なお、喜多村氏は相撲庭に居住していた宮川氏の所蔵にかかる「相撲庭字大井来由」という、近世の記録をもとにこのように述べている。

(15)「嶋記録」（『滋賀県中世城郭分布調査　七巻』所収）。

(16) 同史料の引用は、喜多村前掲註(9)著書による。

(17) 以下、『近江国古文書志　第1巻　東浅井郡編』は『東』と略記する。

(18) 藤木久志「10～16世紀の風・水・旱・虫害、凶作、飢饉、疫病の情報」（藤木前掲註(8)編書所収）。

(19)「郡」とは具体的にはわからないが、喜多村氏は郷里庄側と捉えている（前掲註(9)著書）。文脈から考えても「郡」を「こおり」と読み、姉川左岸の村々を指すものと捉えるのが妥当であろう。

(20)「南之知行之折節」の具体的時期は不明である。もともと相撲庭は、大原庄の一部であり、その大原庄は浅井氏がこの一帯を知行する以前は大原氏が知行していた所であった。大原氏は大永年間に六角氏からの養子が入ったことにより、その後の大原氏は、大原庄へ居住せず主に六角氏と行動を共にしていたと思われ、それ以後のこの地域は浅井氏が知行するところとなったと考えられる。しかし、六角氏と浅井氏が天文十三年から同十八年まで和平を結んだことにより、坂田郡の諸領主は自己の知行を一部回復していることから考えると（本書第二章参照）、この時に大原氏及び六角氏も大原庄の知行を回復したとも想定できる。「南之知行」とは、あるいはこの時のことを指しているのではないだろうか。「南之知行之折節」の用水相論に関しては「上坂文書」に四点関係史料がある。その内容は、①相撲庭が上坂・堀部によって井口を埋められた上、田地を荒らされたと大原氏方へ訴えているもの（（年未詳）六月二十一日相撲庭百姓中申状、

「上坂文書」一七）、②六角氏の家臣である布施公雄が相撲庭井水について奉行を遣わし検分すると述べているもの（年未詳）七月四日布施公雄書状、「上坂文書」一八、『戦国遺文佐々木六角氏編』一三〇四）、③その用水相論の様子を大原氏へも伝えた上で、六角氏の居城観音寺城へ登城し解決するとしているもの（年未詳）八月二十二日松木清右衛門書状、「上坂文書」二〇）、④また③を受けて浅井久政がその解決を「礼儀等契約」して行うようにと述べているもの（年未詳）八月二十九日浅井久政書状、「上坂文書」二一）である。こうした事例からは、どの領主も自己の所領に起きる村落間相論には即座に対処し、また自ら検分までも行っていたことがわかり、在地の相論に対し無関心でいられない状況をうかがい知ることができる。

(21) 勝俣鎮夫「戦国時代の村落―和泉国入山田村・日根野村を中心に―」（同『戦国時代論』所収、岩波書店、一九九六年、初出一九八五年）。

(22) 藤木久志『戦国史をみる目』（校倉書房、一九九五年）。

(23) こうした動向は、『政基公旅引付』に散見される。

(24) 喜多村前掲註(9)著書・同『日本灌漑水利慣行の史的研究　総論篇』（岩波書店、一九五〇年）、小和田哲男『戦国史叢書6近江浅井氏』（新人物往来社、一九七三年）、高島緑雄「近世的用水秩序の形成過程―近江伊香郡・浅井郡用水の研究―」（『駿台史学』三九号、一九七六年）。

(25) 井組に編成される村々は、年代によって若干の異同があるが、わかる範囲であげると、上水井は尾山村・洞戸村・田部村・千田村・布施村、大井上組は保延寺村・持寺村・井口村・雨森村・柏原村・渡岸寺村、大井下組は唐川村・横山村・東物部村・西物部村・磯野村・東柳野村（近世以降東高田村・柳野中村が入るか）、下井組は落川村・森本村・高月村・宇根村・八日市村・青名村・東阿閉村・西阿閉村、餅の井組は二俣村・丁野村・郡上村・山脇村・河毛村・別所村・留目村・中野村（近世以降下山田村・伊部村が入るか）、となっている。
(26) 奏者については、黒田基樹「戦国大名北条氏の他国衆統制（一）―「指南」「小指南」を中心として―」（同『戦国大名領国の支配構造』所収、岩田書院、一九九七年、初出一九九六年）において分析され、役割や位置づけがなされている。
(27) 浅井忠種も浅井久政の一族である（前掲浅井氏系図参照）。この時、浅井亮頼と共に浅井久政の書状を三田村氏へ取り次いでいることから考えると、忠種も亮頼と同様に奏者であったといえる。
(28) そうした磯野村の相論への執着が、史料15などを自己の村で保管することになった所以であるとも考えられる。
(29) 同文書は「井口区有文書」として高島前掲註(24)論文に本文が載せられている。以下、「井口日吉神社文書」の引用は、東京大学史料編纂所写真帳による。
(30) 稲葉前掲註(2)論文。
(31) なお、この相論に関しては、稲葉前掲註(2)論文に詳しい分析がある。
(32) 「上坂家譜」秋（「上坂文書」一〇六）。なお、以下、特に注記がない史料引用部分及び相論の経過については同史料による。
(33) これは稲葉氏も指摘するように、前年に出された「寛永十二年令」（藤木前掲註（1）『豊臣平和令と戦国社会』参照）を意識したものといえよう。
(34) この時の礫の「前札」は後の証拠として奉行から下し置かれ、上坂村の庄屋が所持することとなる（「上坂文書」九六）。
(35) 藤木久志氏は、近世初期の村落間相論の実態を解明するなかで、相論の初段階では近世初期においても中世と同様の実力行使が行われていたとし、その上で統一政権が喧嘩停止令によって規制しようとしたのは、在地の解決法に介入して武器による実力行使や相当の報復、そしてそれに対する近隣の合力であったと述べている（前掲註（1）『豊臣平和令と戦国社会』)。

(36)「井口日吉神社文書」。

(37)(年月日未詳)江州下井と雨森村と井水之出入之様子(「宇根区有文書」高島前掲註(24)論文所収)。なお、以下慶安五年の相論に関する史料の引用は同文書による。

(38)天文二十三年五月八日浅井久政書状写(「井口区有文書」)。なお、同史料は、一九九四年に明治大学で井口日吉神社で史料採訪を行った際に見せていただいたものである。

(39)藤木前掲註(5)論文。

(40)いずれも「井口区有文書」(高島前掲註(24)論文。以下、同「井口区有文書」の引用は同論文による)。

(41)「宇根区有文書」(高島前掲註(24)論文)。

(42)「井口区有文書」。

(43)鉄火については、藤木前掲註(5)論文、酒井前掲註(1)著書、稲葉継陽「中・近世移行期の村落フェーデと平和」(同『日本近世社会形成史論—戦国時代論の射程』所収、校倉書房、二〇〇九年、初出二〇〇〇年)、清水克行『日本神判史盟神深湯・湯起請・鉄火起請』(中公新書、二〇一〇年)において、詳しい分析と位置づけがなされている。

(44)前掲註(32)史料。

(45)「井口日吉神社文書」。

# 第七章　紛争裁定にみる戦国大名権力の特質

## はじめに

戦国大名が目指した政治姿勢の特徴は、各大名が制定した分国法や裁判文書に顕著にみることができる。そのため、これらの史料は、戦国大名権力の歴史的段階を追究するための分析対象とされ、これまでにも数多くの研究が重ねられてきた(1)。戦国大名の成立を、一揆契状から国法への転換のなかに捉えた勝俣鎮夫氏は、毛利家中の一揆契状が、神仏ではなく毛利氏当主に対して誓約されていたことに注目し、戦国大名権力の絶対性や裁判権の集中は、「領主階級の一種の自己否定」によって可能になったと位置づけた(2)。家中の自力救済行為である喧嘩を押さえて、戦国大名の裁決に委ねたことが、戦国大名の分国法、ひいては戦国大名権力を形成させる契機になったということであろう。

そして、勝俣氏は、家中の喧嘩は、報復が報復を呼び私戦・私闘へと発展してしまうため、そうした家中の私的復讐を否定し、際限ない報復行為を絶つ目的で採用されたのが、喧嘩両成敗法であったとする。戦国大名は、慣習法としての両成敗法を、大名の法として分国法のなかに取り入れ、家中に対して強制するに至ったが、そうした私的復讐の原因となったのは、家中における所領紛争であった。分国法にみられるような境相論や用水相論を含む所領相論は、一揆契状を結んでいた国人一揆の段階から深刻な問題となっていた。そのため、戦国大名は領国内の所領に対する一元的支配権を確立し、さらに家中の領主権に介入し、百姓に対する恣意的支配を制限することで、戦国大名「国家」を形成していったと捉えている。

このように勝俣氏の議論は、家中間対立の展開と、その克服方法に戦国大名権力の形成をみた点で非常に重要な見解である。だが、そうした家中間対立が発生する背景については、家中の所領相論や百姓支配という問題以外には想定されていない(3)。戦国大名が規制の対象とした家中相論の背後には、用水や山野などの用益をめぐる村落間相論が存在しており、その解決を求めた個々の領主がより有力な領主に結集することで、戦国大名権力とその家中が成立したことは、近年の研究で明らかにされてきている(4)。戦争や飢饉の頻発する社会で、個々の領主が生存するためには、領主の責務として村落間相論に関わることが求められた。個々の領主の自力による解決は、一方で戦国大名による裁定へと結実し、家中の自力を規制した「公」権力を誕生させた、ということである。

そのように考えられるならば、戦国大名領国において、「公」権力たる戦国大名が家中によって委ねられた紛争解決を、実際にはどのように行っていたのか、その具体的な解決法を追究していく必要があるだろう。これまでの研究において、戦国大名裁判の画期性については論じられているものの(5)、裁定方法についてはまだ具体化されているとは言い難く、分国法についても、豊富な条文の内容が村落間相論の実態と絡めて論じられているものは少ない。そこで本章では、分国法や裁判関係の史料を素材に、戦国大名が抱えていた領域支配における課題、また課題解決のための戦国大名裁判の方法について検討し、戦国期における訴訟の歴史的意義についての位置づけを試みたい。その上で、紛争裁定のあり方からみえてくる戦国大名の特質について、室町期までの幕府や守護とは異なり、戦国大名が各領国における唯一の「公」権力として求められた独自の役割として捉えることを、ここでの第一の目的とする。

## 第一節　家中の「喧嘩」とその要因

はじめにでも述べたように、戦国大名を支える組織として、戦国期には「家中」が形成されるが、その家中は内部に家中構成員同士の対立を抱えている場合が多い。家中内部の対立は、家老級同士によるイニシアティブ争いもあるが、その背後には各家臣同士の知行・所領や被官人をめぐる争いが存在していた。そのため、戦国大名は家臣同士の争いを抑止し、あるいは解決することで戦国大名「家中」を形成し、その家中の平和を維持するために戦国大名の分国法を制定した。では、家中内部ではどのような問題が家臣同士の争いを生んでいたのだろうか。

### 1　個別領主の「家」に関わる問題

戦国大名が制定した分国法は、内容的にも多岐にわたるため、ここですべてを取り上げて検討することはできない。そこで、戦国大名家中の対立要因が顕著に現れる内容に焦点を合わせて検討するために、安芸の戦国大名毛利氏の家中が毛利氏に提出した起請文にみえる条項を中心に検討していきたい。

〔史料1〕天文十九年七月二十日　福原貞俊以下家臣連署起請文（「毛利家文書」四一〇）[6]

言上条々

一、（第一条）井上者共、連々軽　上意、大小事恣ニ振舞候ニ付、被遂誅伐候、尤ニ奉存候、依之、於各聊不可存表裏別心候《之》事、

一、（第二条）自今以後者、御家中之儀、有様之可為御成敗之由、至各も本望ニ存候、然上者、諸事可被仰付趣、一切不可

存無沙汰之事、
一、(第三条)御傍輩中喧嘩之儀、　殿様御下知御裁判、不可違背申事、
付、闇本人、於合力仕之者者、従　殿様可被仰付候、左様之者、親類縁者贔負之者共、兎角不可申之事、
付、御家来之喧嘩ニ、具足にて見所より走集候儀、向後停止之事、
一、(第四条)御弓矢ニ付而、弥如前々、各可抽忠節之事、
一、(第五条)仁不肖共ニ傍輩をそねみ、けんあらそいあるへき者ハ、
上様よりも、傍輩中よりも、是をいましめ候ハん事、
一、(第六条)於傍輩之間、当座々々何たる雖子細候、於　公儀者、参相、談合等、其外御客来以下之時、可調申之事、
一、(第七条)喧嘩之儀、仕出候者、致注進、其内ハ堪忍仕候而、可任
御下知之事、
一、(第八条)人沙汰之事、
男女共ニ、
一、(第九条)午馬(牛馬)之儀、作をくい候共、返し可申候、但三度共はなし候てくい候者、其午馬(牛馬)可取之事、
一、(第一〇条)山之事、往古より入候山をハ、其分ニ御いれあるへき事、
一、(第一一条)河ハ流より次第之事、
一、(第一二条)鹿ハ、里落ハたをれ次第、射候鹿ハ、追越候者可取之事、
一、(第一三条)井手溝道ハ　上様之也、(後略)

史料1は、毛利元就が家中内部でも力を持っていた井上元兼一派を討伐した後（第一条）、家中が毛利氏に対して再

び「可抽忠節」きことを誓約した起請文である（第四条）。その際家中は、「傍輩」間にどのような諍いがあろうとも、「公儀」の前に参会して談合することを定め（第六条）、今後は「御家中之儀」については毛利氏が「御成敗」することを求めた（第二条）。史料1に、「御家中之儀」として列記された条項は、家中の内部の人間関係について定めた第八条までの前半部分と、戦国大名および家中の領域支配に関わる問題を定めた第九条から一三条までの後半部分と、内容的に大きく二つに分けて考えることができる。[7]

まず前半部分についてであるが、ここでは「御傍輩中喧𠵅」が問題とされている。こうした喧嘩は、近くで見ていた者の「合力」や親類の「贔負」を得て、すぐに「具足」による大規模な争いに発展してしまう（第三条）。そのため、喧嘩が起こったとしても、「堪忍」して喧嘩に応じず、すぐに毛利氏に注進して「御下知」を仰ぐように求めている（第七条）。また、家中内部で互いを妬んだり、争いを起こす者は、大名毛利氏はもちろん、傍輩中からも諫めるように定めている（第五条）。

これらの条文から、毛利家中内部には、「傍輩中」の対立が深刻化していた状況が読み取れよう。特に、喧嘩に対する他者の「合力」や親類の援助が禁じられているように、傍輩間の喧嘩の背後には、家中全体を巻き込む派閥のような対立構図が潜在していたと考えられる。天文十九年（一五五〇）に井上一派を粛正したように、こうした家中内部の抗争は、ときに家中分裂を引き起こし、毛利氏権力の足下を揺るがすことになりかねない。そのため、家中間に潜在する対立要因を法文化し、それへの対処法を示すことで、家中間の喧嘩・対立を未然に防ごうとしたのである。そして、それこそが、家中たちによって領内唯一の「公」権力であった戦国大名毛利氏に求められた役割であったと捉えられよう。

同じように、他の戦国大名の分国法にも家中間の喧嘩に関する条項が数多く確認できる。南近江の戦国大名六角氏の「六角氏式目」第一二条では、たとえ父や子を殺害されたとしても、「勘忍」して注進すべきことを定め、「相当」の仕返しや「兵具」をもって押し寄せたり、喧嘩に「合力」することを禁じている。また、陸奥の戦国大名伊達氏の「塵芥集」第二〇条では、「喧嘩・口論・闘諍」の後、大名へ「理非披露」せずに勝手に相手方に「差懸」けた場合、差懸けた側を処罰すると定めている。このように、戦国大名権力は、家中による自力での解決を抑制し、戦国大名への提訴と裁定を強要することで領国の「平和」を実現しようとしていた。この点に、戦国大名権力の特質をみることができるが、それでは、何が傍輩中の対立を招いていたのだろうか。(8)

原因の一つとして考えられることは、史料1の第八条で述べられている「人沙汰之事」であろう。「人沙汰」とは、「人返」について定めたものと考えられるが、この人返については、戦国大名が制定した規定のなかでも従来より注目されていた問題である。毛利家中は、すでに享禄五年(一五三二)福原貞俊以下連署起請文(『毛利家文書』三九六)の第三条において人返について定めているが、そのとき対象とされたのは「悴被官、小中間、下人」であった。菊池浩幸氏も指摘するように、「其主人々のよしミを相違候而、傍輩中江走入」とあることから考えれば、このとき毛利家中のなかで問題とされた人返の対象は、個々の家中構成員(個別領主)に仕える奉公人や被官などであろう。(9)彼らが主人のもとから欠落する理由はさまざまあったであろうが、享禄五年の起請文第二条に、「各召仕候者共、負物に沈、傍輩間へ罷却」とあることから、毛利家中においては「負物」による欠落が家中の間で一つの問題となっていたようである。

また、駿河の戦国大名今川氏の分国法「今川仮名目録」第六条には、「逐電」して二十年過ぎた場合は本主が取り返してはならないが、「失」＝過失があって「逐電」した者については、二十年過ぎても本主が取り返してよい、と定めている。このことから考えれば、元の主人のもとで何か問題を起こして欠落する者もいたことがうかがえる。だが一方で、「さしたる述懐なき所に、事を左右によせ、みだりに寄親をとりかふる事曲事」（「かな目録追加」第三条）と、主人にたいした不満がないのに主人を変えることを禁じていることから、「負物」や「失」といった問題があって欠落する者ばかりではなかったようである。理由はともあれ、奉公人や被官の欠落が家中間で問題となるのは、主人を持つ者の欠落が「科人」「盗人」の罪科に相当し、主人敵対の科として本主の取り返しの対象とされた事によっている。

〔史料2〕「塵芥集」第二七条

一、人の被官、本主人をすて、改め主をとる事あらば、いま召使ふ主人のかたへ申届け候うへ、なお抑留いたし、本主人へ返さず候はゞ、一筆をとり、見合にこれを討つべし、もし又、文の返事にもおよばずば、子細を披露すべし、其是非により、くだんの被官、ならびに許容いたし候族、ともにもつて成敗を加ふべきなり、

史料2にみえるように、被官が欠落して他の領主を頼った場合、元の主人は今の主人に申し届けた上でその被官を取り返すようにと定められている。「今川仮名目録」第五条にも、「古被官他人めしつかふ時、本主人見合に取事、停止之畢、たゞ道理に任、裁許に預かり、請取べき也」という同様の内容が定められている。この二つの条文からは、欠落した被官を見つけて取り返そうとする本主人と、本主人の求めに応じず、被官を擁護する現主人が存在したことがうかがえる。そこで問題となったのが、欠落して主人に敵対した被官を処罰すべく人返を求めた本主人と、その被官に頼られた現主人との間の被官の帰属をめぐる争いであり、それが家中対立の根源となっていた。人返に関する規定が、戦国大名の分国法に多くみられることからも、奉公人や被官をめぐる家中間の対立は、頻繁かつ深刻な問題であった。そのため、両者の間の争いを未然に防ぐために、現主人側、あるいは戦国大名に届け出をしてから人返をするように定めているのである。

しかし、史料1の第八条に「男女共ニ」とあることから考えれば、人返はなにも家臣の奉公人や被官に限られた法ではなかったようである。戦国大名相良氏の分国法「相良氏法度」第四条にも、「普代之下人之事、無是非候、領中之者、婦子によらず来候ずるを、相互可被返也」とあり、譜代の下人は、婦子に至るまで、他の領主のところに欠落してきたならば、相互に元の領主のところに返すように定められている。また、「塵芥集」第四七条には、「逃ぐる人」についての規定がみられる。戦国から江戸時代初期までは、まだ百姓の「走り」（欠落・移動）が激しかったことから考えれば[10]、戦国大名の人返法は百姓や譜代下人の欠落なども対象としていたと考えられよう。

そうであるならば、戦国大名家臣に仕える奉公人や被官ではなく、下人や百姓が家中間対立の問題となるのは、どのようなときであろうか。戦国大名北条氏領国において発給された人返状を検討した則竹雄一氏は、人返状に欠落先が記されている事実から、一旦欠落しても自ら帰村したいという百姓が存在したことを指摘し、彼らが元の在所の領主を通じて北条氏に人返要求をしたと論じている[11]。そして、このような要求が出される背景には、百姓の帰村に際して、欠落者を受け入れた側による妨害があったと想定している。このように考えれば、下人や百姓の欠落を受け入れた領主と元の在所の領主が、百姓の帰村をめぐって争っていた状況が浮かび上がってこよう。奉公人や被官と同様に、百姓の「走り」をめぐっても、家中同士の対立が容易に起こりえたのである。

下人や百姓の欠落の理由は、経済的困窮や諸役未進などが考えられるが、一方で欠落した下人や百姓は、再開発の労働力として、あるいは戦陣の野伏（軍役）として、他領の領主や土豪に呼び集められていく[12]。つまり、困窮した人々を受け入れる受け皿の存在が、激しい人の動きを生み出し、欠落された側の領主を悩ませる事態となっていた。実際に、軍役忌避を理由に欠落した者に対する人返が行われていることから考えれば[13]、戦国大名による人返の目的は、家中間の紛争抑止とともに、家臣所領の再生産維持や軍役確保にも置かれていたということになろう。そして、それは戦国大名領国の生産構造や軍事力編成を下支えしていた。そのため戦国大名は、人返についても、家中間対立の裁定にとどまらない、領国内で起こりうる（あるいは実際に起こった）事態への対処法を制定していったのであろう[14]。

　これまで人返法は、農民闘争の一形態であった農民の逃亡を弾圧するための領主間協約、あるいは戦国大名による農民の土地緊縛法の問題として捉えられてきた[15]。だが、戦国大名領国内の欠落をめぐる状況から考えれば、人返は単に農民闘争に対抗し、領主による農民支配を保障するための法としてではなく、奉公人や被官・下人、そして百姓の帰属をめぐって発生する家中間の争いを未然に抑止するための領主間の取り決めであったと捉えられよう。そして、人返の問題などを通じて、容易に発生してしまう家臣同士の争いを解決することが、戦国大名権力にとっての一番の関心事であったのである。そのため、分国法にみられるような細部にわたる取り決めが作られたのであろう[16]。

　そこで、分国法を手がかりに、当該期の家中が抱えていた問題についてもう少しみていきたい。戦国大名の人返法にみたように、戦国大名権力は個別家臣の奉公人や被官の人返のような、主従制あるいは「家」の問題のみならず、個別家臣所領内の百姓に対する人返のような、所領支配に関わる問題についても規定していた。このことは、在地の相論が家臣同士の相論に発展してしまうという事態はもちろんであるが[17]、一方で戦国大名権力が領国内唯一の「公」権力として、領国内のあらゆる問題にも対処することを求められていたからに他ならない。史料1の第九条目以降は、そうした在地の問題に関わる条項が列記されているが、これらの問題も、史料1の性格から考えれば、このときの家中が抱えていた問題として読むことができよう。次に、史料1の九条目以降の条項から、戦国大名領国内に存在した諸問題について考えていく。

## 2　個別領主の所領支配に関わる問題

個別領主の所領支配について考える場合、領主と村・百姓との間に生じる問題も検討対象としなければならないが、本項ではより在地の百姓や村のなかでの問題に絞って検討していく。まず、史料1の第九条をみてみよう。この条文は、放牧された牛馬が、他人の作物を荒らしてしまうという事態に際し、その処置を定めたものである。おそらく、牛馬が草を求めていくうちに、他人の耕地に侵入してしまうことが度々あったのであろう。問題は、他人の作を荒らした牛馬を、荒らされた側が取り上げてしまうことにあった。そのため毛利家中は、耕地を荒らされても二度までは持ち主に返し、それでも収まらない場合に限って取り上げてよいという基準を設けている。

ここでの牛馬は、主に百姓の耕作用に飼われていたものと考えられるが、「結城氏新法度」第五五条に「人の作を、乗馬にても、雑馬にても、放れ候て喰ふ事有」とあることから、耕作用の牛馬だけではなく、乗馬の放牧の際にも同様の問題が発生していたようである。そして、結城氏の場合も同様に、作を荒らされた者が「馬の尾を切り、叩き、殺すなどする事」(同条)が問題とされ、むしろ馬を殺した作人を処罰するとしている。ただし、そのように定めると「念の悪きもの、知らぬふりにて馬・牛放し、人の作を損さすものある」(同条)ので、「塵芥集」第一五六条では、「かの牛・馬をつなぎをき、主のかたへ損亡の多き少きにより科銭をとる」ように定めている。

このように、牛馬の放牧をめぐって発生する相論に対し、戦国大名はそれが武力闘争に発展しないように対処していた。「相良氏法度」第一〇条に、「牛馬放すべき事、田畠の作毛取おさめ以後たるべし」と定めているのは、相論を未然に防ぐためであろう。だが、それとともに注目すべきことは、牛馬を「叩き、殺す」ことを禁じている点である。この条文からは、牛馬を殺すことにより、百姓の耕作が滞ることのないように配慮していたことがうかがえよう。百姓の生産活動は、個別領主や戦国大名の経済にも直接関わる問題である。その生産活動を支える牛馬は、江戸時代の岡山藩では牛を購入する百姓に「牛銀」貸付が行われたというほど[18]、大名にとっても重要視されていくようになる。戦国期段階では、牛馬を所持していたのは村の有力層に限られていたと考えられるが、戦国大名やその家中は、喧嘩の抑止と同時に、人々の生業安定化をも見据えた基準作りをしていたといえよう。

次に、史料1の第一〇条にみえる「山之事」であるが、山の問題は中世後期の村落間相論に頻繁に登場している。毛利氏の場合、入会山についての規定であり、「往古」からの入会の状況に従って山利用するように定めている。また第一二条では、山に生息する鹿の所有をめぐる規定であるが、この条項も大きく分けて山における用益の帰属に関わるものと捉えることができる。

山用益に関しては、分国法のなかにもさまざまな法令が散見される。たとえば、「塵芥集」第一二二条には、入会の山野を「作場」にしたことをめぐって相論となった場合、「山は山、野は野、先規のごとく作場をあい止め」るように定めている。山は、肥料や燃料ともなる柴・草の利用から、材木としての樹木伐採、さらには焼畑による耕地利用など、さまざまな利用法が見込まれる場であった。そのため、入会山は、同じ用益を入りあって利用する関係と同時に、異なる用益を重層的に利用しあう関係も展開する場であった[19]。「塵芥集」第一二三条に「境相た、ざるの山」と記されているのは、こうした山利用の多様なあり方を如実に表現している。

そのような入会山において問題となっていたのは、複数の村が入りあって利用していた山を、ある特定の村が独占してしまうこと、あるいは、今までの利用法を変更し、新たな用益を開発することで、従来の用益を妨害してしまうことであった。毛利氏では前者、伊達氏では後者の問題が対象とされているが、山資源の枯渇に伴い[20]、新たな生業が模索されるという状況は、室町から戦国期の社会において多数確認できる[21]。戦国大名はこのような事態に際し、「先規」の通りの利用を徹底させるとともに、「由緒」が不分明な場合に「訴訟」させ、大名の裁決による解決を目指した。それは、「六角氏式目」第一三条に、「野事、山事、井水事」をめぐって「一庄一郷」が蜂起するような状況が想定されているためであろう。百姓の生業に関わって必要となる用益をめぐっては、戦国期以前から在地レベルで激しく争われていた。「一庄一郷」の蜂起は、その土地を知行する領主をも巻き込んで深刻な相論に発展する。それを未然に防ぐためにも、先例通り、という限界はあるものの、基準作りと訴訟の徹底が求められたのである。

そして、山用益と同様に、分国法のなかに多くみられる条項が、史料1の第一三条にみえる「井手・溝」についての取り決めであった。「井手」（井堰）・「溝」（用水路）は、農業生産に欠かせない水を耕地に取り入れるための施設である。川から用水を引く場合、井堰をどこに、どのくらいの幅・高さで立てるのか、また用水路をどのくらいの幅で、どこを通して引くのか、という問題は、川の右岸・左岸の村々、あるいは川上・川下の村々との間で激しく利権がぶつかるところであった。そのため、相論はときに武力闘争に発展し、戦国大名の裁定が求められることになるが、そうした用水施設に関する問題を処理するためには、在地の現状に即した事細かな基準が必要とされたのである。(22)

「相良氏法度」第八条では、新田開発のために本田の用水から新たに用水を引く場合は、本田の領主とよく相談するように求め、「今川仮名目録」第一五条では、新用水路が他人の土地を通る場合は、替地や借地料としての「井料」を支払うように定めている。従来の耕地を維持しながら新たな耕地を開いていくために、用水路を新設・整備することには積極的である一方、それが伝統的な土地利用を阻害することのないよう、十分に注意している様子が見て取れる。

また、従来からの用水施設の管理・修理などについて、「相良氏法度」第二一条では、用水を利用する者が「田数次第に」人数を出して行い、人数を出さないところには水を引いてはならないとしている。毛利氏家中でも、すでに享禄五年の起請文（「毛利家文書」三九六）において、「井出・溝」は洪水などで「相替事多々」あるので、領主が「みそ料」を捻出して管理・修復するように定めている。個々の領主である家臣の「勧農」の一環として、家臣に修理費用を捻出させ、その費用で在地の村々に人足を提供させて維持・管理にあたらせる。そして、用益をめぐって相論となった場合は、戦国大名法廷で裁定をする。牛馬の放牧に関する規定でもみたように、用水をめぐるさまざまな条文からは、百姓の生業に関わる用益を、あらゆる身分の人々がそれぞれの役割を果たすなかで確保していこうとする、生業の安定化をめざした社会構造の形成が読み取れるのである。(23)

さらに、史料1の第一一条は、用水と密接に関わる川の流れを問題としている。具体的に何について定めているのか、少しわかりづらいが、「塵芥集」第九〇条には、川の流れが変わることで変化する耕地の所属についての規定がみられる。また、「結城氏新法度」第六〇条には、川瀬が変わった場合に、川の領有をめぐる者たちの間で発生する漁業権争いについての対処法が二通り示されている。一方、「今川仮名目録」第二七条には、「河流の木」の所属について規定している。おそらくは、毛利氏の場合も、川の流れが変化した場合の対処法や、川を流れてくる流木などの所有をめぐっての規定であったと考えられる。

しかし、「塵芥集」第八四条において、「用水の事、先規まかせたるべし」と定められているように、山用益同様、川や用水の所有を明らかにすることは簡単なことではなかった。毛利氏が「上様之也」と述べているのは、こうした用水利用や川の所有を村や百姓たちの間で争わせないために、「井手・溝」は「公」のものであることを示そうとしたのではないだろうか。こうしたあり方は、「道」についても同様であった。(24)万人が通行する道は、川よりももっと公共性の高いものである。そのような道が「上様之也」となる理由はよく理解できるが、それでは道ではどのような問題が生じていたのだろうか。

「塵芥集」第七〇条には、「路次を通る族、或は作毛をとり、或は店屋の物を盗む事」、第一三八条には、「路次をゆき丶の人、道のほとりの家垣を壊ち、松明になす事」が問題とされている。同じく第一二七条には、「公界の道を貪りとり、作場になす事、盗人の罪科たるべし」と規定されている。戦国期には、道沿いの田畠の作物や店の品物、さらには道沿いにある家垣を勝手に壊してしまうという事件が横行し、それが現場における相論・刃傷事件を引き起こしていた。そうした相論・事件を回避するために、まずは道沿いでの「盗み」を処罰する必要があった。

だが、さらに問題なことは、こうした盗みとともに、人々が往来する「公界」、すなわち「公」の道を勝手に作場にしてしまうという事態であった。道などの万人に開かれた公共的な場というのは、前近代においては、なかなか永続的に維持することが難しいのか、すぐに共同体内の利益、あるいは私的な利益によって利用される場に転化していく。(25) そのため、「道端の地主、右左ともに畔をゆづり、先規にまかせ、道のひろさ一丈八尺に改むべき也」(「塵芥集」第一二七条)という、細かい規定を設けなければならなかったのである。

毛利氏が、道についても「上様之也」と記しているのは、諸国の商人の通路であり、領国内の人の移動や物流の根幹である道を維持するにあたり、私的所有を排除することを明言する必要があったためであろう。そして、生活物資などを移入し、生業産物を移出するための道を維持することは、すなわち領国内の人々の生活安定化につながる。戦国大名は、領国内の平和を確保し、人々の生存を維持するために、このような具体的な基準・方針を文章化することを求められていたといえよう。

以上のように、天文十九年の毛利家中起請文を中心に、戦国大名領国内部に存在したさまざまな紛争の根源について列挙してきた。毛利家中の事例にみるように、これらの問題は、当該期の家中内部で個々の家臣が抱えていた課題であり、それを解決するために、多くの戦国大名領国内で同様の法令が作成された。松浦義則氏は、毛利家中のこうした動向を、家臣間相互の矛盾克服のための一揆的結合であり、「下から」の動向による家中の成立として評価した。(26)

まさに、戦国大名の分国法を含め、戦国期のこうした法令は、戦国大名権力を構成していた家臣を対象に、なおかつ彼らの要望を受けて作成されたものといえよう。

ただ、家中間の矛盾の背景は、果たして松浦氏の述べるような家臣間の私的支配権をめぐる対立だけであったのだろうか。むしろ、家中間対立は、山・水などの用益をめぐる在地の紛争が領主間紛争に容易に転化してしまうという、中世以来の社会状況に由来していたのではないだろうか。毛利家中が、再び家中としての結束を固める目的で、毛利氏当主に誓約した内容のなかに、村落間相論に関わる問題が含まれているということが、その社会状況を顕著にあらわしていよう。

戦国大名の分国法も同様に、法整備の主眼は領国内の争いを根絶し「平和」を実現することにあった。そのため、室町幕府以来の「先例」重視という姿勢から一歩ふみこんで、あらゆる状況にも対処しうる細かな規定が定められたのである。そして、その際に重視されたのが、戦国大名への提訴であった。ともすれば、すぐに武力による解決や報復が図られがちな社会にあって、「勘忍」して提訴することを求めたのである。この点に、戦国大名権力の特質がみられよう。そこで次に、そうした戦国大名権力による裁判について、節を改めて検討していく。

## 第二節　戦国大名裁判の方法とその特質

はじめにでも述べたように、戦国大名権力の特質の一つとして、村落間相論をも裁定する裁判システムの形成があげられる。そうした裁判は、「たよりなき者訴訟のため、目安之箱、毎日門之番所に出置」（今川氏「訴訟条目」第二条）という、今川氏や北条氏にみられた「目安箱」や、「六角氏式目」第六三・六四条にみられた訴訟費用の制限・廃止によって、領国内の人々に等しく開かれた制度として定着化させることを目指した政策であった。室町幕府とは異なり、領主階級のみならず、広く村の百姓までもが直接訴訟できる制度は、その意味で画期的であったが、分国法に明らかなように、第一節でみたような判断基準を明確化すること、さらには裁判方法やその執行についても、前代とは異なる特徴がみられる。そこで、まずは近江国の戦国大名浅井氏や六角氏の事例を中心に、戦国大名法廷の実像に迫ってみたい。

## 1　戦国大名への提訴と裁判方法

戦国大名浅井氏は、浅井亮政の台頭以後、久政・長政の三代が北近江を領し、天正元年（一五七三）九月に滅亡するまで、管見の限り六三通の相論関係史料を残している（表参照）。訴訟の内容は多岐にわたるが、これらの訴訟を事例として、戦国大名裁判の方法について具体的にみていく。

**【表】戦国大名浅井氏領国裁判関係史料目録**

| No. | 元号月日 | 差出 | 宛所 | 内容 | 対処 | 史料名 | 刊本 |
|---|---|---|---|---|---|---|---|
| 1 | 天文2・7・11 | 浅井亮政 | 青名百姓中 | 用水相論 | 検分 | 南部文書 | 浅 |
| 2 | 天文3・10・11 | 浅井亮政 | 玉村大蔵坊御坊 | 所領（買得地）相論 | | 西松文書 | 浅 |
| 3 | 天文3・12・16 | 浅井亮政 | 成菩提院御同宿 | 所領（買得地）相論 | | 成菩提院文書 | 浅 |
| 4 | 天文5・8・5 | 浅井亮政 | 松尾寺年行事 | 寺領田畑入作相論 | | 松尾寺文書 | 浅 |
| 5 | （天文5）・8・6 | 三田村定頼 | 松尾寺年行事 | 寺領田畑入作相論 | 礼銭納入 | 松尾寺文書 | 浅 |
| 6 | 天文5・11 | 早崎正俊 | 竹生島惣山 | 検断職・諸公事相論 | | 竹生島文書 | 浅 |
| 7 | （天文5）・12・15 | 大津清忠 | 竹生島惣山御坊 | 検断職・諸公事相論 | | 竹生島文書 | 浅 |

| | | | | | | | |
|---|---|---|---|---|---|---|---|
| 8 | 天文5・12・24 | 浅井亮政 | 竹生島寺中御坊 | 検断職・諸公事相論 | | 竹生島文書 | 浅 |
| 9 | (天文9)・11・25 | 浅井秀信 | 安養寺 | 大工職相論 | | 阿部文書 | 浅 |
| 10 | (天文10)・2・28 | 浅井秀信 | 安養寺 | 大工職相論 | | 阿部文書 | 浅 |
| 11 | (年未詳)・5・28 | 浅井亮政 | 竹生島年行事御坊 | 大工職相論 | | 阿部文書 | 浅 |
| 12 | (年未詳)・7・4 | 浅井亮政 | 相撲庭百姓中 | 用水相論 | 両成敗 | 宮川文書 | 浅 |
| 13 | 天文11・5・6 | 浅井久政 | 八相遠江守殿・并ニ村々百姓長男 | 用水相論 | | 柏原共有文書 | 経済 |
| 14 | 天文11・5・11 | 浅井久政 | 八相遠江守殿・并ニ所々百姓中所々 | 用水相論 | 絵図面作成 | 井口区有文書 | |
| 15 | 天文11・5・15 | 浅井久政 | 大井懸り所々百姓 | 用水相論 | | 井口区有文書 | 経済 |
| 16 | 天文17・6・7 | 浅井久政 | 大浜新右衛門 | 大工職相論 | 作業凍結 | 阿部文書 | 浅 |
| 17 | (天文17)・6・22 | 浅井久政 | 大浜新右衛門 | 大工職相論 | 登城要請 | 阿部文書 | 浅 |
| 18 | 天文19・5・2 | 浅井久政 | 石道寺年行事御坊 | | | 石道寺文書 | 浅 |
| 19 | 天文19・11・2 | 浅井久政 | 郷秀就 | 所領(新田)相論 | | 郷野文書 | 浅・坂 |
| 20 | (天文20)・3・17 | 浅井久政 | 山田清氏(玄良) | 所領(新田)相論 | 礼銭納入 | 郷野文書 | 浅・坂 |
| 21 | 天文20・3・18 | 山田玄良(清氏) | 郷秀就 | 所領(新田)相論 | | 郷野文書 | 浅・坂 |
| 22 | 天文20・12・19 | 浅井久政 | 郷秀就 | 所領(買得地)相論 | | 郷野文書 | 浅・坂 |
| 23 | 天文21・2・7 | 浅井久政 | 下坂佐馬助 | 跡職相論 | 穿鑿 | 下坂文書 | 浅 |
| 24 | 天文22・6・1 | 浅井久政 | 大野木土佐・上坂八郎兵衛 | 用水相論 | 詮議 | 宮川文書 | 経済 |
| 25 | 天文22・6・13 | 相撲庭 | | 用水相論 | | 宮川文書 | 浅 |
| 26 | (天文22)・6・22 | 浅井久政 | 河毛清充・月ヶ瀬忠清 | 用水相論 | | 宮川文書 | 浅 |
| 27 | (天文22)・6・22 | 月ヶ瀬忠清・河毛清充 | 福寿庵侍者 | 用水相論 | | 宮川文書 | 浅 |
| 28 | (天文22)・7・5 | 浅井久政 | 上坂八郎兵衛尉 | 用水相論 | | 上坂文書 | 浅・坂 |

| | | | | | | | |
|---|---|---|---|---|---|---|---|
| 29 | 天文22・8・吉 | 平井九郎衛門尉・竹本太郎二郎 | | 用水相論 | | 井口区有文書 | |
| 30 | (天文23)・4・12 | 浅井久政 | 河毛清充・三田村定頼 | 大工職相論 | 裁定伝達 | 阿部文書 | 浅 |
| 31 | 天文23・4・25 | 島菩提行厳 | 富田太郎兵衛(宗久) | 大工職相論 | | 阿部文書 | 浅 |
| 32 | 天文23・4・28 | 島菩提行厳 | 北海 | 大工職相論 | | 阿部文書 | 浅 |
| 33 | 天文23・5・8 | 浅井久政 | 下井懸所々百姓 | 用水相論 | 絵図面作成 | 井口区有文書 | |
| 34 | (天文23)・10・12 | 浅井久政 | 竹生島菩提坊御房 | 大工職相論 | 渡海要請 | 阿部文書 | 浅 |
| 35 | 天文24・4・26 | 浅井久政 | 雨森地下人中 | 用水相論 | 登城要請 | 伊香文書 | 浅 |
| 36 | (天文24)・7・1 | 浅井亮頼 | 三田村貞政・三田村定頼 | 用水相論 | 登城要請 | 三田村文書 | 浅 |
| 37 | (天文24)・7・10 | 浅井久政 | | 用水相論 | 登城要請 | 三田村文書 | 浅 |
| 38 | (天文24)・7・14 | 浅井久政 | 浅井亮頼・浅井忠種 | 用水相論 | | 三田村文書 | 浅 |
| 39 | (天文24)・7・20 | 井口経元 | 月ヶ瀬忠清・浅井貞政 | 用水相論 | 執行要請 | 三田村文書 | 浅 |
| 40 | (天文24)・7・20 | 月ヶ瀬忠清・浅井貞政 | | 用水相論 | 執行要請 | 三田村文書 | 浅 |
| 41 | 天文24・7・23 | 浅井久政 | 大井懸り所々百姓 | 用水相論 | 誓談 | 磯野共有文書 | 浅 |
| 42 | 天文24・7・23 | 平井九郎衛門尉・竹本太郎次郎 | | 用水相論 | 裁定伝達 | 磯野共有文書 | 浅 |
| 43 | (弘治3)・6・27 | 浅井久政 | 富田庄地下人 | 用水相論 | 登城要請 | 富田文書 | 浅 |
| 44 | 弘治3・7・25 | 浅井久政 | 富田庄地下人 | 用水相論 | 中分 | 富田文書 | 浅 |
| 45 | (年未詳)・2・24 | 浅井久政 | 月ヶ瀬帯刀 | 所領(加地子)相論 | | 阿部文書 | 浅 |
| 46 | (年未詳)・6・8 | 浅井久政 | 芝田藤四郎・木本彦六 | ? | 登城要請 | 清水文書 | 浅 |
| 47 | (年未詳)・7・23 | 浅井久政 | 賀藤内介 | 所領相論 | 登城要請 | 加藤文書 | 坂 |

| | | | | | | | |
|---|---|---|---|---|---|---|---|
| 48 | （年未詳）・10・6 | 浅井久政 | 加藤内介 | 所務相論 | | 加藤文書 | 坂 |
| 49 | （年未詳）・12・25 | 浅井忠種 | 郷秀就 | 所領（新田）相論 | | 郷野文書 | 浅・坂 |
| 50 | （永禄3）・12・23 | 中島直頼 | 樋口直房 | 所領相論 | | 観音寺文書 | 浅 |
| 51 | 永禄4・4・14 | 浅井長政 | 光汲房御坊 | 所領（買得地）相論 | | 郷野文書 | 浅・坂 |
| 52 | （永禄4）・6・4 | 遠藤直経 | 二田村定頼 | 大工職相論 | | 阿部文書 | 浅 |
| 53 | （永禄4）・6・5 | 浅井長政 | 富田大工太郎兵衛（宗久） | 大工職相論 | | 阿部文書 | 浅 |
| 54 | （永禄5）・3・28 | 磯野員昌 | 光汲房御坊 | 所領（新田・買得地）相論 | | 郷野文書 | 浅・坂 |
| 55 | 永禄5・4・24 | 浅井長政 | 光汲房玉床下 | 所領（新田）相論 | | 郷野文書 | 浅・坂 |
| 56 | 永禄6・4・4 | 東野政行 | 郷秀就 | 所領（新田）相論 | | 郷野文書 | 浅・坂 |
| 57 | 永禄9・6・4 | 浅井長政 | 馬渡上下並富田百姓 | 用水相論 | 隣郷保証 | 富田文書 | 浅 |
| 58 | 永禄9・8・22 | 浅井長政 | 加田三郷地下人 | 餌刺職（？）相論 | | 南部文書 | 浅・坂 |
| 59 | （年未詳）・2・22 | 木村廣忠 | 菅浦惣荘 | 上使喧嘩相論 | 尋問 | 菅浦文書 | 菅浦 |
| 60 | （年未詳）・6・5 | 浅井長政 | 富田大工太郎兵衛（宗久） | 大工職相論 | 登城要請 | 阿部文書 | 浅 |
| 61 | （年未詳）・8・22 | 浅井長政 | 赤尾清綱 | 大工職相論 | 撰作（詮索） | 阿部文書 | 浅 |
| 62 | （年未詳）・10・7 | 浅井長政 | 加藤内介 | 跡職相論 | | 加藤文書 | 坂 |
| 63 | （年未詳）・12・17 | 浅井長政 | 樋口直房 | 所務相論 | 譴責 | 上坂文書 | 浅 |

刊本欄の「浅」は『東浅井郡志』四巻、「坂」は『改訂坂田郡志』七巻、「経済」は『近江経済史論攷』、「菅浦」は『菅浦文書』上巻、をそれぞれ示す。

〔史料3〕天文二十四年四月二十六日　浅井久政書状（「伊香文書」表No.35）

就小山与草事、彼在所者令打擲、其内一両人、大略可罷過之由候、先以無是非次第に候、来廿八日可遂詮作候之間、早朝登城仕、可申明候、不可有遅怠候、恐々謹言、

天文廿四年
卯月廿六年　　浅井
　　　　　　久政（花押）
雨森
　地下人中

史料3は、小山村と雨森村が草用益をめぐって相論となったものである。「来廿八日可遂詮作候之間、早朝登城仕、可申明候」とあるように、浅井久政は二日後に取り調べを行うので、浅井氏の居城である小谷城まで出頭するように、雨森村に直接命じていることがわかる。おそらく、「打擲」されて二人が瀕死の状態になってしまった小山村側が、浅井氏に訴えたことによって、大名法廷における裁判がはじめられたと考えられる。

では、大名法廷への訴訟は、どのようにして伝えられたのであろうか。浅井氏については、残念ながら提訴方法を具体的に示す史料は残されていない。史料3において、直接村に対して登城命令が出されていることから考えれば、村からの直訴も存在したのではないかと推測できる。だが、天文二十四年（一五五五）に発生した、高時川用水をめぐる大井懸かりと下井懸かりの村落間相論では、浅井氏被官であった三田村貞政と三田村定頼が大井懸かり、同じく浅井氏被官の井口経元が下井懸かりの代表として現れている。そして、その際に三田村氏や井口氏は、訴訟を進めるにあたって「奏者」を立てていることから、浅井氏の場合、提訴はこうした浅井氏被官が村の代表となって、浅井氏重臣を奏者に頼んで行う方法が一般的だったのかも知れない（表№36・37・38・39）[27]。

一方、北条氏や今川氏の領国では、「目安箱」を通じて、村が直接大名に直訴できる裁判制度が確立していた[28]。しかし、こうした戦国大名への直訴は、「たよりなき者」、すなわち訴訟を取り次ぐべき担当者との私的紐帯をもたない者のための訴訟法であったという。北条氏や今川氏の領国では、重臣クラスの寄親のもとに「同心」「与力」等が編成されるという、寄親寄子制による軍事指揮系統が形成されていた。そのため、北条氏や今川氏の裁判においても、寄親という私的紐帯をもつ寄子は、一般的に直訴は禁止され、寄親を通じて訴訟することが求められていたという。つまり、北条氏・今川氏領国においても、直訴による訴訟ルートと、人的関係を通じた訴訟ルートという二つの訴訟経路が存在していたということである(29)。したがって、浅井氏の場合も、高時川用水の相論のような、村を代表する浅井氏家臣から、「奏者」を務める重臣への提訴という訴訟ルートとともに、史料3のように、村に直接対応するような訴訟ルートの二つの方法が取られていたと考えることもできよう。

しかし、より重要なことは、前者のルートにおいても、村を代表していた三田村氏が、「百姓共かたへ被仰聞候て、明日にても御登城候」（表No.36）と命じられていることであろう。提訴の方法はさまざまであっても、戦国大名が訴訟において重視したのは「百姓共」の言い分であった。そのため、史料3においても、大名は訴えを受けた後、まずは相論相手方の陳述を聞くために村の地下人に出頭を命じているのである。このことから考えると、大名裁定では相論当事者を登城させ、詳しく事情を聞くことが規定となっていたと捉えられよう(30)。

一方、室町幕府の裁判においても、村や百姓が直接提訴できないまでも、百姓に対して文書による陳述や庭中への出頭などは求められていた。では、室町期までの裁判と異なる戦国大名裁判の特質は、どういう点にみいだせるのであろうか。この問題を考えるためには、大名が居城に当事者を呼びだして質問した、その内容が問題となるであろう。浅井氏領国では、その問題について確認できる史料がないため、南近江の六角氏の事例から検討する。

〔史料4〕（永禄元年カ）紙公事尋問条々案（「今堀日吉神社文書」二〇三『今堀日吉神社文書集成』）

可尋事、

一、初ニゆつりはう（杠葉尾）ニて荷物取候保内商人内、誰々ニて候つる哉、尋度事候、

一、枝村ニて荷主誰々ニて候つる哉、
一、自枝村礼ニ出候衆不覚哉事、
一、初の時も荷物商人宿ニて押候事、
一、海道かし申事、年をきり候哉、其時一乱こくさく《（国塞）》間とかし候哉、知度事、
一、いかた川かきりたる起請事、
一、此儀候後ハ起請可成候かの事、

史料4は、永禄元年（一五五八）に今堀保内商人が、商人宿にて枝村商人の荷物を奪ったことをきっかけにはじまった相論に関するものである。差出と宛所が記されていないが、この史料が「今堀日吉神社文書」として伝わっていることから、おそらく裁判を進めるにあたって、六角氏が保内商人に対して「可尋事」を箇条書きにして遣わしたものであったと考えられる。史料4からは、事件の具体的経過を知るために、大名が村に対して質問状を発給していたことが読み取れよう。実際に、同年五月十二日以降、保内商人は六角の居城に在城し、同十九日には史料4で尋ねられたことのうち、第一条めの「ゆつりはう《（杠葉尾）》」で荷物を取った保内商人の交名を書き記し、六月十四日に提出している[31]。また逆に、枝村側も同年九月二十六日に事件の具体的内容について申状をあげていることから[32]、枝村側にも同様に大名側からの質問状が出されていた可能性もある。

このように、戦国大名六角氏が相論当事者を在城させ、相論の原因について、判決以前に具体的な取り調べを自ら行っていたことがうかがえよう。六角氏の事例を敷衍して考えるならば、先にあげた浅井氏の法廷においても、事件の経過を述べさせるために登城させていたものと捉えることができる[33]。一方、室町期までの裁判では、法廷における相手方との問答は行われたとしても、権力側は相論の経過について自ら調べて判定を下していたのではなかった。実

際には、文書や絵図など、より確固とした由緒をもつ方、あるいは法廷において弁が立つ方に有利な判定が下されていたのである。そうした方法と比べると、戦国大名の裁定方法は明らかに変化を遂げたものであったといえよう。

また、戦国大名法廷では、事情聴取だけではなく、戦国大名が奉行を派遣し、実際に検分を行わせていた。

〔史料5〕天文二年七月十一日　浅井亮政判物（「南部文書」表№1）

山田庄之内青名井口相論ニ付而、立越見候処ニ、中野者仕様非分儀候条、憲法ニ申付候間、如前々井を可堀者也、

恐々謹言、

天文二年　　　　　亮政《（浅井）》（花押）

七月十一日

青名百姓中

史料5は、青名村と中野村が「井口」をめぐって相論となったものである。「立越見候処ニ、中野者仕様非分」とあることから、浅井亮政が実際に検使を派遣して検分したところ、中野村の非分が発覚したことがわかる。そして、検分結果をもとに、中野村の非分を止め、青名村が井を掘るべきことを「憲法」として申しつけたのである。史料5は、浅井氏が村側の訴えを受け、その裁定を行うために、自ら検使を派遣していた事実を示している。しかし、実際に検使を派遣したからといって、きちんと実検をしていたのかが疑問となるであろう。次の史料をみてみよう。

〔史料6〕（弘治三年）六月二十七日　浅井久政判物（「富田文書」表№43）

従御料所、当郷へ遣井、先年奉行を遣、相極候処、至于当年、大石居置由候、新儀無謂候、但於有子細者、明後日廿九日罷上、可申明候、恐々謹言、

（弘治三年）六月廿七日　　　浅井

富田庄

地下人中

久政（花押）

史料6には、「先年奉行を遣、相究候処、至于当年、大石居置由候」とあり、先年検分した時の状況と、当年検分した時の状況の違いが指摘されている。このことから、検使として派遣された奉行が、相論箇所をきちんと検分して判断していたことがうかがえるとともに、史料6が作成された段階で、それ以前の検分の記録が、何らかの形で戦国大名のもとに記憶されていたことが読み取れる。先にあげた、高時川用水の相論では、裁定の結果を「井奉行」が事細かに記して、対象となる村々に遣わしていたが(34)、それはまさに検分の記録を物語るものであったといえよう。こうした記録により、検使である奉行は、以前における検分の基準を知ることができ、またそれを基準に判断することができたのである。だが、裁判の過程で検分が行われたのは、浅井氏に限られたことではなかった。

〔史料7〕永禄二年五月十九日　三好長慶判物（「郡家区有文書」『戦国遺文三好氏編　第一巻』五五六）

今度当所与真上申結井手床事、双方以指図、雖及訴論、互無証跡、真上支申者、従往古彼井手□□無之旨申、為究渕底、差遣検使等、令見之処、年々井手跡顕然之上者、任当所理運之旨、如絵図構井手、可専用水使者也、仍状如件、

永禄弐

五月十九日　長慶（三好）（花押）

郡家惣中

史料7は、大阪府高槻市に「郡家区有文書」として伝来した、三好長慶による用水相論の裁許状である(35)。裁許状には、郡家村と真上村が「指図」を提出して訴訟したが確証が得られなかったため、「検使」を派遣して真相を追究し

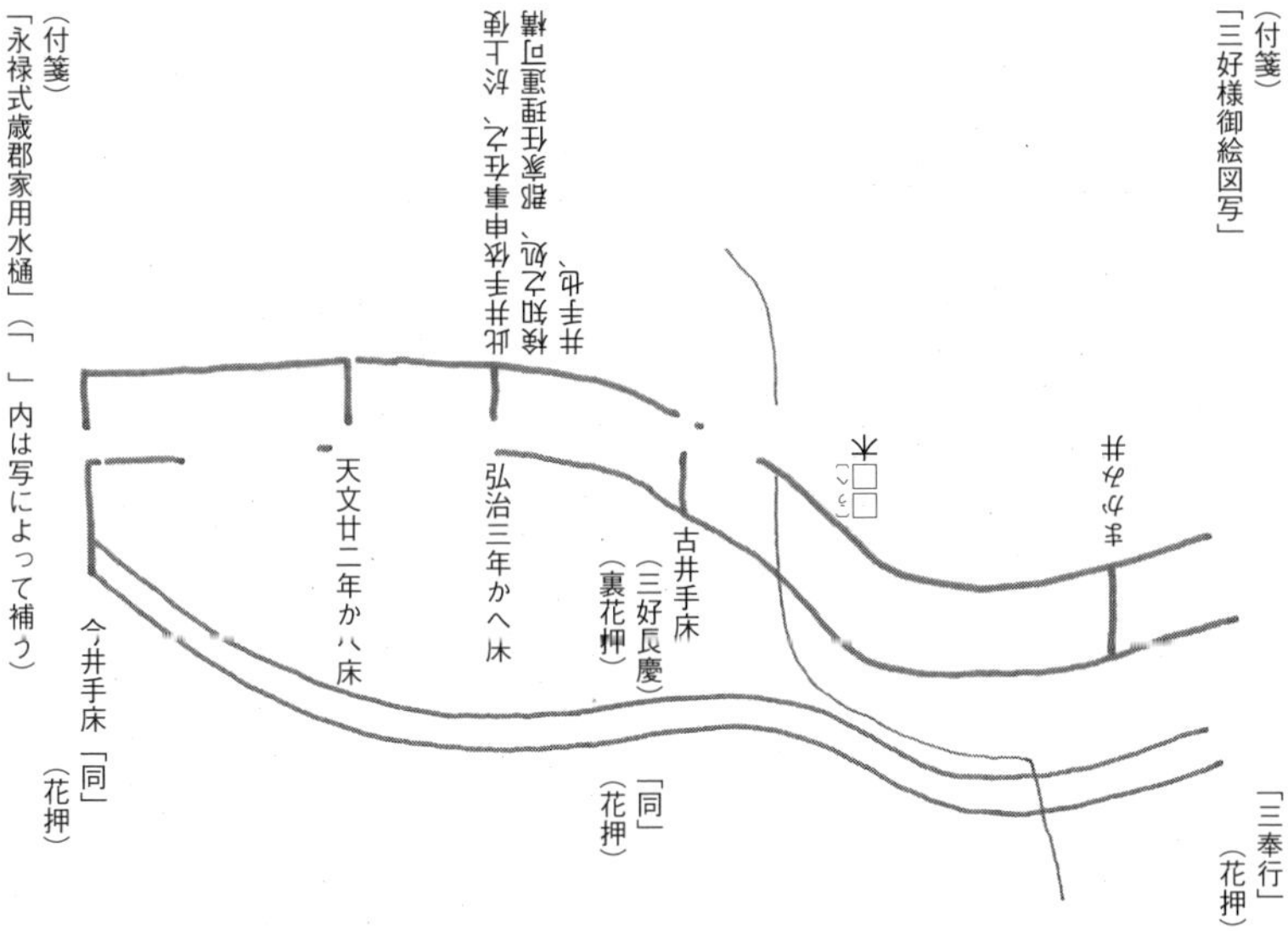


図　（永禄二年）三好長慶用水相論裁許絵図トレース
（「郡家区有文書」東京大学史料編纂所所蔵写真帳より作成）

たところ、年々の「井手顕然」であったことが判明したとある。この相論においても検使が派遣されていることは注目すべきことであるが、さらに重要なことは、検分の結果をもとに、検使によって当主三好長慶のお墨付きを得て「絵図面」が作成されたことである。「郡家区有文書」には、裁許状とともに、このとき作成された裁許絵図が伝来している（図参照）[36]。

裁許絵図には、問題となった「井手床」のところに、「此井手依申事在之、於上使検知之処、郡家任理運可構井手也」と記され、実際に検使が「井手床」の検分を行っていたことが確認できる。そして、それを保証するために、絵図面の表には「三奉行」の花押、そして裏には三好長慶の花押が据えられているのである。裁許状と裁許絵図が、その写しとともに現在まで伝来しているということは、権力側の花押が据えられた絵図が、後の証拠として大きな効力を持つものと認識されていたからに他ならない。戦国大名は、自らの裁許を後の支証とするために、こうした裁許状や絵図を発給したものと捉えられよう。

実際に史料6では、以前に戦国大名が決定した以外のことは「新儀」と述べられている。それは、戦国大名裁定が検使に検分させた結果下された、いわば吟味した結果の判決であったために、それを容易に覆すことは「新儀」と捉えられたのであろう。戦国大名権力は、相論の原因を尋ね、現地の検分を行う代わりに、大名の裁決を絶対化させていく。しかし、以前に決まってしまった判決が全く覆せなかったわけではない。史料6の後半部分には、「但於有子細者、明後日廿九日罷上、可申明候」とあるように、先年の判決に対して今回「大石居置」いたのは新儀であるが、何か事情があってのことであるなら申し出なさい、と陳状を受けつけているのである。

大名裁定が、検使による実検を行って判断していたとはいっても、その判決は必ずどちらかに不利な状況を強いることになる。そのため、さらなる陳状を受けつけることで、両者の妥協点を探ろうとしていたのであろう。このように、用益慣行は、両者の意見を尋ね聞き、現地を確認するという、厳重な方法で行われた大名裁定に基本的に拘束されることになる。だがそれを基礎として、相論ごとに徐々に修正されながら新たな基準を作り上げ、またそれに規定されていくのである。こうした実検による裁決というあり方も、室町期までの権力の裁判にはみられない、戦国期権力独自の方法であったといえよう。

## 2　戦国大名裁定の執行

このようにして決定した大名の判決は、実際には大名側による執行の催促を経て、村側の自力によって行われることになる。判決の執行が、在地の村によって実現していたことは、室町幕府の裁判と同様である。しかし、大名裁定が出たからといって、それにより不利益を蒙る村側は、なかなかその判決を執行しようとしない。戦国大名による裁定執行の方法が、室町期までと決定的に異なるのは、裁定の執行が裁定者側の強制を背景としていたことであった。

〔史料8〕永正五年八月八日　伊庭貞隆判物写（「伊藤泰詮家文書」『志賀町史　第四巻』）

一、就当所北口堺之儀、及物忩之処、伊黒右京進・同四ヶ村百姓以出状（書カ）雖属無為、令違変可及子細之由依申、両方召越遂糺明之処、当庄理運不相紛、殊支証明鏡之上者、於向後為彼庄雖有申儀、曽以不能承引、尚以於菟角之族者一段可申付也、仍状如件、

永正五八月八日　出羽守（伊庭貞隆）在判

小松庄

沙汰人百姓中

史料8は、六角氏の家宰であった伊庭貞隆が当事者を召して堺相論を裁決したものである。そこには、「尚以於菟角之族者一段可申付也」とあることから、六角氏の裁決に従わない者には、戦国大名として何らかの制裁を加えることが示されている。こうした大名側の制裁は、当事者側に速やかに裁決を執行させ、当座の解決を図らせる大きな後ろ盾となったであろう。では、具体的にはどのようにして判定の執行が実現されていたのだろうか。

美濃国の土岐頼芸は、西美濃に流れる糸貫川に設置された用水井堰をめぐって、真桑七ヶ井方が席田井方の井堰を打ち落としたことに対して、席田井方の既得権を確認した上で、井堰の修復を真桑七ヶ井方に命じた。その際に、判決を執行させるために、土岐氏は真桑七ヶ井方に井堰修理にあたる人数を上使に提出させ、実際に上使を派遣して判決を見届けている。さらに、土岐氏の後に美濃を領した斎藤義龍は、用水路が複雑に絡み合う当該地域に対して、紛争を抑止するために分水制を採用していたが、用水井口の口開けは上使立会のもとに行わせていた。用水施設の管理にも、大名権力の使節が深く関わっていたのである。[37] 土岐氏や斎藤氏の事例に明らかなように、戦国大名は裁判で決

定した判決を実行し、地域の秩序を「平和」的に維持するために、大名直属の使節を派遣していたことは明らかであり、またその点に、室町期までとは異なる戦国大名裁判の画期性を認めることができよう。[38] しかし、戦国大名の裁定は、大名側の強制力だけに裏付けられていたわけではなかった。

〔史料9〕永禄九年六月四日　浅井長政書状（「富田文書」表No.57）

去々年以来、井水之儀、小今村存分申ニ付而、遂詮作候、隣郷者対起請文申上者、近年有来筋目、向後聊不可有異儀候、謹言、

永禄九

六月四日　　　浅井

長政（花押）

馬渡上下並富田

百姓中

史料9では、浅井氏が小今村の申し出を受けて事情を詮索し、裁決を下したものであるが、ここで注目されることは「隣郷者対起請文申上者」と記されていることである。これは、浅井氏が状況を調査したところ、その用水に関して隣郷の者が証言をしたことにより、浅井氏はそれを基準として「近年有来筋目」にて裁定した、と読み取れる。このことから、戦国大名の裁定が隣郷との合意、すなわち地域で承認された先例を重視して行われていたことがわかるとともに、一方で戦国大名の裁定が隣郷との関係によって保証されていたことを指摘できよう。史料9にみえる隣郷の仲裁は、在地においてすでに行われていた村落間相論の解決方法であった。つまり、戦国大名裁定は、在地における口入体制をもとに、さらにその上に戦国大名による検分や強制を加えることで解決されるものだったということである。

そして大名の裁定は、隣郷の合意に支えられ、これまでの先例を統合した新たな先例として確立していく。村は大名裁定を求めたことにより、その遵守を強制されることになるが、それは本来村落間において激しく争われていた武力闘争や報復行為の回避を可能にした。大名のみならず隣郷にも承認された用益慣行の基準は、基本的には裁定を下した権力が存続している間は継承されるものであった。しかし、その裁定は相論当事者の一方の権益を損なう可能性を孕んでいたため、権力者が変わるとまた新たに訴訟があげられるようになる。

確かに、大名の裁定とはいっても実際には様々に存在した先例のなかから、尋問と実検さらには近隣における合意の結果から新たな基準を設定していくため、それはある意味で一時的な合意でしかなく、相論自体の根本的な解決とはならなかった。だが、そこで作られた大名の裁定は、その後の相論において「先例」として活用されていくのである。新しく入ってきた権力の法廷に訴訟が提起されても、大名裁定によって地域の慣習化した先例は、現行の用益慣行として権力側に提示されるとともに、史料9のように権力側によって隣郷の承認が確認され、また実検が行われることによって、多少の修正を行いながら新たな権力の安堵を獲得していく。その意味において、大名の裁定によって確立した先例は、その後の相論における先例の起点となり、権力者が交代しても在地において規定的な意味をもつものであったといえよう(39)。

以上のように大名裁定の画期性は、大名法廷における尋問と実検、さらに強制力を伴った執行にみいだすことができ、また規定性は大名裁定による先例の一本化やそれに対する隣郷の承認によって、その後の先例の基準となった点に求めることができよう。だが、それによってすべての用益相論が解決し、村落間相論が停止されたわけではなかった。史料3においても、草をめぐって「打擲」が行われ「其内一両人、大略可罷過」という状況になった後に訴訟が起こされている。こうした在地の実態は、依然として村落間相論が実力行使によって解決されていたことを示していよう。

確かに、戦国大名や豊臣権力による裁判は、村落間相論における自力の惨禍から百姓を解放するという機能に、在地側が同意を与えた結果として生み出されてくるものであった。しかし、戦国期においてはいまだ自力救済の道も紛争解決の手段として存在しており、裁判は村落間相論を解決するための一つの方法として在地側に選択されたものであった。おそらく、大名裁判にあげられず、武力行使や近隣第三者の仲介によって解決をみた相論も多く存在したことであろう。豊臣政権を経て、江戸時代には訴訟制度が整えられていくことになったように、村の紛争解決法の上に戦国大名への訴訟を位置づけ、これまで自力救済によって絶えず生み出されていた犠牲に対し、訴訟による自力の抑制という側面から対応したところに、戦国大名権力の歴史的段階をみることができる。

## おわりに

戦国大名が実現した裁判による紛争解決は、豊臣政権においてより一層徹底化され、村の自力による紛争解決は喧嘩停止令によって「罪科」とされていく。そのため、その後江戸時代にかけて、徐々に訴訟による紛争解決が定着していくこととなり、訴訟に不利益となる自力はしだいに村の側においても抑制されるようになる。だが、自力に代わる方法としての訴訟は、自力の否定によって年々増加して処理が進まない上に、双方が先例を主張する裁判では、なかなか根本的な解決が見込まれない。そうした江戸時代初期の状況は、一方で訴訟による紛争解決を困難にしていき、江戸幕府によって「内済」による紛争解決が行われていくようになる(40)。

「内済」とは、一度訴訟にあげられた案件が、第三者である在地の有力者に預けられ、双方の妥協点をみいだして解決を図る方法である。いわば、在地側の自力に委ねられた形になるわけであるが、そのような「内済」を生み出していった江戸時代初期の裁判方法については、まだそれほど研究が行われていない(41)。江戸時代初期の裁判は、戦国大名裁判が定着し浸透した結果の到達点と捉えられることから、それがどのような方法で行われ、どこに限界があったのか、という点を追究していくことは、戦国大名裁判の歴史的段階を見極める上でも必要となるだろう。いいかえれば、江戸時代初期の裁判の具体像を明らかにすることで、戦国大名権力の特質がより明確にみえてくることになるということである。本章では、その点まで見通すことができなかったため、すべて今後の課題としたい。

## 註

(1) 代表的なものとして、石母田正「解説」(『日本思想大系21中世政治社会思想　上』所収、岩波書店、一九七二年)。なお、特に注記がない場合、本章で引用する分国法は同書による。
(2) 勝俣鎮夫「戦国法」(同『戦国法成立史論』所収、東京大学出版会、一九七九年、初出一九七六年)。
(3) この点は、戦国大名家中の成立を論じた峰岸純夫「戦国時代の「領」と領国―上野国新田領と後北条氏―」(同『中世の東国―地域と権力―』所収、東京大学出版会、一九八九年、初出一九六九年)にも共通している。
(4) 拙稿「地域権力の家中形成とその背景」(同『中近世移行期における村の生存と土豪』所収、校倉書房、二〇〇九年、初出二〇〇一年)。
(5) 藤木久志「豊臣喧嘩停止令の発見」(同『豊臣平和令と戦国社会』所収、東京大学出版会、一九八五年、初出一九八三年)・同「村の越訴」(同『村と領主の戦国世界』所収、東京大学出版会、一九九七年、初出一九八七年)、稲葉継陽「用水相論と地域財政の展開」(同『戦国時代の荘園制と村落』所収、校倉書房、一九九八年)・同「中世史における戦争と平和」（同『日本近世社会形成史論―戦国時代論の射程』所収、校倉書房、二〇〇九年、初出一九九九年）。

（6）『大日本古文書　家わけ第八　毛利家文書之二』所収。以下、毛利家文書は同書による。

（7）毛利家中の形成過程については、松浦義則「戦国期毛利「家中」の成立」（広島史学研究会編『史学研究五十周年記念論叢　日本編』所収、福武書店、一九八〇年）、菊池浩幸「戦国期「家中」の歴史的性格」（『歴史学研究』七四八号、二〇〇一年）を参照。

（8）なお、家臣同士の争いについての裁定基準は、戦国大名の間で若干の相違がみられる。例えば伊達氏の「塵芥集」第三八条では、喧嘩で人が斬られた場合、負傷した人数の多い方の勝訴とするが、喧嘩を仕掛けた側が明らかな場合は、負傷者が多くても「懸手」を処罰するという「古戦防戦法」を基準としている。一方で、駿河の戦国大名今川氏の「今川仮名目録」第八条では、「喧嘩に及輩、不論理非、両方共に可行死罪也」と、いわゆる「喧嘩両成敗」の原則を提示している。一概に戦国大名といっても、裁定法については若干の指向の違いをみることができよう。こうした違いについては、戦国大名権力の性格の問題として別に位置づけていく必要があるが、重要なことは分国法の制定によって戦国大名が求めたことが何であったか、ということであろう。「今川仮名目録」においても、先にみた「六角氏式目」や「塵芥集」に載せられた条項と同様に、喧嘩になった場合も応戦せずに我慢して、戦国大名へ注進することを求めている。このことから考えれば、清水克行『喧嘩両成敗の誕生』（講談社選書メチエ、二〇〇六年）にも述べられているように、処罰法については戦国大名によってさまざまであったとはいえ、分国法を定めた戦国大名の主眼は、武力を伴った家中間の闘争を未然に防ぐことにあったと捉えられよう。

（9）菊池浩幸「戦国期人返法の一性格―安芸国を中心として―」（『歴史評論』五二三号、一九九三年）。

（10）宮崎克則『大名権力と走り者の研究』（校倉書房、一九九五年）。

（11）則竹雄一「戦国期駿豆境界地域の大名権力と民衆─天正年間を中心に─」（同『戦国大名領国の権力構造』所収、吉川弘文館、二〇〇五年、初出一九九九年）。

（12）稲葉継陽「村の再開発と名主」（同『戦国時代の荘園制と村落』所収、校倉書房、一九九八年、初出一九九七年）、拙稿「土豪の生態と村・大名」（同前掲註（4）著書所収、初出二〇〇四年）。

（13）鈴木将典「被官の安堵─甲斐武田領国における武家奉公人と在地相論─」（『日本歴史』七〇一号、二〇〇六年）。

（14）南北朝期から戦国期までの人返について検討した呉座勇一「領主の一揆と被官・下人・百姓」（同『日本中世の領主一揆』所収、思文閣出版、二〇一四年、初出二〇〇八年）は、被官を主要な対象としていた室町期の人返が、戦国期には下人・百姓にまで広げられていったことを指摘し、軍役・労働力確保を目指した戦国期の人返の画期性に、室町期の国衆連合と戦国大名権力との段階差をみている。こうした研究に照らせば、在地の問題や領国内に居住する人々までをも人返の対象とした戦国大名権力の特質が浮かび上がってこよう。ただ、呉座氏も指摘するように、これまでの研究においては、人返の対象を時代別に腑分けしてこなかった。実際に、戦国期の人返は、さまざまバリエーションがみられるが、そうした人返の具体的な実状については、今後の検討課題になると考えている。

（15）藤木久志「戦国法の形成過程」（同『戦国社会史論』所収、東京大学出版会、一九七四年、初出一九六七年）・同「在地法と農民支配」（同前書所収、初出一九六九年）など。

（16）もちろん、家中間の相論は人返の問題に限られない。家中間の貸借問題や所領問題、「家」内部の相続問題や密懐の問題など、その内容は多岐にわたる。本章ですべてを取り上げることはできないので、代表的な人返の問題を取り上げて検討した。

（17）藤木久志「中世後期の村落間相論」（同『豊臣平和令と戦国社会』所収、東京大学出版会、一九八五年）は、村落間相

論が領主間相論に発展する過程について検討している。

(18) 磯田道史「近世村落成立期の農業と藩―山野政策をめぐって―」(岡山藩研究会編『藩世界の意識と関係』所収、岩田書院、二〇〇〇年)。なお磯田氏は、十七世紀以降、牛馬の利用は、耕作面のみならず肥料の面で重視されていくようになると指摘している。

(19) 藤木前掲註(17)論文。

(20) 過剰な山用益の利用が、山の資源を枯渇させる状況については、高木徳郎『日本中世地域環境史の研究』(校倉書房、二〇〇八年)において詳細に分析されている。

(21) たとえば、湖西の小松・打下両村による、鵜川をめぐる相論においては、室町初期には山における柴・草・木材を争う相論であったものが、戦国から江戸時代になると、山に開かれた耕地や、山から切り出した石をめぐって争うに至っている(拙稿「湖西の村の「生存史」―鵜川をめぐる小松・打下の三百年闘争―」蔵持重裕編『中世の紛争と地域社会』所収、岩田書院、二〇〇九年)。

(22) たとえば、天文二十四年七月二十三日井奉行平井九郎衛門尉・竹本太郎次郎連署起請文写(表№42)には、井関をどのような素材で立て、飢水のときには、その井関をどのくらい開くのか、などについて細かく定めている。なお、この文書については第六章を参照。

(23) なお、「塵芥集」には、用水に関わる条項が多く、その内容の詳細さからは、水をめぐる相論が深刻かつ複雑な状況にあったことが想定される。また、「塵芥集」第八四条～九一条の条文のなかには、用水問題のみならず、「万人の飲水」としての川利用についても定められている。「塵芥集」の飲料水規定に関しては、遠藤ゆり子「「塵芥集」用水規定を通してみる戦国大名」(『六軒丁中世史研究』一三号、二〇〇八年)において詳しく検討されている。

(24) 本項では、史料1の「井手溝道」を「井手」「溝」「道」と分けて解釈した。だが、戦国大名の分国法のなかで、一つの条文のなかに用水施設と道の問題が一緒に記されることはなく、先行研究でも「井手溝道」は、単に用水の問題として処理されてきた。だが、「溝道」という言葉は、他の史料にも、辞典類にもみられず、「溝道」という言葉で用水を示している事例は確認できない。また、史料1と同様に、家臣の熊谷直元を誅伐したのちに、史料1とほぼ同様の条項を家中連署で承認して作成した慶長十一年十二月十四日福原廣俊外八百十九名連署起請文(「毛利家文書」一二八四)には、「山河大道之儀」(第一三条)と、道についての条文がはっきりと記されている。したがって、本項では「溝」を「溝」と「道」とに分けて分析を進めることにする。

(25) 東島誠『公共圏の歴史的創造』(東京大学出版会、二〇〇〇年)。

(26) 松浦前掲註(7)論文。

(27) 高時川用水の相論に関しては本書第六章「用水相論の実態と戦国大名権力」を参照。

(28) また南近江の六角氏は、提訴の際に「訴訟銭」と「目安状」を「奉行所」に提出するように定めている(「六角氏式目」第六三条)。

(29) このような北条氏や今川氏の訴訟制度に関しては、久保健一郎「戦国大名領国における訴訟と裁許」(同『戦国大名と公儀』所収、校倉書房、二〇〇一年)に詳しい。

(30) 浅井氏法廷において、登城させて事情聞くという姿勢は、村落間相論に限らず、さまざまな案件で散見される。表No.16・34・43・46・47・60などがそれにあたる。また、越前国の朝倉氏においても同様に、村落間相論について百姓からの「目安」をうけて、百姓を一乗谷に「出谷」させて訴訟を行っている(功刀俊宏「戦国大名朝倉氏の村落支配―境界・入会地相論と用水相論の視点から―」『戦国大名研究』七〇号、二〇一五年)。

(31)　永禄元年五月十九日保内商人申状案（「今堀日吉神社文書」五九四『今堀日吉神社文書集成』）。なお、六角氏への解答は、六月十四日に進上されて以後、八月二十九日に書き直して再び進上され、八月晦日には布施公雄に提出されていたことが同文書に記されている。

(32)　（永禄元年）九月二十六日枝村惣中申状案（「今堀日吉神社文書」二〇一『今堀日吉神社文書集成』）。

(33)　浅井氏領国でも、「上使喧嘩」で菅浦村の百姓が討死した件について、「備前守《（浅井長政）》可被尋候、被成其心得候」と、菅浦村は後で浅井長政から質問されるので準備しておくように命じられている（表№59）。浅井氏の裁判においても、実際に当主から質問が出されていたことをうかがえよう。

(34)　天文二十二年八月吉日井水立様諸仕置覚書案（表№29）・前掲註(22)史料（表№42）。

(35)　三好長慶の裁判については、高橋敏子「東寺僧と公文所との相論にみる三好政権」（東寺文書研究会編『東寺文書にみる中世社会』所収、東京堂出版、一九九九年）、天野忠幸「三好氏の畿内支配とその構造」（同『増補版　戦国三好政権の研究』所収、二〇一五年、初出二〇〇六年）において分析されている。また、ここで明らかにされた三好氏権力は、戦国大名や国衆といった戦国期地域権力と同質の性格をもつ存在であったと捉えられる。なお、史料7の翻刻においては東京大学史料編纂所写真帳を参照した。

(36)　（永禄二年）用水相論裁許絵図絵図（「郡家区有文書」東京大学史料編纂所所蔵写真帳）。

(37)　美濃国の事例に関しては、高牧實「灌漑用水の用益」（同『幕藩制確立期の村落』所収、吉川弘文館、一九七三年）。

(38)　ただし、室町幕府が、判決結果の強制執行をまったく行っていなかったわけではない。特に、六代将軍足利義教期には、幕府裁定に従わない在地に対する強制執行を行っている事例が存在する。たとえば、小松と打下との鵜川をめぐる永享八年の相論では、湯起請の結果、小松の勝訴となったにもかかわらず、その結果に従わずにたびたび鵜川に乱入した打下に対して、室町幕府は延暦寺の山徒を在地に派遣して処罰している(「伊藤泰詮家文書」『志賀町史　第四巻』)。判決結果を権力として執行するという点に、戦国大名と同様の志向性を読み取れるが、派遣されたのは当該地域で力を持っていた山徒であり、室町幕府の役人ではなかった。この点に戦国大名の判決執行方法との違いがうかがえよう。なお、室町幕府の強制執行は、義教期に存在するが、義政期にはみられないようである。義教期を戦国の前段階と捉えるのか、室町期独自のあり方と捉えるかは、今後さらなる追究が必要となるであろう。

(39)　確かに、すべての相論が大名裁定による先例によって裁決されたわけではない。だが、かなりの部分は前の地域権力が裁定した基準を前提に裁定していくものと思われる。それは、大名裁定が実検によって裁決をしていたことや、その裁定が地域の先例となっていたことに由来しよう。裁定結果を覆すためには、新たに何らかの地域の合意を取りつけるか、あるいは小松と打下の相論が山論から郡境相論、そして耕地の領有相論へ展開していったように、相論の論点をずらすという操作が必要であったと考えられる。

(40)　内済に関しては、主に法制史の分野で研究が進められているが、ここでは宮島敬一「近世農民支配の成立について(二)—中世在地法の「否定」と「内済」—」(『地方史研究』一七一号、一九八一年)をあげておく。

(41)　江戸時代の訴訟について扱ったものとして、高橋敏『江戸の訴訟』(岩波新書、一九九六年)があげられるが、事例としては、訴訟過程について詳しく記されるようになる江戸時代後期が中心である。

# 第八章　惣国一揆権力の紛争裁定

## はじめに

戦国期の惣国一揆研究は、一九八〇年代以降における戦国大名研究の展開とともに深められ、現在では惣国一揆は、戦国大名とは権力編成が異なるが、戦国期に戦国大名と並存していた地域権力であったと位置づけられている。なかでも池上裕子氏は、惣国一揆の権力編成を、支配階級である国人の一揆と惣村を拠点とする土民の一揆が、剰余の分配や支配関係における対立を内包しつつ、国人一揆の主導のもとに連帯したものと捉え、また両者の連合が形成された要因を、国人・惣村両者の共通目的であった他国勢の侵入に対する防衛に求めている(1)。さらに池上氏は、このような構造をもつ惣国一揆が惣国内の百姓を軍事動員していたことや、またその動員の具体的なあり方が、戦国大名のもつ百姓動員の権限と同じであったとし、この側面を戦国期惣国一揆の到達点として評価する。池上氏の研究により、戦国期の惣国一揆は、戦国期という時代に特有の構造や権力的性格をもった、自立的な権力体として位置づけられたといえよう(2)。

この流れを基本的に受け継ぐものに、湯浅治久氏の研究がある(3)。湯浅氏も、池上氏と同様に、惣国一揆の構造を領主の一揆と在地の一揆が結合したものと捉えるのであるが、そこで論点とすべきは、戦国期の一揆が村を含み込んで成立する意味、すなわち領主と村との合意が形成される要因を問うことであるという。この問題について湯浅氏は、藤木久志氏の領主の「危機管理」論[4]を導入し、危機的状況下においてはじめて、平時における領主―村落関係とは異なる、地域防衛を共通目的とした両者の合意が形成されたとする。そして、その結合を、村の武力をも含み込んだ「全領域的な地域的防衛システム」であると位置づけると共に、平時では対立をし、せめぎあう領主と村との結合が成立する具体的媒介として、領主と村の間に位置する「侍」層を想定する。湯浅氏の研究は、惣国一揆の成立要因としての領主と村の合意の形成を、村論の展開により明らかにされた当該期の在地の状況を視野に入れて捉えようとしている。

さらに、久留島典子氏も、戦国期権力の本質を追究する中で、惣国一揆についての見解を示している[5]。久留島氏は、領主の一揆という視点から、権力編成の内実や変遷・転換の過程・要因を分析し、所領保全を属性とする領主の一揆が国人一揆から被官の一揆、そして家中の形成から広域の一揆連合へと展開していくという、戦国期における「家」権力の形成過程を明示した。そしてその中で、惣国一揆も所領保全を本質とする権力として、戦国大名などの「家」権力と同質の権力であると捉え、両者の違いは一個の「家」権力への結集か、土豪同士の横への連合かという、いわば結集のあり方の違いにすぎないとする。また、惣国一揆が形成される地域において、本来小地域で完結しているはずの土豪の一揆が惣国へと結集していく要因として、対外的軍事的緊張状況における郷土防衛をあげ、また百姓との合意は、戦乱状況の中で「二重成し」を回避するという領主の責務を果たす限りおいて形成されると捉えている。久留島氏の研究により、惣国一揆は戦国期に併存していた戦国大名などの「家」権力と同質の権力として捉えうること[6]や、惣国一揆権力においても、「二重成し」を回避して村落の再生産を維持することにより、村にとっての「公」権力になりえたことが提示されたといえよう。

それに対して、池上氏や湯浅氏のように、惣国一揆を領主の一揆と村の一揆との一時的結合と捉える見解は、平時において領主と村落とは対立関係にあり、領主による強制的な村支配を日常と捉える考え方が前提となっていた。すなわち、領主と村は各々の利害をめぐって日常的には対立する存在であり、そうした状況では両者が結合する場は基本的には形成されないと理解するが故に、戦時下の危機的状況という両者の合意の場を想定するのである。確かに、領主と村との間には厳然たる支配関係が存在するが、近年における村論によって村落間相論の実態が浮き彫りにされ、領主のもつ暴力性のみで村支配をなしえない状況が明らかにされた現段階においては、まず領主による村支配が具体的にどのように成り立っていたのかを解明する必要があるのではないだろうか。先にあげた藤木氏の研究では、領主による支配、具体的には年貢等の収取が維持され、村の再生産が維持されていく要因として、「領主の責務」や「危機管理」があげられているのであり、それこそが階級支配を維持するための領主の行動であったと捉えられよう。

久留島氏の見解は、藤木氏の研究をふまえた上で、当該期の村が抱えていた、戦乱地域における領主同士の当知行をめぐる争いによって起こる「二重成し」を回避し、その地域の平和を維持するという領主の責務を果たすことに、領主支配実現の要因をみようとする。こうした視点は、さらに具体的な事例から深めていくべきものであると考えるが、領主の責務が求められるのは戦乱時のみには限られないことからすれば、今後は領主支配の内実を追究するという視点から、領主と村の日常的な関係をも視野に入れた上で、村を含み込んで成立する惣国一揆の実態を解明していかなければならないと考える。また、近年では、地域権力論の進展によって、戦国大名などの戦国期地域権力や豊臣政権が、平時においては村の自力による権益維持を抑制し、裁判によって村落間相論を調停するという機能を果たすことによって、村までを含んだ領内における「公」権力として存立していたと捉えられてきている(7)。久留島氏がいうように、惣国一揆も「家」権力と権力的本質が同じであると捉えるならば、惣国一揆と村とが日常的にどのような関係にあったのか、またこのような権力がどのようにして生み出されてくるのか、という問題について追究していく必要があるだろう。

そこで、本章では、惣国一揆が形成される地域における、領主と村との平時での関係を検討し、そこから惣国一揆権力の権力的本質やその成立過程・要因を探っていきたい。具体的な事例としては、甲賀郡中惣を事例として取り上げ、特に紛争解決の実態を分析することで、この課題の解明につとめたいと考える。甲賀郡中惣は、早くから注目され、多くの研究成果があげられていることで有名である(8)。それは、土豪の一揆結合が「同名中」から「三方」「郡中惣」へと拡大していく過程を、ある程度みることができるからである。だが、これまでの研究では、主要な論点が惣国一揆を構成する土豪層の性格規定におかれていたため、土豪の一揆についても、小領主あるいは在地領主による個別百姓支配のための経済外強制を実現した組織と捉えられてきた。だが、個別百姓支配のための経済外強制としての連合という視点が、村の実態が明らかにされた現段階において想定しがたくなっている以上は、土豪の一揆の本質についても再検討していく必要があると考える。

## 第一節　他氏同名中との相論裁定方法

戦国期の甲賀郡における相論の事例は、はやくから注目されている。例えば、村田修三氏は、用水や境をめぐる相論に際して、近隣の土豪が連合して調停にあたっていたことを指摘し、当時の甲賀郡内には土豪連合による裁定組織が存在していたことを主張している(9)。また宮島敬一氏は、①相論裁定組織が、相論の調停に介入して是非の判決を下す「判者衆」と、そのもとで相論当事者の主張を仲介・斡旋する「走廻衆」とによって構成されていたこと、②裁定者は相論当事者の主張を審査した上で、多数意見によって裁定状である「異見状」を発給し、両者の和解を仲介したこと、③裁定者による裁定は、従わなかった場合に同名中や三方からの追放という制裁を伴う、同名中・三方等の組織に保証されたものであったこと、などを明らかにしている(10)。これらの研究により、近隣土豪の「異見」による相論裁定の方法や裁定組織の構造、また同名中等の組織による強制を伴った裁定執行の様子が、具体的に解明されてきたといえよう(11)。しかし、これまでの研究においては、甲賀郡内に発生した相論を、同名中内部や同名中領内における相論と他氏同名中との間に発生した相論とに区別せず、すべて同一の性質のものとして分析していた。そのため、近隣土豪の「異見」による裁定がどのような相論の場合に行われるのかという問題については具体的な言及がなく、むしろ甲賀郡内における相論全般が、近隣裁定によって調停されていたと捉えているように見受けられる。

こうした研究状況は、当時における土豪の基本的性格の捉え方に深く関わっていると思われる。具体的には、これまで土豪は、用水の支配や村から加地子収取を行う村の支配階級として、あるいは領域的支配を行う領主身分として位置づけられてきた。また、土豪が横に連合する要因についても、土豪による個別百姓支配の側面から説明され、個々の土豪による個別百姓支配の限界性が彼らを連合へと向かわせたと捉えられている。その結果、甲賀郡においては、個別百姓支配を相互に補完する基礎単位としての「同名中」、そしてその発展形としての「三方」「郡中惣」という三段階の土豪連合が形成されたといわれている(12)。従来の研究は、こうした個別百姓支配を目的とした土豪連合の成立を前提としているため、相論裁定の問題についても、三方や郡中惣という相論裁定組織が、郡内における相論全般を裁定するものと想定され(13)、同名中内部の相論と他氏同名中との相論が区別されることなく論じられているのである。

しかし、先にも述べたように、用水支配を維持するための土豪連合や、経済外強制による加地子収取および村支配を目指した土豪の「地域的一揆」体制という状況が相定しづらい以上、同名中や三方・郡中物といった土豪連合の内実について、またそうした連合を前提に立論されていた相論裁定組織の性格についても、再検討する必要があるのではないだろうか。すなわち、こうした土豪連合の展開を発展段階的に捉えるのではなく、当該期の在地状況をふまえて、彼等が結集する根本的要因や連合体としての機能を解明していかなければならないと考えるのである。そのためにはまず、これまでの研究でも土豪連合の基本単位と位置づけられている同名中について具体的に分析し、その構造や機能を解明していかなければならないといえよう。

同名中の構造・機能に関しては、すでに別稿において分析を加えている。そこでは、①同名中構成員である個々の土豪が、村落間における用益争いを根源とした同名同士の紛争を深刻な問題として抱えていたこと、②これらの問題が契機となって、同名中という紛争抑止を目的とした結合を成立させたこと、③そのようにして成立した同名中組織は、同名中領内の相論裁定を機能とすることで領内における地域権力＝「公」権力として確立し、領内の平和維持・再生産維持を担ったこと、④同名中組織によるこうした機能が、危機的状況下において領内の百姓を動員する正当性になっていたこと、などを指摘した[14]。このように考えれば、同名中領内に発生した相論は、同名中組織によって裁定されるのが基本であったといえる。したがって、同名中内部の問題とそれ以外のところで発生した問題、すなわち他氏同名中との相論とでは、相論を調停する主体や裁定方法が異なってくることが予想されよう。つまり、同名中としての調停機能と、それが及ばない場合の調停方法を明確に区別し、その上で具体的な相論の要因や展開過程を分析していく必要がある、ということである。そうすることにより、同名中の裁定と近隣裁定との違い、ひいては近隣同名中との結合の内実や三方・郡中惣への連合の契機・要因がみえてくるものと考える。

同名中組織の相論裁定方法は、領内に発生した相論では、同名中奉行が相論当事者双方から主張や証拠文書をとりまとめ、その上で奉行中が厳密に調査し、多数決により裁定を下すものであった。また、同名中組織は、同名中構成員同士の紛争を回避する目的で、彼らの自己規制を伴って成立したものであったため、同名中奉行の異見はその構成員に対して強制力を持つことになり、その強制力のもとに実際に裁定が執行されることになる。こうした同名中の紛争裁定は、同じ同名中組織に随っている領内の者に対して機能するものであり、それ以外の他氏同名中領に所属している者に対しては意味をなさないものである。そこでまず、他氏同名中との間に起こった相論を取り上げ、その解決法を確認する。

〔史料1〕（年未詳）八月十日　山中同名奉行中惣書状（「山中文書」三五七）[15]

態申候、仍内貴黒雲軒与六郎（山中）左衛門尉理非之儀付、明日午刻ニ前之走廻両人可被出由候、無御遅若宮迄可御出候、此由両家走舞中より、過夜子刻ニ申承候、則内貴より之走廻も可被出旨候、此等趣六郎左衛門尉へも申遣候へ共、定而不可相調候、縦調不申共、必々可被出候、若無御出候へ者、弓矢相破申候、御油断有間敷候、恐々謹言、

奉行中

八月十日　惣（花押）

大和守（山中俊好カ）殿

橘丞殿

御宿所

「山中文書」において、宛所等に名字が付されない場合は、同名中内部における文書のやりとりであることが、宮島氏によって明らかにされている。したがって、史料1の「奉行中惣」は山中同名中の奉行であることがわかる。この史料1は、内貴同名中構成員と山中六郎左衛門尉が「理非」の相論となったことに対し、明日午刻に「前之走廻両人」が若宮まで出てくるようにと、「両家走舞中」から要請されているものである。史料1からは、この相論が内貴

同名中と山中同名中という、それぞれ違う同名中に所属する者同士の相論であり、それが「両家走舞中」＝山中同名中と内貴同名中から選出された代表者によって調停されようとしていることがわかる。そして、「前之走廻両人」とあることから、おそらく両者の相論は以前にも起こっていたと思われ、今回この相論を解決する際にも、以前に調停した「前之走廻両人」の協力が、各同名中の「奉行中」を通じて求められている。さらに、「両家走舞中」や「内貴より之走廻も可被出旨候」とあることからすれば、走廻衆は各同名中からそれぞれ出されるものであり、この宛所にみえる「大和守」と「橘丞」の両人は、山中同名中側の「前之走廻両人」であったと考えられる。

この事例から、他氏同名中との相論は、以前の走廻衆の異見を聞きつつ、両家から二人ずつ出された「走廻（舞）」衆によって調停されていたことが読みとれる(16)。つまり、こうした他氏同名中との相論は、相論当事者である双方の同名中組織によって裁定されていたといえよう。そして、史料1で注目されるのが、「若無御出候へ者、弓矢相破申候」（波線部）という文言である。これは、以前の走廻衆の協力が得られなければ、調停どころか同名中同士の「弓矢」を伴った合戦が避けられない、緊迫した状況へ発展することを示しているといえよう。史料1は、両家走廻衆による調停の重要性と共に、同名中構成員の相論から発展した両同名中間の対立の激しさを物語っているのである。おそらく両者にとって、武力を伴う合戦は、甚大な損害を覚悟しなければならないため、極力避けたい事態であったと考えられよう。そのことが、両同名中を合戦による決着ではなく、調停による解決へと導いたのではないだろうか。このように、両者の調停が合戦に至るぎりぎりのところで結ばれていたために、走廻衆による協力要請は、各同名中の奉行衆を通じて同名中組織の紛争裁定機能に働きかけ、同名中構成員に対する強制力を背景に命じられているのであろう。

このようにして、他氏同名中との相論は両家の走廻衆によって調停が図られるのであるが、その裁定は走廻衆から「異見之状」として相論当事者に下されることになる。

〔史料2〕天文二十三年三月二十四日　山中昌俊等連署異見条々（「山中文書」二一六）

今度美濃部富河方与未進之儀御構付而、双方御任候条、異見申候事、

一、唯今現米参石のふん、ミの〳〵富河方へ御渡し候て、作職之儀永代それへ可有御知行候、然者証文・同徳政状二通のふん、富河方へ申付候間、証文被成御取候て、米之儀御渡しあるへく候、仍為後日異見之状如件、

盛右衛門尉

天文廿三甲寅年三月廿四日　昌俊（花押）

福西

俊清（花押）

（山中俊好）
大和守殿
まいる

史料2は、美濃部富河方と山中俊好の相論に対して、史料1と同様に、双方の同名中組織の異見による裁定が行われたものである。ここで、山中同名中である「盛右衛門昌俊」と「福西俊清」両人が、「双方御任候条、異見申候」と、相論当事者双方から委任されて異見を申していることから考えれば、彼らが山中同名中側の走廻衆としてこの相論の調停にあたっていた人物であろう。そして、おそらく彼らは、美濃部同名中からの走廻衆と調停内容を話し合って決定した後に、この史料2の「異見之状」を下したものと考えられる。このことから、走廻衆による裁定は、それぞれの走廻衆から相論当事者に伝えられていたことがわかる。また、走廻衆からの「異見之状」による裁定に同名中奉行からの異見状が副えられる場合もあった。

〔史料3〕永禄十年十二月十八日　山中同名奉行中惣異見状（「山中文書」二三八）

美濃部大谷方与御構之儀付而、走舞中より異見被申候間、如判状之可被成御同心候、万一無御承引候ハヽ、同名中ヲ違可申者也、

右旨私曲偽申候ハヽ、此起請文之御罰可能〔罷〕蒙者也、仍起請文前書如件、

奉行中

永禄十丁卯年十二月十八日　惣（花押）

（山中俊好）大和守殿

まいる

柏木百姓中

史料3からは、美濃部大谷方と山中俊好との相論が、「走舞中」からの異見により裁定されていることがうかがえると共に、山中同名中の奉行中惣が「走舞中」から出された「判状」＝裁定（史料2のような文書）に同心するように命じていることがわかる。つまり、この史料3は、走廻衆からの「判状」を同名中として保証したものと捉えられよう。そして、注目されるのが、「万一無御承引候ハヽ、同名中ヲ違可申者也」（波線部）という記述である。同名中組織が「公」権力として同名中構成員や領内百姓の生命を保証していた状況から考えれば、同名中からのパージという制裁は、同名中領内に所属する者としての存在を否定することであり、同名中の合力がえられない、生命の危機にもつながる問題であった。それが、走廻衆の「判状」を保証するこの史料3において述べられているのは、同名中奉行の強制力によりこの裁定を執行しようとしているためであろう。したがって走廻衆の異見による裁定においても、同名中組織による保証を付与することで、同名中領内における相論と同様に、相論当事者が従わなければならないという強制力を伴って執行されるものであったと捉えられよう。

以上の分析から、他氏同名中との相論は、相論当事者が所属する両家同名中から出された異見衆としての走廻衆両人が話し合いによって調停し（史料1）、その内容を「判状」に記してそれぞれの当事者に伝えるものであったことがわかる（史料2）。そして、このような相論調停法は同名中組織による紛争裁定機能を背景としていたため、裁定には同名中の強制力が伴っていた（史料3）。つまり、他氏同名中との紛争調停は、同名中組織の裁定執行を前提に、両者が交渉することで成り立っていたといえよう。こうした相論の要因は多岐にわたると思われるが、ひとつ注目しておきたいのが史料3である。ここでは具体的な相論内容については記されていないが、この史料が山中俊好と共に「柏木百姓中」に宛てられていることを考え合わせれば、直接の相論当事者としては山中俊好と美濃部大谷方という土豪同士であっても、それは百姓中が関与する相論であったと想定できる。同名中構成員は、村落間相論を根源として他氏同名中と相論することもあり、またそれを調停できなければ「弓矢相破申」（史料1）という事態に陥る可能性があったのである。他氏同名中との合戦にまで発展しかねない村落間相論を含むあらゆる問題が、双方の走廻衆による調停、同名中組織の強制力による裁定執行という相論解決法を生みだしたと捉えられよう。

## 第二節　近隣裁定の方法とその位置

同名中領内を越える他所＝他氏同名中領との相論は、基本的に両同名中間において和解点が模索され、解決を目指すものであったことが明らかとなった。しかし、甲賀郡内の相論には、相論当事者が所属する同名中同士の交渉によってではなく、近隣の第三者が裁定にあたっている事例がみられる。こうした事例は、両同名中による裁定が何らかの理由で不可能となってしまったため、近隣の裁定に委ねられたものと想定されるが、それではどのようなときに近隣による裁定が行われたのであろうか。

〔史料4〕永禄八年六月二十九日　山中・伴・美濃部三方異見状（「山中文書」四〇六）

今度(a)石部三郷与井水之儀ニ付而異見申条々

一、(b)本訴之儀者、前之判者衆之被得御異見之、可被相果候事、

一、(c)檜物名主中二階門悉被伐破、可有放火候、若二階門無之候者、内門ヲ可有放火候、(d)并本人名主中家次一人宛、墨衣入道にて、石部三郷名主中得、河田宮鳥居之前にて、可有御礼儀候之事、

一、(e)檜物百姓本人年老次第ニ家三十間可有放火候、(f)然者彼方身寄五人・同人夫二十人被出候へと申付候間、各々罷下同前ニ放火可仕候、然者来十日ニ各々罷下御取合可申候、(g)万一於無御同心者、各々彼方江片付可申事、

右之旨、無贔屓偏頗異見申候、若私曲偽於在之者、此霊社起請文御罰ヲ深厚可蒙罷者也、仍前書如件、

〔史料5〕永禄八年六月二十九日　山中・伴・美濃部三方異見状案（「山中文書」一二三二）

（前欠）

御請取御無事候様ニ、石部三郷之御本人衆御教訓候て、(h)弓矢之御難有間敷候、若此旨私曲偽在之者、此起請文之御罰深厚可蒙罷者也、仍起請文前書如件、

山中
惣
永禄八乙丑年六月廿九日　伴
惣
案文　美濃部
惣

〔史料6〕永禄八年七月二日　八郷高野惣等連署異見状（「山本順蔵氏所蔵文書」『甲賀郡志　上巻』）

条々

一、石部三郷と御取合之儀に付而、（i）伴・山中・美濃部為三方異見上申如判状候、落居して（j）不可有弓矢之御難事、

一、（k）岩根衆申候同名中将（侍カ）討死之儀、御懇之御書不知候へ共、三郷以起請文、是も異見に而、同名中同心申候条、御無事に而、更不可有御難候事、

一、（l）此旨無御同心候者、中違可申候事、

右此旨、無私曲偽異見申者也、仍如件、

永禄八乙巳七月二日　八郷高野惣

身寄中　惣（花押）

柑子袋衆　惣（花押）

夏見衆　惣（花押）

岩根衆　惣（花押）

この相論は、野洲川をはさんで対峙する檜物下庄と石部三郷が用水をめぐって争っているもので、「弓矢之御難」（h・j）や「岩根衆申候同名中将討死」（k）という、激しい合戦を伴うものであった。この事例は、これまでにも数多く取り上げられているものであるが、特に藤木久志氏によってその裁定のあり方＝異見による近隣裁定の方法が詳

細に分析されている。[17] そこで明らかにされたことは、①近隣の「異見」（a・i）による裁定は、当事者同士の調停がこじれ武力抗争が泥沼化した状況に対し（h・j・k）、事態を鎮静化させるために行われたものであったこと、②その裁定は「本訴」＝用水相論（所務相論）については先例に準拠した裁定であったが（b）、それとは別に合戦相論によって失われた秩序の回復のために具体的な措置がとられたこと、③その措置とは檜物下庄の攻撃が相手方に死者を出したことに対する檜物下庄への制裁であり、具体的には檜物下庄の名主の家の門と百姓の家三〇軒の焼却や（c・e）、名主が入道し謝罪の礼儀をとるというものであったこと（d）、④裁定の執行は相手方である石部三郷＝当事者自身に委ねられていたこと（f）、⑤この裁定に同意しない場合は相手方の勝訴とすること（g）、⑥また近郷の村々が近隣裁定を保証する形で檜物下庄へ勧告を行い、勧告を拒否した場合は「中違」＝共同体から排除するという強制を加えていたこと（l）、などである。こうした研究成果をふまえて、この近隣裁定を位置づけてみたい。

史料4・5・6は、檜物下庄と石部三郷という村落間の用水相論であるが、ここでは先にあげた史料3の事例のように、村同士の相論が同名中へ上げられ、同名中間の交渉による調停が図られるのではなく、近隣の「三方」＝山中・伴・美濃部同名中によって裁定され、さらに近隣村によってその裁定が保証された事例である。この地域にどのような同名中組織が存在していたかは明らかでないが、檜物下庄では以前に岩根村と相論になった際、「青木」という名字の者たちが檜物下庄側を代表して、岩根村を代表する花園氏と交渉し、相論の調停にあたっていたことから考えれば、[18] 檜物下庄には青木という同名中が存在していた可能性が指摘できる。しかも、その中には「青木石部」という人物もみられることから、あるいは石部三郷は青木同名中の領内であったのではないだろうか。いずれにしても、領内に同名中が存在しつつも、この時は村としては同名中ではなく、近隣の第三者に調停を委ねたのである。

実際に近隣裁定が行われるときは、別の相論の事例ではあるが、「論之儀ニ両共ニ目安致拝見、扃贔無偏頗判仕申候[19]」と、相論当事者双方から目安が提出されていることや、「為走廻衆理非ニ御沙汰候へと異見被申候（中略）今度之御構之自訴ニ付[20]」と、近隣の衆に意見を求めるために自ら訴え出ていることから考えれば、近隣裁定は相論当事者からの申請があって初めて行われるものであったといえる。したがって、檜物下庄と石部三郷との相論も、相論当事者である村が近隣である「三方」に裁定を要請したため、三方がこの相論に介入し裁定を行ったものと想定できよう。そして、その裁定方法は、基本的に村における紛争解決法をもとに、それを裁定者である三方が差配し、三方及び近隣諸郷による監視の中で実現されるものであった[21]。

それではなぜ、相論当事者から近隣裁定が要請されたのであろうか。史料6に、「岩根衆申候同名中将（侍カ）討死之儀」（k）とあることから、この相論は檜物下庄と石部三郷との合戦のみにとどまらず、隣村である岩根村の同名中が石部三郷に合力し、しかも同名中の侍が討死するという事態になっていた。岩根村は、これより前にやはり用水（井口）をめぐって檜物下庄と相論となり、その時は両村の同名中同士の交渉により解決を図ろうとしていた経緯がある[22]。そうした事情もあってか、岩根衆はこの相論で石部三郷に合力することで檜物下庄と再び対立したため、用水をめぐる当事者同士の合戦相論が、合力関係を形成していた周辺村を巻き込んで拡大してしまっていた[23]。

このような状況から考えると、当事者同士のみならず、周辺村が参入し拡大化した相論は、当事者同士の調停だけでは解決しえない状況になっていたと推測できよう。しかも、本来なら第三者である合力衆の内から討死者を出したとなれば、実際に対立する両者のみの問題では済まなくなってくる。こうした相論の実態を考え合わせれば、紛争・合戦の拡大化という事態が、相論当事者に近隣裁定を申請させた理由であったと捉えられるのではないだろうか。つまり、用水という共用することの多い用益の相論は、利害関係・合力関係による紛争の拡大化が不可避であり、当事者である村落間及び同名中間での調停が困難となる場合が多いため、村落間・同名中間での調停が不可能な場合に、近隣裁定が要請され、そこではじめて近隣による介入がなされるものと考えられるのである。

近隣裁定に関して、もう一つ事例をあげよう。永禄十二年（一五六九）、佐治同名中の惣領である佐治為兄と、佐治同名中構成員である伊佐野氏との、「伊佐野表あせ草」をめぐる相論が、伴氏や山中氏などの近隣衆によって裁定されている。(24)この相論は、その裁定状が佐治氏と共にその居住村である小佐治村にも宛てられていることから考えれば、実際には小佐治村と伊佐野氏の居住村である伊佐野村との用益相論であったといえる。しかも、佐治同名中領内における相論であるため、本来ならば同名中内部で解決されるものであるが、この時は同名中組織による裁定ではなく、近隣裁定という形で解決をみている。なぜ、同名中組織による裁定ではなく近隣裁定がなされたのであろうか。

佐治氏と伊佐野氏は、以前天文十六年（一五四七）にも「伊佐野八幡前野并八面カケ」(25)をめぐって相論を起こしていた。その時は、同名中の中から三人が「扱」として双方を調停し、同名中組織内部で解決が図られたが、この相論は永禄六年に再発し、この時は同名中による解決が困難であったためか、佐治同名中とは別の「惣」が仲裁しているのである。(26)その裁定の中で、仲裁にあたった「惣」が、「衆義御同心、御難有間敷候」と述べていることから、この時の相論では佐治氏と伊佐野氏との間で何らかの武力発動や実力行使がなされたと想定できる。(27)こうした双方の実力行使は、同名中組織の分裂へと発展する可能性を秘めているため、この時は同名中内部で解決ができず、同名中外部の仲裁が求められたのではないだろうか。そう考えると、もともと同名中内部で裁定されるべき問題であっても、相論の再発・武力発動といった状況によって解決不能となり、同名中組織の分裂が可能性として認められたときに、近隣の第三者による調停が要請されるものと捉えられよう。(28)

以上の二つの近隣裁定の事例から、次のようにまとめることができる。すなわち、近隣裁定が行われるのは、同名中間及び同名中領内における相論が再び勃発したとき、またはその際にそうした相論が武力発動を伴って相論当事者以外の第三者へ拡大したときであったといえる。「弓矢」の合戦を伴ったり、同名中分裂が想定される深刻な事態において、当事者双方が裁定困難と判断し、近隣に要請した場合に限って仲裁がなされるのである。このような場合の近隣の裁定は、あくまで異見として下されるものであり、いわば口入体制であった。しかし、裁定としての異見は、史料4において「万一於無御同心者、各々彼方江片付可申」(g)と、裁定に従わなかった場合には相手の勝訴とすると述べられていることから考えれば、ある程度の強制力を伴うものであった。しかしなぜ、近隣の「異見」が強制力を持ちうるのだろうか。

同名中組織による裁定では、裁定を任された同名中の奉行は、「只今被任奉行中へ異見申候上者、此分にて可有御落居候(29)堪忍候」と、裁定を委任した以上は異見に従うように強制している。こうした強制力は、従わなかった場合には同名中組織からパージするという制裁を背景としているため、実際に効力を持つものであった。近隣裁定においても、要請されて異見を申している以上は、それに従うようにと強制しうる正当性はある、と一応は考えることができよう。しかし、実際にはどのような制裁に裏付けられていたのであろうか。おそらくそれは、藤木氏も指摘するように、史料6において近隣諸村が述べている「中違」、つまり地域共同体からのパージであったと考えられる。檜物下庄と石部三郷の事例では、相論当事者である村にとって地域からパージされること＝合力を得られないことが、そのまま生存の危機につながっていたため、それが担保となり近隣裁定における異見に強制力を付加することになったと捉えられよう。同様のことは、佐治氏と伊佐野氏の相論においてもいえるのではないだろうか。すなわち、ここでの裁定に従わなかった場合には、連署している諸同名中から「中違」されるということが、異見状の背後に存在していたために、佐治氏・伊佐野氏両者は近隣裁定を受け入れたと想定しうるのである。

戦国大名領国においては、例えば境目の領主や国衆などが、近隣の領主・国衆と相論となった場合、領主同士の交渉や「近所の義」によって、あるいは戦国大名によって調停されるわけであるが、もしその裁定に不満であれば、領主や国衆は別の戦国大名と結ぶという選択も可能だったわけである。しかし、大名権力が及ばない、周辺の地域権力から隔絶したこの地域においては、他の地域権力（戦国大名や国衆）＝紛争調停者を選択するということがあまり想定されていなかったのではないかと考えられる。そうしたところに、近隣衆による裁定や、近隣諸村からのパージという制裁が、この地域で一層強力に機能した要因であったと推測しうる。

## 第三節　「三方」「郡中惣」の成立過程

これまでの検討から、他所との相論においては、基本的に同名中間同士の交渉によって裁定されるものであるが、それが不可能な場合には、要請を受けて近隣裁定が行われるものであったという、紛争裁定方法の違いが明確となった。こうした紛争裁定のあり方は、いわば戦国大名領国における領主間交渉・近所の儀と同様であったといえる。このように考えると、甲賀郡においては、同名中という紛争裁定組織を基本とした他所との相論調停を通じて、全面的な合戦・紛争を抑止して相互に調停を図る、あるいは近隣衆を頼むという関係が形成されていたといえよう。それでは、従来より注目されていた「三方」や「郡中惣」といった結合は、どのようにして生み出されてくるのであろうか。

〔史料7〕永禄九年十二月十五日　伴・山中・美濃部三方起請文前書案（「山中文書」一三三五）

三方以起請文申合条々

一、夜討・強盗・山賊并不知主人ヲ害仁躰、不寄上□（下）可作生害事、

一、於三方領中仁盗人之輩至手前可討留事、

一、為其同名、咎人申付旨、若違犯之輩在之者、三方一味ニ可成敗事、
一、毒害等取扱仁躰同罪たるへく候事、
一、咎人告知ル仁躰者、縦雖為同類除其咎、拾貫一振可褒美、但依咎可有軽重事、
一、盗賊人之儀、崇敬仕間敷候事、
一、若党并百姓計之与之儀、二方同前ニ方々申付可相破候、若三方之外何方へ組候共、可為棄破事、
一、此申合於一儀ニ、若相違之仁躰在之者、同名ヲ放シ永代三方一味ニ用ニ相立間敷候事、
　右此旨、相背申間敷候、若私曲偽在之者、此霊社起請文御罰ヲ深厚可罷蒙者也、仍霊社起請文前書如件、
永禄九丙ヿ十二月十五日　　伴同名中
　　　　　　　　　　　　　　惣
　　　　　　　　　　　　山中同名中
　　　　　　　　　　　　　　惣
　　　　　　　　　　　　美濃部同名中
　　　　　　　　　　　　　　惣
　　　　何も連判也

史料7は、三方という結合関係を示すものとして有名なものである。従来の解釈では、組織構造については、三つの同名中が結合した一つの新たな組織と捉えるか[30]、あるいは個々の同名中を一個の組織とした一揆的組織と捉えるか[31]、という違いはあるが、結合の目的については、検断を主要な問題として、特に波線部の解釈から、台頭しつつあった若党・百姓の連合に対立し支配を強化するためであったと捉える点で一致している。すなわち、個々の同名中同士の紛争を抑止し、平和団体としての三方の連合を形成することで、一個の同名中による領域支配の限界を克服し、同名

中領を越えた一定領域に対する領域支配をめざしたものと捉えるのである。しかし、このような結合を、従来における同名中の捉え方と同様に、単に百姓支配体制の強化のためと捉えることが可能なのであろうか。その点についての再検討をしながら、この史料の示す意味を考え、その上で三方についての位置づけを試みてみたい。

まず、従来からいわれているように、ここでは伴・山中・美濃部という同名中が連合して、「三方領中」に発生する検断沙汰の処置を定めていることがわかる。この「三方領中」とは、個々の独立した領域である同名中領(32)が三つ結合したことを示すものと捉えられるが、夜討・強盗・山賊・殺害などの凶悪事件や、盗人などが三方領内に発生した場合は、三方の内どこの同名中構成員であっても、またどこの領内の百姓であっても、「手前」＝各同名中として成敗してよいことを互いに申し合わせたものである。例えば、三方の内の美濃部領に所属している者が、山中領内で盗みや殺害をはたらいた場合、山中同名中が自領内で行う検断と同様に、美濃部領の者を山中同名中として成敗しても構わないとしたものである。つまり、本来同名中の検断は自領内の者に対して行われるものであるが、それを三方の内であれば他同名中の者に対して行ってもよいとしたものであり、またそうすることが「三方一味ニ可成敗」きことであると定めたのである。

このような問題を三方として取り決めなければならなかった背景には、他領の者が自領内で犯した罪に対して、その者が所属する村、あるいは同名中に確認せず、自領内で処刑してしまうということがあったのではないか、そしてそれが村同士、ひいては同名中同士の戦争に発展してしまうことがあったのではないか、と推測することができる。具体的には、美濃部領の者が山中領内において殺害を犯したことに対して、山中領内の被害者側が美濃部領の加害者側に確認せず、その犯人を処罰したり、あるいは犯人が所属していた村の村人を質取りしたりするという事態があったのではないか、と考えられるのである。それ故、こうした事態を回避すべく三方としての対処法を打ち出し、また

この申し合わせに違背した輩は、同名中から追放する＝三方として合力しない、という制裁が課せられているのであろう。(33)

そして、このような当時の同名中による検断のあり方を示すものとして注目されるのが第五条である。ここで述べられている犯人密告者に対する褒美や犯人同類への罪の免除・減免などは、中世の村掟に定められた、村が村内の者に対して行う自検断のシステムや褒美の体制と同様である。藤木久志氏が指摘するように、褒美・補償や制裁によって支えられていた村の自検断能力に依存する形で領主の検断が維持されていたことから考えれば、ここでの同名中の検断や、それを前提とした三方の検断は、村における自検断を基本に成り立っていたものと捉えられよう。(34)つまり、戦国期における同名中組織は、紛争裁定などを行い領内の村の利害を体現することで、領内における「公」として現出し、村と同名中組織が一体化した共同体を創り出したわけであるが、そこにおける検断を実際に行う主体はあくまでも村であって、同名中としての検断はその村が行う検断を差配し、問題が発生した場合は調停を行うといった形でなされていたと考えられるのである。そう考えると、村による自検断が、拘束しうる範囲・領分を逸脱し、他領の者にまで及んでしまうことや、それによって他村との合戦相論を招いていたことは、想定しうる事態であろう。

こうした当該期の検断のあり方に鑑みると、三方はこの史料7を定めて、村の自検断の拡大によって引き起こされる村同士の紛争、またそれに引き込まれざるをえない同名中同士の紛争を回避することを目的に申し合わせを行い、三方領中の治安・安全を維持しようとしたと考えられるのではないだろうか。つまり三方の申し合わせは、同名中が村の自検断を基本にしながら自領内において担っていた検断沙汰の処理やそれによる治安・安全の維持という役割を、三方領内にまで押し広げることによって三方相互の争いを回避し、平和領域を形成しようとしたものと捉えられよう。

しかし、紛争裁定組織として独立した地域権力であった同名中同士の結合が成立したのが、なぜこの時だったのであろうか。それに関しては、従来より注目されている第七条の解釈から考えてみたい。

この条文は、従来は、当該期に台頭してきた若党・百姓が独自の連合・集団を作ったり、他所と結びつくことで同名中・三方に対抗することを否定し、三方が連合して彼らを支配するための条文という意味で解釈されている。確かに、文言からすれば、同名中が若党や百姓ばかりの連合＝徒党や他所との連合をしてはならないと定めているものである。しかしこの条文の文言から、そうした連合がただちに三方に対抗する勢力となっていたと理解することができるのであろうか。この条文自体には、そこまでのことは書かれていないといえよう。むしろ、戦国期の同名中組織が村と同名中とが一体化した共同体であり、村に対して治安維持や紛争解決を役割として担っていた地域権力であったことから考えるならば[35]、この条文は同名中が関わらない、村々が独自に形成していた連合の引き起こす問題について、同名中・三方として対処しようとしたものと読むことも可能である。

それでは、村々が独自に形成した連合が引き起こす問題とは何か、ということであるが、伴・山中・美濃部同名中は、史料7の前年の永禄八年（一五六五）に、三方として檜物下庄と石部三郷との相論を調停していたことを前節で取り上げた（史料4・5・6）。三方は、相論を調停する中で、そこで闘われた合戦相論には、当事者の村々以外に、合力関係を結んでいた近隣の村々が参入していたことや、それにより相論が拡大し解決が困難となっていたことを承知していたわけである。そのような状況をふまえると、「若党并百姓計之与」というのは、村々が日常的に形成していた合力関係と捉えられるのではないだろうか。したがって、三方は、そうした合力関係により三方領内の村が他所の相論に参入することや、それに伴って発生する様々な問題を回避しようとしてこの条文を作成したものと捉えられよう。このように三方の申し合わせは、検断沙汰によって起こる様々な問題を抑止し、領内の治安を維持することを基本的な内容としながらも、同時に村々の合力関係により拡大していく用益紛争や、そこでの武力発動を抑止することをも目的としていたと考えられるのである。だからこそ、この史料7が檜物下庄と石部三郷の相論調停の翌年に制定されたのであろう。この相論は、相互の対立を抑止し、連合することで領内平和を維持する方向へと、三方の各同名中を向かわせた一つの契機になったと考えられる。

以上、まとめると、三方とは検断沙汰を主要な問題とし、それを解決するための組織として立ち上がったものであるが、村々の日常的な合力関係によって引き起こされる所務相論への参加、そこで発生する武力発動などを事前に抑止する目的も持つものであった。所務沙汰と検断沙汰は、いわば表裏一体のものであるため、これらに対処することが領内平和を維持するためには不可欠である。この三方という連合は、個々の同名中では対処しきれない部分を補完するという目的のもとに、生み出されてきたものと考えられよう(36)。それでは、もう一方の郡中惣とは、いかなる契機で成立したものであったのだろうか。

郡中惣とは、同名中組織が郡レベルで連合したものであるが、その初見は元亀二年(一五七一)である(37)。従来は、郡中惣についても、同名中や三方と同様に、領域支配維持の側面から説明され、郡規模の領域支配を完結するために必然的に結びついたものであると位置づけられている。しかし、しばしば述べているように、単に個別百姓支配のために土豪の連合が形成されるという事態が考えにくくなっている現状においては、郡中惣の結合をどのように捉えることができるであろうか。

郡中惣は、元亀二年、郡中に存在していた寺社間の山相論を裁定する主体として現れている(38)。郡中惣としての初見が、このような紛争処理に関するものであったことから考えれば、紛争裁定を行う中で必然的に郡中惣への結集がなされたと捉えることも可能かと思われる。だが、先に述べたように、甲賀郡内の同名中間の相論は、同名中組織同士の交渉により、あるいは近隣裁定によって解決されていたことをふまえると、紛争裁定においては同名中同士の個々の交渉や、近隣同名中との協力によって基本的には完結していたものといえる。たしかに、こうした同名中間の紛争裁定を通じて、近隣同名中との緩やかな連合（例えば三方のようなもの）が形成されるという事態は考えうるが、それがただちに紛争解決組織として「郡中惣」に結集する必然性は想定しにくい。それでは何が契機となっているのだろうか。

郡中惣の初見より以前には、伊賀惣国一揆と合力関係を結んでいた「甲か（賀）」の存在が確認でき[39]、また同様に、伊勢の北畠・長野両氏と同盟していた「甲賀連判中惣」が存在していた[40]。北畠・長野との同盟は、永禄十一年の織田信長の上洛、そしてそれに続く伊勢侵攻以前に結ばれたものである。一方、伊賀惣国との合力関係の確認は、永禄十二年十月に伊賀惣国・甲賀衆と連合していた北畠・長野両氏が織田信長と和睦した直後のものという捉え方もある[41]。これらの史料に現れる甲賀とは、戦国期という地域権力が拮抗したなかで結ばれていた対外的な盟約関係や、対外的な危機状況に対して行われた共同防衛においてみえてくるものであり、対外的関係においてすでに「甲賀」としてのまとまりは形成され、しかも近隣権力によって認識されていたことがわかる。この事実から考えると、戦乱状況を所与の前提としていた社会にあって、大規模な戦乱が予想される対外的危機を目前とした状況や、それに対して地域が生きのびるための近隣権力との合力関係や共同防衛が必要となった段階において、「甲賀郡中惣」への結集という意識が個々の同名中組織の中から高まってきたのではないか、また逆に伊賀惣国一揆や北畠・長野等の地域権力から求められたのではあるまいか、と想定できよう。すなわち、久留島氏も指摘するように[42]、「郡中惣」への高まりの契機は、対外的危機的状況に求められると考えられるのである。

それでは、郡中惣という軍事体制はどのようなものであったのか。郡中惣として、他国・他郡から当郡への乱入を「無表裏一味仕防可申」ことや、郡内の者が他国の者を引き入れてはならないことを定めている[43]。具体的には、対外的危機状況下で「郡中堅固仁覚悟」し「郡中固」めるのであるが[44]、そうしたことは基本的に同名中組織が行う地域防衛のあり方、具体的には領内の百姓等を動員し、地域の城に籠城させるといった状況を前提にしていたと考えられる[45]。つまり、郡中惣としての機能は、同名中組織の防衛体制を統合し、より広域な防衛体制の形成を可能にしたことにあったといえよう。

しかし、だからといって、このようにして形成された郡中惣を、外的勢力に対抗するための一時的な連合とは考えない。なぜならば、郡中惣は、形成されて以降も郡中惣という、紛争裁定を行う主体として維持されていたからである。ではなぜ、軍事的な連合として立ち現れてきた郡中惣が、紛争裁定を担うことになったのかが問題となろう。それについては、もともと同名中組織が紛争裁定を本質的機能の一つとして持ち、領域平和を維持する主体であったため、その連合である郡中惣は、連合の形成は対外的な要因を契機としていても、必然的に紛争裁定機能を備えることになったと捉えることが可能である。従来の研究では、領域支配を相互に補完するための土豪層の連合が、同名中―三方―郡中惣へと展開する中で、検断権・裁判権も同様に拡大して郡中惣へと結実すると捉えられ、基本的に郡内の検断沙汰・所務沙汰に関しては郡中惣が主体となって調停を行っていたと認識されていた[46]。そのため、先の第一・二節で取り上げたような同名中同士の交渉や近隣裁定によって解決されたような相論に関しても、すでに郡中惣が形成されていたことを前提に、郡中惣が三方や同名中各氏に調停・裁決を委任して解決を図ったものと捉えるのである。しかし、実際に、先にみた相論が郡中惣から委任されて調停を行っていたのであろうか。言い換えれば、郡中惣領内の紛争裁定がすべて郡中惣によって調停されていたと捉えられるのであろうか。この点について、郡中惣として裁定している相論を取り上げて再検討してみたい。

郡中惣として裁定している相論は、現存している史料から二件確認できる。一つは甲賀和田・五反田と伊賀上柘植との相論である。(47)この相論の具体的内容については、藤木氏によってすでに検討されているので詳述は避けるが、簡単に述べると、近江と伊賀の国境を挟んで隣り合う和田・五反田と上柘植の山をめぐる入会相論であり、その村落間相論に対して、「伊賀奉行人十人惣」と「甲賀奉行人十人惣」が共同で裁定にあたっているものである。その裁定は、入会相論に関しては、肥料や燃料となる草・柴は入会の範囲を指定して両者が立ち会いのもとに刈ることと、入会地によきや木鎌などを持って入ること＝大木伐採の禁止を定め、相論に伴って発生した刑事事件に関しては、張本の内の一人を期限付きで追放刑に処している。こうした裁定の執行は、裁定者の監視下のもと、実際には在地の村落共同体が行うものであるが、裁定のあり方として注目されるのが、署判している「伊賀奉行人」「甲賀奉行人」の存在である。ここで相論が伊賀と甲賀の奉行によって裁定されているのは、この村落間相論が両者の境界をまたぐ案件であったことによる。すなわち、地域権力同士の境目において発生した相論であったために、当事者同士およびこの地域の同名中同士の交渉で解決するというわけにはいかず、権力同士の対応が求められたのではないか、と考えられるのである。したがって、この相論にみられるように、郡中惣が紛争裁定の場に現れるのは、対外的な場合、つまり他権力との相論の場合であったことが予想されよう。

もう一件は、甲賀郡内の新宮・矢河両社と飯道寺古庵室との相論である。(48)これは山をはさんで存在する寺社間の山の木をめぐる相論であると思われるが、具体的な相論内容については不明である。しかし、この相論において郡中惣は、飯道寺古庵室側に対して奉行衆老分の一ヶ月間の下山(追放)と、その後の矢河下馬前での「礼儀」を命じ、それを「取合之儀者、郡中奉行与して可仕」と、郡中の監視のもとにその裁定を行うように定めていることがわかる。ここでの相論当事者である飯道寺は、甲賀郡中における中心的寺院である。また、一方の矢河は郡中惣の結集の場としてみえている。(49)つまり、両者とも、個々の同名中領内にはおさまりきらない、広範な活動を展開していた寺社であった。その裁定が郡中物によってなされているのは、郡内において特殊な場として存在していた寺社同士であったためではないか。郡内における重要な寺社であるからこそ、両者の相論は郡中物によって裁定されなければならなかったと考えられるのである。

郡中惣が裁定している相論は、以上の二件しか残されていないので、そこから性格づけをすることは早計に過ぎよう。だが、一応この二件の相論から推測するならば、郡中惣の調停は、当事者及び同名中同士、あるいは近隣裁定による解決が不可能な場合、具体的には国境をまたいだ他権力領内との相論や、郡内の有力寺社同士の相論において求められるものであったといえよう。しかし、紛争裁定組織としてのあり方は同名中及び近隣裁定の場合と同様であるため、その裁定方法は村落間での紛争解決法を基本として、それを郡中惣が差配する形で決定され、裁定の執行は「郡中如掟片付」と、郡中の強制力をもって行われるのである。このように考えると、郡中におけるすべての相論が郡中惣によって、あるいは郡中惣から委任されて裁定されていたとは捉えにくく、むしろ基本的には同名中の紛争裁定機能を基本とした同名中同士の交渉や近隣裁定によって解決が図られ、それが不可能な場合に限って郡中惣による裁定がなされるのが実態だったのではないだろうか。

## おわりに

以上のように、あらゆる相論が同じ土俵で、同一の性格のものとして論じられがちであった従来の研究史に対して、これらを相論が起こっている場所や相論の内容によって区別しながら、紛争裁定のあり方について再検討を試みた。その結果、同名中という一個の地域権力を基本として考えると、同名中領内において発生した相論は同名中として裁定を行うが、それを越えたところで発生する相論、つまり他氏同名中領との相論に際しては、同名中同士の交渉や、それが叶わない場合には近隣裁定によって解決されること、また郡中惣は、同名中同士の交渉や近隣裁定が不可能な案件において、紛争裁定の場に現れるものであったことが明らかとなった。

こうした紛争裁定は、様々な問題に対してなされるものであったが、そのなかでも特徴的なのが在地の用益紛争の調停を行っていることであろう。その裁定のあり方は、在地における紛争解決法を基本として、それを同名中あるいは近隣諸氏、さらには郡中惣として差配し、在地の当事者に執行させるものであった。このような村落間相論を裁定しなければならなかった要因は、村同士の相論が同名中同士、あるいは他氏同名中との紛争・合戦に容易に展開してしまっていた実状にあるといえよう。そして、村落間相論を根源とした同名中同士や他氏同名中との相論を、弓矢を伴った合戦に発展させず、お互いの交渉によって直接的に対処しようとしたところに、権力の歴史的段階をみることができる。

そして三方も、村落間相論の展開やそれに伴った同名中同士の対立という当該期の現実のなかから形成されてきたものであり、在地における自検断によって発生する合戦相論や村々の合力関係によって拡大する所務相論に、「三方一味」に対処しようとした結果として生み出されてくる連合であったと捉えることができよう。だが、三方のような連合や近隣諸氏との紛争裁定をめぐる関係は、紛争裁定組織として郡中惣まで高まることはなく、郡中惣への結集が起こるのは対外的危機を契機としたものであった。しかし、対外的危機により郡中惣が形成されて以降は、郡中惣は特殊な案件を扱う紛争裁定組織として、同名中裁定や近隣裁定を補完する機能を果たしたといえる。

本章において甲賀郡中惣を取り上げて検討した結果、惣国一揆とは、その成立の契機は対外的危機状況にあったとしても、その内実・本質は紛争調停を主な機能として担う権力体であったと捉えることができよう。しかもその機能は、同名中構成員といった土豪に対してのみではなく、村に対しても果たしうるものであり、そのことからも惣国一揆とは室町期の領主とは異なる戦国期地域権力であったといえる。それではこのような権力体である惣国一揆は、他権力とどのような関係にあったのかという問題について、郡中惣と他権力との関係をみることから確認しておきたい。

伊勢の北畠・長野両氏との関係を示すものとして、両者からは甲賀連判衆に対して、甲賀衆が北畠・長野領内へ自由に出入りしてよいこと、また両者と甲賀連判中との間に何らかの相論が発生した場合、お互いに糺明を遂げて解決することを約束した起請文が出されている。それに対し甲賀側も、北畠・長野両氏の敵方へ合力しないことなどを条書にして遣わしている。こうしたお互いの契約をみると、この契約により一方が他方を従属化する、あるいは取り込むという内容のものではなく、お互いの領域支配には干渉しない取り決めであったことがわかる。具体的には、敵方の侵入などの地域の存亡において、お互いに軍事的協力をすることが目的であったといえよう(50)。したがって、北畠・長野両氏と郡中惣との関係は、戦国期地域権力が共通目的のために対等に結んだ同盟関係であったと考えられる(51)。

このような関係は、甲賀からの合力を求めていた伊賀惣国一揆に対しても、基本的に同じであったと考えられる。このことから、惣国一揆としての郡中惣は、戦国大名や国衆、また他の惣国一揆権力などの地域権力と対等に同盟しうる組織であったということができよう。しかし、こうした関係は、地域権力同士の同盟関係であるため、それは戦国大名同士の同盟関係と同様に、共通利害のために結ばれるもので、それ自体永続的なものではない。実際に、「織田当郡へ可令乱入と申砌、郡中より伊賀衆申調令同心処、程なく不及案内(52)」と、危機的状況を目前として結ばれた伊賀惣国一揆との同盟も、危機が去って程なくその関係は自然消滅しており、その後織田が甲賀へ乱入するという時になって、再び「従兼而伊州申談、　左右次第仁さかい目まて人数出候ほとに候ハヽ、公事もあいすむへく候(53)」という、伊賀と甲賀の同盟関係が結び直されているのである。これらのことから、郡中惣と近隣権力との関係は、権力的に同質な両者が危機的状況下において結んだ一時的な同盟関係であったといえよう。

したがって、今後の課題としては、地域権力として同質であり、共通する部分を指摘しうる惣国一揆権力と戦国大名・国衆権力が、なぜ一方は「家」権力として結集し、他方は一揆権力として横に連合することになったのか、両者の権力構造に違いが生じたのはなぜか、という点が問題となろう。その要因としては、政治的・地理的状況の違いということが考えられるが、戦国大名は侵略をするが、惣国一揆は防衛のみであるといった問題とも絡めて、両者の異なる部分が何を意味するものなのかについては、今後さらに検討していく必要がある。

註

（1）池上裕子「戦国期の一揆」（同『戦国時代社会構造の研究』所収、校倉書房、一九九九年、初出一九八一年）。

（2）なお、従来における惣国一揆研究状況については、峰岸純夫「中世の変革期と一揆」（同『中世社会の一揆と宗教』所収、東京大学出版会、二〇〇八年、初出一九八一年）に詳しい。簡単に述べれば、これまで惣国一揆研究は、主に一揆構成主体の検討から連合の性格を追究し、構成主体を国人層と捉え、国人一揆の延長上に成立した、在地領主層の反守護闘争と位置づける見解と、それに対して構成主体を小領主層（いわゆる土豪層）とし、惣を基盤とした小領主と農民の連合体であったと位置づける見解が対置されていた。こうした研究動向に対し、峰岸純夫氏は、構成主体を百姓や惣を基盤とした土豪ではなく、国人層及び領主化した小領主層と捉え、連合の性格を村落共同体を支配する共同支配組織と位置づける見解を提示した。そこでは、土豪・百姓によって構成される村落共同体は、惣国一揆の構成主体とは別個のものであり、被官化した土豪を通じて、あるいは国人・小領主の領主権によって、惣国一揆に結集しているものとされている。峰岸氏の見解は、池上氏と同年に発表されたものであり、両者の見解は国人層が主導する一個の権力体と捉えるところで共通するところがある。しかし、峰岸氏の見解が池上氏のそれと異なるところは、村落共同体との結合が形成される要因について、峰岸氏が土豪と国人の被官関係や国人の領主権をあげるのに対し、池上氏は他国勢の排除という国人と惣村の共通利害を指摘する点であろう。池上氏が惣国一揆の成立要因を、領主の階級支配や被官関係のみならず、村側との合意・利害の一致と捉えるところに、八〇年代までの惣国一揆論の到達点をみることができる。

(3) 湯浅治久「革島氏の所領と乙訓郡一揆―「惣国一揆」の性格規定にふれて―」(同『中世後期の地域と在地領主』所収、吉川弘文館、二〇〇二年、初出一九八九年)・同「戦国史在地領主と「惣国一揆」」(同書所収、初出一九九三年)。

(4) 藤木久志『戦国史をみる目』(校倉書房、一九九五年)。

(5) 久留島典子「領主の一揆と中世後期社会」(『岩波講座日本通史』中世三所収、一九九四年)。

(6) 戦国期の地域権力に関しては、峰岸純夫『中世の東国―地域と権力―』(東京大学出版会、一九八九年)や、黒田基樹『増補改訂　戦国大名と外様国衆』(戎光祥出版、二〇一五年、初出一九九七年)・同『戦国大名領国の支配構造』(岩田書院、一九九七年)・同「戦国大名権力の成立過程―扇谷上杉氏を中心に―」(同『中近世移行期の大名権力と村落』所収、校倉書房、二〇〇三年、初出二〇〇〇年)などに詳しい。

(7) 藤木久志「村の越訴」(同『村と領主の戦国世界』所収、東京大学出版会、一九九七年)、稲葉継陽「用水相論と地域財政の展開」(同『戦国時代の荘園制と村落』所収、校倉書房、一九九八年)・同「中近世移行期の村落フェーデと平和」(同『日本近世社会形成史論―戦国時代論の射程』所収、二〇〇九年、初出一九九九年)など。

(8) 甲賀郡中惣に関する研究は、かなりの数にのぼるため、本章に関係するものに限って、その時々にふれることにする。

(9) 村田修三「地域枡と地域権力」(『史林』五五巻一号、一九七二年)。

(10) 宮島敬一「戦国期における在地法秩序の考察―甲賀郡中惣を素材として―」(『史学雑誌』八七編一号、一九七八年)。

（11）そのほかに、甲賀郡における相論裁定について扱ったものに、古宮雅明「近江国甲賀郡における在地権力の形成とその特質」（『文化史学』三六号、一九八一年）、臼井進「中世後期在地領主の訴訟裁定―甲賀郡山中氏を素材として―」（『日本歴史』五六八号、一九九五年）などがある。

（12）村田前掲註（9）論文・同「用水支配と小領主連合」（『奈良女子大学文学部研究年報』一六号、一九七二年）、宮島前掲註（10）論文、湯澤（久留島）典子「中世後期在地領主層の一動向―甲賀郡山中氏について―」（『歴史学研究』四九七号、一九八〇年）。

（13）例えば、村田前掲註（9）論文は、山中氏・伴氏・美濃部氏の三方中が「判者衆」となって、近隣の檜物下庄と石部三郷の用水相論を調停した事例から、近隣土豪による地域の秩序維持機能の存在を指摘しつつも、この三方中が異見を行う資格は甲賀郡中惣により権限を委譲されたためと捉えている。基本的に、こうした相論の調停を行う存在として郡中物が想定されているのである。

（14）拙稿「土豪同名中の形成・構造とその機能」（同『中近世移行期における村の生存と土豪』所収、校倉書房、二〇〇九年、初出二〇〇二年）。

（15）「山中文書」は、東京大学史料編纂所架蔵写真帳より引用し、『水口町志』下巻の番号を付ける。

（16）こうした調停の方法は、山中貞俊と伴新六との相論にもみられ、山中同名中である「築山方・清右衛門方」が「前ニ走廻」であったため、詳しくは「彼両人ニ可被成御尋候」と、一方の当事者である山中貞俊が今回の走廻衆である「御判衆」に対して訴えている（「山中文書」二〇四）。なお、この文書は前欠であるが、その前欠部分は「山中文書」四二一である（湯澤（久留島）前掲註（12）論文参照）。

（17）藤木久志「中世後期の村落間相論」（同『豊臣平和令と戦国社会』所収、東京大学出版会、一九八五年）。

（18）永禄元年八月三日花園安次𨦟々（「山本順蔵氏所蔵文書」『甲賀郡志　上巻』）。この史料は、花園村・岩根村と檜物下庄・正福寺村との井口をめぐる相論に関するものである。この史料に登場する花園氏は、おそらく近隣の花園村を拠点とする土豪であったと考えられ、また青木氏は檜物下庄の内の菩提寺村を拠点とした土豪であった。解釈が困難な点も多いが、内容としては双方の用水・井口に関して、花園安次が花園村・岩根村の意見を代弁して、青木同名中に申し入れているものであると捉えられる。その後の経過は、史料が残存していないことから明らかにはしえないが、この史料において用水問題に関して花園氏が青木氏に対し意見を述べていることから考えれば、花園氏と青木氏という土豪は、村落間の用水相論において両村を代表するものとして両村の意見を調整し、その妥協点から両村の相論を解決しようとしていた存在と捉えることができよう。つまり、檜物下庄と岩根村の用水相論は、青木氏と花園氏という両同名中によって調停されたということができ、この史料はそうした相論調停過程の内の最初の一過程を示すものとして位置づけることができる。

（19）天文二年七月二十六日伴泉等連署異見状（「牛飼共有文書」東京大学史料編纂所架蔵写真帳）。

（20）永禄六年六月二十五日某惣異見状（「小佐治文書」東京大学史料編纂所架蔵写真帳。以下、「小佐治文書」は同写真帳による）。

（21）なお、史料6にみえる「八郷高野惣」は、具体的な場所は不明といわざるをえないが、現在の栗東市の高野に比定できる可能性がある。栗東市高野は、現在の石部町の西側に位置する村であり、また高野は野洲川からの用水を石部町との堺から取水している。つまり、こうした用水をめぐって高野は石部三郷や檜物下庄の下流に近接していたのである。そうした地理的事情から、史料6において石部三郷や檜物下庄の上流に位置する岩根村や柑子袋村・夏見村と一緒に、高野が三方裁定の執行を保証する存在として連署するという状況は十分に考えられよう。そうすると、三方の裁定は甲賀郡内において効力をもつものであったと考えられるが、それを実際に執行する在地では、その裁定を保証する地域が郡域を越えて展開していたことになろう。つまり、同名中領内や甲賀郡という領域が、同名中組織によって形成されていた領域であったのに対し、在地社会にはそれ以外にも様々な問題に対処するための地域が形成されていたのであり、その一つに用水をめぐる地域というものがあったということができる。一方、史料6の「身寄中惣」であるが、おそらく史料6の二条目にみえる討死した岩根衆の「同名中将《（侍カ）》」の親類中であったと想定できる。このことから、史料6は、相論当事者の上流・下流に位置する村々と、その相論の過程で討死した侍の一族中とが、三方裁定の執行に強制力を与えたものといえよう。

(22)　前掲註(18)史料。

(23)　一方で岩根村(及び夏見村)は、これよりかなり以前のことではあるが、野洲川から取水する井口を酒人村と「井ちん」をもって契約する際に、宇田村の山中氏等に仲介を頼んでいる(〔永享カ〕八年閏五月七日霊真書状「山中文書」三二一)。こうした関係から、この相論で山中氏等が調停を頼まれたものとも考えうる。

(24)　永禄十二年六月三日伴家政他五名連署異見状(「小佐治文書」)。なお、ここで判状を出している諸氏は、佐治氏の近隣衆であり、天正十二年十月二十八日甲賀郡先郡奉行起請文写(「山中文書」記録三〇「大和守ゆつり状写」の内)にみられる甲賀郡先郡奉行として名を連ねている諸氏である。いわば、佐治氏と同じように同名中組織を形成していた諸氏である。

(25)　天文十六年三月十四日伊佐野衆惣中合条々(「小佐治文書」)。

(26)　前掲註(20)史料。なお、この史料が佐治同名中以外の惣によって裁定されたと捉える理由は、この史料では宛所の佐治氏に対して名字が用いられていることと(同名中内部の文書のやりとりでは、通常名字が付されないことが、宮島前掲註(10)論文によって明らかにされている)、「御領内」「貴所」など佐治氏に対して敬語が使われていることの二点があげられる。一方、前掲註(25)史料を同名中内での裁定であるとしたのは、ここで扱いに入っている「富野弾正左衛門尉」が、「佐治氏系図」(『小佐治文書』)に「富野弾正左衛門尉為永」としてみえること、また「一鉄軒」「向□軒」に対しては名字が付されていないこと、さらに差出である伊佐野氏はこの三人に対して「殿」を付けていないことから、この三氏を佐治同名中構成員と判断し、佐治同名中による裁定と捉えたためである。

(27)　先にあげた史料6の一条目には「不可有弓矢之御難」とあるものが、同じ史料6の二条目では「更不可有御難候」と書かれていることから、単に「御難」と表記されている場合でも、その背景に武力発動の存在が想定できる。

(28)　檜物下庄と石部三郷の相論についても、もし両者共に青木同名中の領内であったと考えるならば、この相論も同名中内部で解決できなかったために、村落側として外部の第三者の裁定を要請したものとも捉えられる。

(29)　(年月日未詳)某異見状断簡(「山中文書」三九九)。

(30)　宮島前掲註(10)論文。

(31)　久留島前掲註(12)論文、村田修三「国人一揆と惣国一揆」(大阪大学文学部日本史研究室編『古代中世の社会と国家』所収、清文堂出版、一九九八年)。

(32)　拙稿前掲註(14)論文。

(33)　三方の取り決めと同様に、個々の領主が法を定めたものに、享禄五年の沢・芳野・小川・秋山という大和国宇陀郡の国人四氏による申し合わせがある(『国立公文書館蔵沢氏古文書』二〇七)。そこでは具体的に、喧嘩・刃傷があった場合には、「不及勢立」＝武力によって解決するのではなく、「条理可申談」＝話し合いで解決しようとしていること、また殺害等の張本人は追放刑に処すとしていること、そして誰の被官であっても四氏が相談して成敗するとしていることなどを定めており、こうした条目からは三方の定めた検断沙汰の対処法と同様の性格が読みとれる。そしてこの申し合わせで注目されるのが、「方質不可有取相」と定めていることである。「方質」とは、一種の質取り（所質）行為であり、在地における自力救済法であった。それを沢氏等四氏が検断沙汰に対する申し合わせにおいて禁じているのは、このような検断沙汰が質取り行為に展開する可能性を秘めていたことを示している。実際に、宇陀郡内の佐倉村と隣村の谷尻村との山論において、佐倉村は佐倉の山に入った谷尻の者を「ぬす人」と捉え、「ぬす人の人数其方より御せいはい《（成敗）》候て可給候、其儀なく候ハヽ、明日うた《（宇陀）》の市にて其方の人数へかゝり可申候」（『国立公文書館蔵沢氏古文書』一一七九）と、谷尻村に盗人の成敗を要求し、もし成敗しなかった場合は宇陀市において谷尻村の者を佐倉村として成敗すると述べられている。こうした事例から考えると、三方の場合も、盗人や殺害人に対する成敗は、基本的に張本の者が所属する村において執行されるのであるが、それが執行されない場合に、被害を被った村側が相手村の者を質取りしたり、成敗を加えたりしていた事態が三方の間で問題となっていたことが想定されよう。なお、宇陀郡一揆に関しては、西山克「戦国大名北畠氏の権力構造—特に大和宇陀郡内一揆との関係から—」（『史林』六二巻二号、一九七九年）に詳しい。

（34）藤木久志氏は、「落書・高札・褒美」（同『戦国の作法—村の紛争解決—』所収、平凡社、一九八七年、初出一九八六年）において、村が自前の武力を背景に犯人を追捕し成敗する態勢を確立していたと論じている。そうした村の自検断は、犯人の捕獲・差出を原則とする領主側の検断とは対照的であるが、その場合でも実際に犯人を捕獲して差し出すのが村である以上、領主の検断は村の自検断に依存しない限り成り立たないものであった。このことから、領主の検断であっても、村の褒美・補償のシステムに支えられた犯人の追補・捕獲という村側の検断能力があってはじめて行えるものであったと捉えられよう。

（35）同名中と村との基本的な関係については、拙稿前掲註（14）論文においても述べている。簡単に述べれば、同名中組織は平時において村に対し、村落間相論の調停や領域平和・安全の維持、さらには村の再生産維持を役割として負うことにより、自己の収取を維持していた。こうした関係が平時における同名中と村との関係であったといえる。また、村の抱える課題を解決することが村にとっての「公」であったことからすれば、それを役割とした同名中組織はこうした村の「公」を体現することによって領域における「公」権力となり、村の「公」と同名中の「公」が一体化した共同体を作り出していた。ここでの同名中組織と村との関係とは、このような意味で使っている。

(36) 三方の成立が永禄九年であったとすると、その前年に石部三郷と檜物下庄の用水相論を裁定したときに現れる「三方」とは何かが問題となろう。しかし、そもそも「方」というのが「～氏」一族を指す言葉であったことから考えると、永禄八年段階での「三方」とは、伴・美濃部・山中という三同名中を「三方」と称していたといえ、そこでの「三方」と翌年に形成された共同裁定の契約を確立した「三方」とは性格の異なるものであったと捉えられる。そうすると、永禄九年以前は、伴・美濃部・山中という三つの同名中がどのような関係にあったのかが問題となるが、第一節の史料2や3にみられるように、それ以前の各氏は紛争が他氏同名中領にまで拡大するときには、同名中組織の紛争裁定機能を前提に、双方の同名中組織の話し合いによる解決が図られていたと考えられる。

(37) 元亀二年八月二十七日郡中惣異見状案(「山中文書」二四三)・(元亀二年)八月二十七日郡中惣書状(「山中文書」三六二)。

(38) 前掲註(37)史料。

(39) (年未詳)十一月十六日伊賀惣国一揆掟書(「山中文書」三八六)。なお、この文書の年代比定については諸説あって、いまだ定かではない。現在では、永禄三～九年に比定する説と、永禄十一・十二年に比定する説とがある(藤田達生「兵農分離と郷士制度─津藩無足人─」、同『日本中・近世移行期の地域構造』所収、校倉書房、二〇〇〇年、初出一九九

七年、稲本紀昭「室町・戦国期の伊賀国」『国立歴史民俗博物館研究報告』一七集、一九八八年など）。
(40)（年月日未詳）北畠并長野家中起請文前書案（「山中文書」四一〇）・（年月日未詳）甲賀連判中物条書案（「山中文書」四三三）。
(41)藤田前掲註(39)論文は、伊賀惣国と甲賀との同盟の時期を永禄十一・十二年に比定している。
(42)久留島前掲註(5)論文。
(43)（年月日未詳）郡中惣掟案（「山中文書」四〇九）。
(44)（年月日未詳）某書状案（「山中文書」四一九）。
(45)永禄十三年三月二十四日大原同名中与掟（「大原勝井文書」『中世法制史料集　五巻』一三一頁）。なお、同名中組織の防衛体制に関しては、拙稿前掲註(14)論文において詳しく触れている。
(46)村田前掲註(9)論文、宮島前掲註(10)論文など。
(47)天正元年十二月七日甲賀・伊賀奉行人惣連署異見状（「西川氏所蔵文書」『甲賀郡志　上巻』）。
(48)前掲註(37)史料。
(49)前掲註(40)史料。
(50)権力同士が起請文を介して結ばれるという事例は、東国における大名と国衆との関係においてもみられる。黒田前掲註(6)著書では、大名と国衆が戦国期の地域権力として同質の権力体であったことや、両者が結ぶ統制・従属関係は双務的な一種の契約関係であったことが明らかにされているが、両者が関係を結ぶ際に取り交わされたのが起請文であったという。こうした両者の関係形成のあり方には、類似性がみられる。
(51)近年の地域権力論においては、「家」権力と一揆権力が同質の権力であることが論じられてきている（藤木・稲葉前掲

註（7）論文および拙稿註（14）論文など）。先にも述べたように、それは「家」権力と一揆権力という権力構造は異なるものの、村に直接対峙した「公」権力であったところに特質があった。そのような研究状況から考えれば、ここでの北畠・長野両氏と甲賀郡中惣との同盟は、権力的に同質な権力同士の対等な同盟であったと捉えられる。

（52）　前掲註（44）史料。

（53）　前掲註（44）史料。

# 第九章　惣国一揆権力の平和維持と軍事行動

## はじめに

戦国時代の政治史を研究する上で、重要な素材となるのが、戦国大名であり、惣国一揆であろう。室町期の守護とは異なり、一定領域を排他的に支配する地域権力としての戦国大名については、古くから多くの研究が行われ、権力の歴史的特質について明らかにされてきている。(1)個々の大名の系譜や動向、領域支配に関する研究はもちろんであるが、近年では戦国期の自力の村との関係から、領域内の紛争を解決する調停権力としての戦国大名の本質が追究されるに至っている。(2)戦国時代研究のなかでも、戦国大名研究は人気分野として、日々研究が進化しているといえよう。

一方の惣国一揆については、『一揆』シリーズが発行された一九八〇年代が研究のピークで、(3)それ以後はあまり注目されていないのが実状である。確かに近年では、惣国一揆も戦国大名や国衆などの「家」権力と同様に、一定領域を支配する地域権力であり、紛争裁定組織としても機能していたことは明らかにされつつある。(4)その点において、戦国大名と併存する地域権力として位置づけられてはいるが、(5)戦国大名研究のように、戦国期の政治的状況や軍事の問題、また他権力との関係などの観点からは、まだそれほど研究が行われていない。それは、惣国一揆論が、一揆を形成する構成員の身分・階級規定など、主に一揆の内部構造の問題を重視し、それを上級権力が上から編成したのか、あるいは他権力とは独立した自治的支配を行ったのか、という点に論点を集中させてきたためではないだろうか。

もちろん、他権力との関係や軍事の問題などについて、まったく研究がなかったわけではない(6)。だが、惣国一揆の地域的特質を考えるためには、その地域ごとの政治動向や地理的関係をふまえ、そうした特殊な状況のなかに位置づけていく必要があるだろう。そして、他権力との関係や軍事的側面、惣国一揆の日常的あり方と非日常的な状況を追究するところから、惣国一揆という権力の本質がみえてくるであろうし、また中世から近世への移行のなかで、惣国一揆権力が解体していった要因についての見通しが得られるかもしれない。このような関心から、本章では伊賀惣国一揆と甲賀郡中惣を事例として、惣国一揆の軍事行動と他権力との関係を中心に検討していく。

## 第一節　惣国一揆の軍事行動

戦国時代の後半、「家」権力同士の戦争が「国郡境目相論」として展開するなかで(7)、いわば権力の空白地帯であった地域にも、従属を求める軍勢が派遣されることとなった。もちろん、地形的に「家」権力の侵略を受けづらい場所にあった伊賀・甲賀も例外ではなく、両所も周辺の勢力争いに否応なく巻き込まれていく。このような、他国からの侵入という危機的状況下で、郷土防衛のための軍事体制として形成された組織の一つに、伊賀惣国一揆がある。

伊賀惣国一揆については、古くから比較的多くの研究が積み重ねられている。特に、「山中文書」に現存する「惣国一揆掟書」が、伊賀惣国一揆の掟書であったことが明らかにされて以来(8)、戦国大名の軍事動員に匹敵するその防衛体制の仕組みに注目が寄せられてきた。戦国時代の史料に乏しい伊賀地域の研究はもちろん、惣国一揆研究においても、「伊賀惣国一揆掟書」はなくてはならない史料としてあまりにも有名である。これまでにも、さまざまに検討されてきてはいるが、(9) ここで今一度、同史料から惣国一揆の軍事行動について、その特質を整理しておきたい。

〔史料1〕（年未詳）十一月十六日　伊賀惣国一揆掟書写（「山中文書」三八六）(10)

惣国一揆掟之事

（第一条）一、従他国、当国へ入るニおゐてハ、惣国一味同心ニ可被防候事、

（第二条）一、国之物言とりしきり候間、虎口より住〔注〕進仕ニおゐてハ、里々鐘を鳴、時刻を不写〔移〕、在陣可有候、然ハ兵粮・矢楯を被持、一途之間虎口不甘様ニ陣を可被張候事、

（第三条）一、上ハ五十、下ハ拾七をかぎり在陣あるへく候、永陣ニおゐてハ番勢たるへく候、然ハ在々所々、武者大将ヲ被指定、惣ハ其下知ニ可被相随候、并惣国諸寺之老部ハ国豊饒之御祈禱被成、若仁躰ハ在陣あるへく候事、

（第四条）一、惣国諸侍之披〔被〕官中、国如何様ニ成行候共、主同前とある起請文を、里々ニ可被書候事、

（第五条）一、国中之あしかる（足軽）、他国へ行候てさへ城を取事ニ候間、国境ニ従他国城を仕候て、足軽として其城を取、忠節仕百姓有之ハ、過分ニ褒美あるへく候、そのミ〔身〕ニおゐてハ侍ニ可被成候事、

（第六条）一、他国之人数引入候仁躰於相定ハ、惣国として兼日ニ発向被成、跡ヲ削、其一跡を寺社へ可被置付候、并国之様躰内通仕輩あらハ、他国之人数引入候同前たるへく候、他国之人数引入候とある物言之仁躰有之ハ、失之誓段にてすしかへ候て可被晴候事、

（第七条）一、当国之諸侍又ハあしかるニ不寄、三好方へ奉公ニ被出間敷候事、

（第八条）一、国之弓矢判状送リ候ニ、無承引仁躰候者、親子兄弟をかきり拾ヶ年弓矢之用ニ懸申間敷候、同一夜之やと（宿）おくり（送）むかい（迎）共あるましく候事、

（第九条）一、陣取之在所にて味方らんはう（乱暴）あるましく候事、

一《第一〇条》、前々大和より対当国へ不儀之働数度有之事ニ候間、大和大将分牢人許容あるましく候事、
一《第一一条》、当国之儀ハ無恙相調候、甲か《甲賀》より合力之儀専一ニ候間、惣国出銭として、伊賀甲かさかへ《甲賀》《境》目ニ《マヽ》にて、近日野寄合あるへく候、
右掟連判を以、定所如件、
霜月十六日

史料1は、年未詳であるため、まずはこの文書の作成年代が問題となるが、従来の研究でも諸説あって、いまだ定まっていない[11]。伊賀惣国一揆自体は、稲本紀昭氏の研究によって、すでに天文二年（一五三三）には成立していたことが指摘されているが、「掟書」の作成年代については、現在、概ね二つの説に区分できる。一つは、「掟書」第七条の「三好方へ奉公ニ被出間敷候事」や、第一〇条の「大和より対当国へ不儀之働」などの文言から、大和国から侵入してくる三好・松永軍との関係で、永禄三年（一五六〇）から九年に比定する説、そしてもう一つは、織田信長の上洛に絡めて、永禄十一・十二年に比定する説である[12]。

本章では、どちらの説が妥当であるかを検証する用意がないため、両説の可能性をふまえて検討していきたいが、一つ指摘できることは、このような「掟書」が作られた背景に、「他国からの侵入」という危機的状況を想定しうる、という点である。すでに自明のことかも知れないが、惣国一揆が軍事動員を地域全体に課す目的は、他国への軍事侵攻ではなく、他国からの侵攻に対する郷土防衛にあったということである。境目地域の紛争に介入し、他国へ軍事行動を展開する戦国大名に比べて、領国存亡の危機に際してのみ、郷土防衛を呼びかける惣国一揆の軍事行動を、「家」権力とは異なる惣国一揆権力の特徴の一つとして確認しておきたい。

それでは次に、「掟書」に記された条文の内容から、惣国一揆の構造や軍事動員の特質を探っていく。まず、惣国

一揆の軍事行動は、「惣国一味同心」(第一条)で他国に対抗する仕組みであった点に注目したい。ここでの「他国」は、「掟書」第一一条に同盟関係がみえている甲賀(近江)以外の伊賀の周辺国であり、従来より指摘されている大和・山城方面であったとみてよいだろう。そして、その動員体制は、「里々鐘を鳴」らし(第二条)、「武者大将」を筆頭に、「惣国諸寺」を含め、「惣」(「里々」)の百姓に「兵粮・矢楯」を持たせた上で、「上ハ五十、下ハ拾七をかきり在陣」させるものであったことがわかる(第三条)。このような動員体制は、同じ一揆権力である甲賀郡の「大原同名中与掟」にも確認できるが[13]、一揆権力ばかりでなく、「家」権力である戦国大名領国においてもみることができる。

例えば、戦国大名北条氏は、領国の危機に際して「人改令」を発令し[14]、「惣而為男者ハ、十五・七十を切而、悉可罷立」きことを定めている[15]。ただし「人改令」は、軍事最前線ではない領域、すなわち北条領国のうち、本国内部にある村々に対して後方支援をさせたものであり、その動員は貫高に応じた限られた人数・日数であったことが明らかにされている[16]。では、大名領国の最前線ではどうであろうか[17]。

北条領国における北関東の押さえとして、特に越後上杉氏の侵攻に対処する役を任されていた鉢形城主北条氏邦は、天正三年(一五七五)に氏邦領の十豪で氏邦被官であった吉田真重に対し、「御用あつてかい《貝》・かね《鐘》なり《鳴》候ハヽ、かうちう《郷中》足軽衆ハ不及申、地下人まてこと〳〵く」馳せ参じるように命じている(『戦北』一七九三)。氏邦の鉢形領が、越後に対する北条領国の最前線であったことから、氏邦領の村々は、貝や鐘が鳴り次第、すべての村人が最前線の防衛を担わされることになったのである。また、甲斐との国境に近い滝山城主北条氏照は、武田氏との一戦を前に、「得道具」をもって「当郷ニ有之名字かゝり者之義者不及申、為男程之者出家まて此度罷出」るようにと、小山田八ヶ郷と狩野宗円に命じている(『戦北』一四四四)。

この二つの動員事例は、吉田真重や狩野宗円といった被官を、いわゆる「武者大将」的な役に任じて「郷中」の指揮を執らせた点、そして「出家」を含めた「地下人」まで、「得道具」をもってことごとく動員した点において、惣国一揆にみられた軍事態勢と酷似している。しかも、これらの事例が、北条領国の最前線での動員であったことをふまえるならば、「掟書」にみえる惣国一揆の動員体制は、「家」権力における最前線の動員体制に等しいということになる。したがって、基本的に防衛戦争しか行わない惣国一揆の軍事行動は、常に領域全体を軍事的最前線として位置づけ、領国内の全人員を総動員する郷土防衛体制であったといえる。

なお、伊賀惣国一揆においては、「永陣ニおゐてハ番勢」として(第三条)、領域内の里々が交代で、国境に設置された「虎口」の警固にあたっていた。それに対して北条領国では、最前線の村々は全人員が動員される一方で、本国内部の村々は、貫高制にもとづいた「人改令」によって、ごく限られた人員が役として後方支援に動員されたに過ぎない。このように、「家」権力の軍事体制には、最前線地域における全人員の動員と、本国内部地域における後方支援部隊の動員という、二段階の動員体制が敷かれていたことが知られるが、惣国一揆にはそうした段階差はみられない。領域内の在々所々が、等しく最前線での軍事行動を負担することで、惣国一揆の防衛体制が維持されていた。この点に、「家」権力とは異なる、構成員の平等を基礎とした惣国一揆権力の特質をみることができよう。

そして、もう一つ注目したいところは、「掟書」に散見する伊賀惣国一揆内部の諸階層についてである。このうち、「惣国諸侍」や「当国之諸侍」とは、「勢州軍記」(18)にみえる「伊賀国四郡之諸侍六十六人」といった、在々所々の土豪層であろう(第四・七条)。そして諸侍の配下には「被官中」がいて、彼等は里々に所在していた(第四条)。被官中は、もちろん主をもつ存在であるため、「国如何様ニ成行候共」主と行動を共にするように命じられている。この点は、「家」権力における被官組織と同様である。

一方、これらの他に「足軽」の存在が確認できる(第五・七条)。彼らは、「侍」とは区別される「百姓」であったことが第五条からうかがえるが、その足軽に対して、伊賀惣国一揆は国境に築かれた他国の城を取るように命じているのである。伊賀惣国がそのように命じる背景には、「国中之あしかる《足軽》、他国へ行候てさへ城を取事ニ候」（第五条）とあるように、他国が攻めてくるという危機的状況の時以外には、足軽は他国に行って軍事行動に従事するという状況があったためではないだろうか。第七条に、「当国之諸侍又ハあしかるニ不寄、三好方へ奉公ニ被出間敷候」とあるが、この条文、裏を返せば、三好氏との関係が悪化する以前は、三好方へ奉公に出ていた諸侍や足軽がいたということであろう。このように、「掟書」では、日常的に武力行動を行っていた足軽衆に、郷土防衛の期待を寄せているのである。では、惣国内の平時に諸侍や足軽が他国で軍事奉公をする状況とは、惣国一揆にとってどのような意味があったのだろうか。この点について、節を改めて追究していきたい。

## 第二節　「甲賀衆」「伊賀衆」と他国被官化の構造

一般的に、足軽というと、応仁の乱の時に、権力の末端に所属しながら略奪を繰り返す非正規軍が思い出されるだろう[19]。一方、戦国期の惣国一揆権力下における足軽は、平常時は他国へ行き、非常時に郷里に戻ってくる領内里々の百姓であった。彼らは一体、どこでどのような活動をしていたのであろうか。

〔史料2〕永禄四年十二月四日　浅井長政書状（「飯福寺文書」『近江古文書志　第1巻　東浅井郡編』）

伊賀衆約銭可相渡用候、弐拾貫文可被引替候、雖可為無心候、急与御馳走肝要候、恐々謹言、

浅井

永禄四

十二月四日　長政（花押）

飯福寺

新坊

几下

史料2は、北近江の戦国大名浅井長政が、「伊賀衆」に「約銭」を渡して用いるために、飯福寺に二〇貫文の立替を願い出た史料である。浅井氏は、永禄三年（一五六〇）、同盟を結んでいた南近江の戦国大名六角承禎・義治と決別し、境目の野良田表で六角氏の軍勢と戦っている。おそらくは、今後予想される六角氏との戦争に備え、伊賀衆を兵隊として雇ったのであろう。ここで、個人名ではなく、伊賀衆という集団で把握されている点からすれば、浅井氏に雇い入れられた人々は、伊賀惣国諸侍ではなく、むしろ足軽であったと捉えられる。しかも、彼等は浅井氏から「約銭」を与えられて雇われているのである。この約銭をどのように理解するかが難しいところではあるが、「役」ではなく「約」という漢字が当てられていることから考えると、約銭は契約銭であったと読むことも可能である(20)。そのように捉えれば、伊賀衆とは、浅井氏に対し軍事奉公を契約した一種の傭兵であったとみることができよう。実際に、伊賀衆は永禄四年の浅井軍による太尾城攻めに従軍しており（「嶋記録」）、また三好長慶と対立した足利義輝・細川晴元の軍勢として「甲賀衆」が坂本から出陣していたり（『厳助往来記』永禄元年六月九日条）、織田信長の上洛に対抗する三好三人衆と摂津で戦った「甲賀衆」が三〇〇余人討ち取られていたりしている（『多聞院日記』永禄十一年六月二十六日条）。これらの事例から、伊賀衆や甲賀衆が周辺諸国の権力と契約し、実際に動員されていた様子を知ることができる。だが、このような事例は、伊賀や甲賀の隣国のみならず、少し離れた駿河の戦国大名領国下でもみられる。

〔史料3〕天文二十年七月十五日　今川義元判物写（「臨済寺文書」『静岡県史　資料編7中世三』）

（端裏書）
「林際寺　義元判」

駿州城府大竜山臨済寺寺領之事

一ヶ所　当国志多良方米四拾石七升五合、代弐拾七貫百七十五文

（中略）

一ヶ所　青木山田弐反畠五反屋敷甲賀衆配分之外為薪料寄進、

（中略）

天文拾弐〔弐拾〕年辛亥

七月十五日　　治部大輔

義元（今川）（花押）

臨済寺方丈

侍者禅師

史料3は、駿河の戦国大名今川義元が領国内の臨済寺に寄進した寺領の目録である。注目されるのは、青木山に設定された「甲賀衆配分」の部分である。臨済寺に寄進された青木山の田畠・屋敷のなかには、今川義元から甲賀衆に支給される配分が設定されていたため、義元はその分を除いた残りを薪料として臨済寺に寄進したとある(21)。今川領国下にみえる甲賀とは、伊賀惣国一揆とは同盟関係にあり、のちに甲賀郡中惣という一揆権力を形成した地域である(22)。その甲賀を郷里とする甲賀衆は、おそらく浅井領国下における伊賀衆と同様に、今川氏と契約を結んで奉仕していたと考えられる。このように、近江から遠く離れた駿河においても、甲賀衆なる集団が、今川義元から給分を得ていたことを確認できるのである。

では、伊賀衆・甲賀衆といった足軽集団は、他国においてどのような軍事活動を行っていたのだろうか。元は南近

江の土豪で、戦国時代に駿河に下って今川義元・氏真に仕えた後、最終的には武田信玄・勝頼に仕えたという小倉氏には、子孫小倉茂兵衛によって慶安四年（一六五一）に記された「小倉家由緒」が残されている。(23)この由緒書は、熱海に湯治にきた小倉三河守が、縁あって今川義元の上洛の「上方之案内者」を命じられ、義元に仕えるようになったと伝える。その後、小倉氏は二代にわたり義元・氏真に仕えるが、小倉三河守の孫の内蔵助は、「今川氏真様へ御奉公仕、走回」るために、「伊賀甲賀之足軽を以、預ヶ被成」たという。ここにみえる「伊賀甲賀之足軽」とは、まさに浅井領国下の伊賀衆であり、今川領国下の甲賀衆であろう。「小倉家由緒」にみえるように、「家」権力に雇われた「伊賀甲賀之足軽」は、同じように「家」権力に抱えられた小倉氏のような他国牢人の配下に付けられ、共に軍事行動を行っていたことがうかがえるのである。

このようにして召し抱えられた他国牢人と足軽衆は、「家」権力によってどのように用いられたのだろうか。「小倉家由緒」をみていくと、小倉内蔵助は永禄四年、越後上杉氏が相模北条氏の領国に侵入した時、今川氏真によって今川氏と同盟関係にあった北条氏康・氏政父子の加勢に遣わされ、当時北条領国の最前線であった河越城に籠城している。また、永禄十一年（一五六八）に武田信玄が駿河へ侵入した際にも、(24)領国西側の最前線であった八幡平をかため、徳川家康による掛川城攻略戦においては、最前線の天王山を守備している。おそらく、最前線の戦場では、籠城戦や迎撃戦、時には国境を越えて他国の城を攻めたこともあっただろう。そのなかに、「伊賀甲賀之足軽」が加わっていたという事実は、まさに「捉書」にある「国中之あしかる《（足軽）》、他国へ行候てさへ城を取事ニ候」という状況そのものを示していよう。伊賀や甲賀の足軽は、他国権力との契約によって、常に最前線の城に送られ、厳しい戦場で戦っていたのである。

しかし、伊賀衆や甲賀衆は、なぜ自ら、わざわざ危険な戦場に動員されていったのか。また他国権力は、なぜ伊賀衆や甲賀衆を傭兵として雇い入れたのか。この点を考えるために、他国奉公をしていたもう一方の階層、「当国之諸侍」の動向についてみていきたい。

〔史料4〕永禄十一年四月八日　織田信長朱印状（「大野与右衛門氏所蔵文書」『織田信長文書の研究』八七）[25]

先度為使者被差上富野候、殊太刀・馬祝着候、猶和田伊賀守（惟政）可有演説候、恐々謹言、

卯月八日　信長（朱印）

甲賀

諸侍御中

永禄十一年九月、織田信長は足利義昭を奉じて岐阜から上洛を開始するが、史料4にみえるように、その約五ヶ月前、「甲賀諸侍」は織田信長に使者を派遣し、太刀と馬を送っている。岐阜を本拠としていた信長が上洛するには、どうしても近江を通らざるをえない。したがって、信長上洛の通路となる各所は、信長に味方するのか、あるいは敵対するのかの態度を示さなければならなかったのであろう。そのため、甲賀諸侍は上洛の約五ヶ月も前に、いち早く信長に対して敵対心がないことを表明したのである。ここで注目されるのは、和田惟政が、信長の返書を届けた使者となっている点である。

周知の通り、和田惟政は甲賀郡和田の出身で、足利義輝・義昭に仕えた幕臣である[26]。永禄八年五月、京都で義輝が討たれた後、惟政は、興福寺一条院から脱出した義昭を甲賀の和田館に迎え、義昭の京都復帰を目指して奔走することになる[27]。その惟政は、すでに永禄八年から信長と接触し[28]、義昭上洛の準備を調えつつあった。信長が、甲賀諸侍との折衝に甲賀出身である惟政を遣わしたことは、ある意味合理的な措置であったが、おそらく、信長・義昭の上洛に関する情報は、以前から惟政を通じて甲賀にいる和田同名中[29]や甲賀所々に伝えられていたのではないか[30]。それ故に、

史料4にあるように、甲賀諸侍は近々上洛してくる信長への対応が可能になったのであろう。

だが、さらに注目すべき点は、史料4にみえるように、甲賀側から信長方への使者に「富野」が立っていることである。富野とは、天文十六年（一五四七）および江戸時代の諸史料から、甲賀郡小佐治を拠点とした佐治氏の同名であったことが確認できる[31]（後掲佐治氏系図参照）。そして、その佐治氏に対して、織田信長は史料4の約半月後に知行を宛行っているのである[32]。このことから、史料4のような、信長に対するある種の味方表明は、甲賀郡中のなかでも佐治氏を中心として進められたことがうかがえよう。なぜ、佐治氏が交渉の中核になったかといえば、富野と同様、佐治同名であった伊佐野氏が、信長と姻戚関係にあったためであろう。伊佐野氏は、すでに戦国初期には尾張に移り住み、天文年間には知多郡大野の国衆に成長していたようで[33]、佐治信方は信長の妹を娶り、父為平とともに織田家に仕えていた[34]。史料4で信長との交渉が行えたのは、信長に従属していた大野の佐治氏と甲賀の佐治氏とが連絡を取り合っていたためではないだろうか。

実際に、甲賀を離れた土豪は、その後まったく甲賀と無関係になったわけではないようである。他権力に被官化しながらも、郷里との関係は完全には途絶えていないことは、次の史料に示されている。

〔史料5〕（天正四年）五月二十六日　滝川一益書状（「田堵野大原家文書」[35]）

急度令啓上候、仍而岩室方大野方相論之宮、最前走舞相定、以理非之上可有其沙汰之由候処、去廿四日彼宮之木、従岩室方被伐由申来候、内々承候条、岩室方へ自拙者かたも走舞次第可然之旨、以折帋相届候処、無承引、如此之躰失面目候、然上者郡中之法度も可相破候、急度被及御讃談、実々右之分候を郡中被成御堅尤候、雖然大野方相違も在之事候哉、彼走舞被召出、違変之方へ可被及御行候、来四日五日比、可被納
御馬候之条、拙者も直其地へ走参、郡中一同ニ成次第可相働候、無御油断、急度其以前大津辺迄可有御左右候、

恐惶謹言、

大原瀧川

五月廿六日　一益（花押）

大原

御奉行中様

人々御中

史料5は、甲賀郡櫟野《いちうの》の出身といわれる、織田信長の家臣滝川一益が、大原同名中の奉行中へ宛てた書状である。櫟野という地域が、「与掟」を作成した大原同名中惣の領内に含まれていたことから、滝川氏一族も大原同名中惣のメンバーであったと考えられるが、そのことは、一益が郷里である大原氏に宛てた史料5に「大原瀧川一益」と、二重名字で署名していることからもうかがえよう[36]。史料5は年欠の文書であるが、「来四日五日比、可被納御馬候」という部分から、近年、尾下成敏氏によって天正四年（一五七六）に比定されている。その内容は、甲賀郡内における「岩室方」と「大野方」との相論について、一益が意見を述べたものである。「岩室方」と「大野方」は、大原同名中惣の北側に野洲川を挟んで対峙していた、いわゆる「甲賀諸侍」である。おそらく近隣であった大原同名中が両者の相論の仲裁に立ったのであろう。

　ここで注目すべきは、一益は信長軍として出陣している最中にもかかわらず、甲賀郡内で起こった相論についての情報を得ていたこと、また相論解決に向けて、帰陣後に甲賀に帰って「郡中一同ニ成次第可相働候」と述べていること、そしてなにより、「郡中之法度」や「郡中」への結集を重視していたことであろう。一益は、信長家臣となって各地を転戦しながらも、郷里とのつながりを維持していたのである。

## 佐治氏系図（「小佐治文書」（東京大学史料編纂所所蔵写真帳）より作成）

- 為氏　美作守、法名道権
  - 高為　越前守、法名道形
    - 為延　玄蕃允、法名道永
      - 為兄　太郎左衛門尉、法名道兄
        永禄五年二月、従徳川元康公甲賀廿一家古士共江依御頼、御同国住人御敵鵜殿藤太郎長昭退治、廿六日夜長昭討捕、子供二人生捕、名有家来二百余人焼討ニス、御感不斜御盃頂戴
        御褒美拝領、其上御両使ヲ以伴与七郎江御感状頂戴仕候事
      - 源次郎
      - 為清　刑部少輔、法名道徹
        - 為望　与助、法名宗安
          - 為次　弾正、法名宗善
            慶安二戊子歳十二月廿九日卒、年八十五才、天正十三乙酉年甲賀破之時、二十二才ニシテ牢人、佐治ニ寓居
      - 安清　本国江州甲賀郡ノ内佐治
        図書頭始地蔵坊
        慶長十三戊申十二月廿五日、於奥州会津卒、法名道帰安清
        同国高岸寺葬
        妻古田玄斎女
        - 某　孫左衛門
    - 為定　美作守、法名道見
      近江屋形之旗下而北郡七千貫、当国蒲生郡黒橋合戦討死
      - 為重　越前守、法名道鏡
        江州慈恩寺合戦討死
    - 為次　美作守、法名柏貞道意
      - 為之　越前守法名花応道感

伊佐野上野介　法名道忠、尾州江入
為綱

為実　駿河守

為頼　左馬允

為光　左馬允

為次　左馬允

監物　本領江州甲賀郡ノ内、伊佐埜・平野・稗谷・今宿・佐治五郷之依軍功、永禄十一年四月廿四日従織田信長公加増ノ地、市子庄・羽田庄・河井跡職・楢崎跡職・馬淵源太左衛門跡職、合テ五ヶ庄也、信長公御朱印有之、九月廿四日死

為勝　住尾州大野

為次　対馬守

為平　号佐治左馬允　息八郎信長公縁者ト成テヨリ織田家旗下成

為興　住尾州　後号信方　妻織田上総介信長妹　天正二甲戌年九月廿八日於勢州長嶋討死

一成　与九郎住大野　尾州信雄卿・徳川家康公両将之属旗下、尾州小牧ニ出張、依之秀吉公ヨリ所領被役収牢人ト成、勢州安濃津江越、織田上野介信包公ニ扶助受、其後信包公丹州柏原ニ被為住領、与九郎モ同彼地江趣居住ス、寛永十一甲戌九月廿六日卒

一置　丹波ニ住　与右衛門若年之時号主水、中頃隼人　織田上野介ニ奉公、千三百石領知ス、承応四乙未二月三日於武州江戸卒、歳四十一

富野平四郎　法名道如
為豊

為永　弾正左衛門尉　法名道秀　当国於大津討死

為貞　大和守、法名道真

以上のような、和田惟政や滝川一益、そして佐治同名中の行動からは、他国奉公のために甲賀を離れても、他国奉公者が郡中の危機に際して郷里に戻って対処したり、郡中に有益な情報をもたらしたりしていた実状が浮かび上がってくる。特に、近隣諸国の動向などに関する情報は、惣国一揆の防衛にとって欠かせないものである。信長上洛の時のように、惣国周辺の動向を事前に察知することで、惣国一揆は他国からの侵入に対処することが可能となる。さらにいえば、甲賀諸侍の他国奉公は、権力側にとっては、他国進出の際の折衝役や案内者として機能する一方で、甲賀側にとっては、郡中が他権力に侵攻されない状況を作り出すことに寄与していたのではないだろうか。この点をさらに掘り下げるために、「甲賀諸侍」の他国奉公の状況について次にみていきたい。

## 第三節　平和の崩壊と一揆の形成

「甲賀諸侍」のなかでも、一番多くの史料を伝来しているのが、甲賀郡宇田の山中氏である。残存史料の多さから、小領主や地主と称された土豪の代表例として、これまでにも多くの研究が行われている[37]。これらの研究の多くが、甲賀郡内において地主的土地所有を展開していた山中氏の身分規定を中心に議論してきたことに対し、石田晴男氏は甲賀郡外で活動する山中「両惣領」家の存在を明らかにした[38]。これまで、「両惣領」については、その存在すら注目されていなかっただけに、石田氏の「発見」は、山中氏研究において特筆すべきものであるといえよう。

石田氏によれば、長享元年（一四八七）の将軍足利義尚による六角征伐以降、山中氏の「両惣領」家は細川澄元・晴元に従い、畿内における軍事行動を行った恩賞に、摂津の欠郡の支配を任されたという。石田氏の研究を受けて、湯浅治久氏は、山中「両惣領」家の活動を支えていたのが、甲賀郡における「同名中」という同族組織であったとし、在地からの離脱をはかった山中「両惣領」の政治的活動と、在地に密着して在地支配を維持した山中「同名中」の動向を一体的に理解しようとしている。[39]確かに、湯浅氏が指摘するように、「両惣領」と「同名中」は、まったく別々に動いていたのではなく、お互いがお互いを補完し合いながら、それぞれの活動を貫徹していたと考えられる。湯浅氏は、「領主にとっての発展の一つ」として、「両惣領」家の行動を「在地からの離脱」と位置づけるが、少し視点を変えて、領域平和の観点から、「両惣領」家の動向にみられるような甲賀諸侍の被官化状況について考えてみたい。

甲賀郡内には、甲賀五十三家や二十一家と呼ばれた「甲賀古士」が割拠していたといわれているが、そもそもの由緒は、長享元年に始まった将軍足利義尚による六角征伐、いわゆる「鈎の陣」に遡る。[40]鈎の陣において、六角高頼方に付いて将軍の軍勢に対抗した諸侍が五三人、うち特に軍功をあげたのが二一人ということで、江戸時代以降に自らの由緒を主張する際にこのような表現が用いられたようである。東海道の鈴鹿関など、交通の要衝にあった甲賀地域には、もともとは幕府奉公衆が多かったようであるが、応仁・文明の乱以降の中央政権の分裂によって、さまざまな権力と関係を取り結んでいくことになる。史料の残存状況により、具体的には不明な点も多いが、甲賀諸士と周辺権力との関係をまとめたものが次に載せる表である。

地理的状況上、江南の戦国大名六角氏との関係が深い甲賀諸士は多く、応仁・文明の乱から長享・延徳の六角征伐にかけて山中氏の他、黒川・佐治・杉山・望月の各氏が六角氏方に味方していたことが確認できる。一方、甲賀諸士のなかでも岩室弥四郎のように、六角征伐おいて将軍方に味方した者もいた。[41]岩室氏は甲賀二十一家にも含まれる甲賀古士であることから、[42]基本的に岩室同名中は六角方に付いていたと考えられるが、一部同じ同名中のなかにも敵方に付く者がいたのであろう。実際に多喜氏は、応仁・文明の乱において、同名中のうち多喜三河守が京極政高（経）から軍勢催促を受ける一方で、多喜丹波守は逆に敵対する六角高頼方の使者となっており、[43]同名中がそれぞれ敵対する勢力

| 刊本など | 親・兄弟・子孫 | 備考 |
|---|---|---|
| | 弟：貞久(甲賀住)／子：貞義(三河住)／子：義俊・貞季(甲賀住)／孫：義継(仕徳川家康)〈諸系譜〉／娘(松平清康妻・広忠母)〈徳川実記〉 | 三河国碧海郡に居住 |
| 戦六 934 | | 六角承禎使者 |
| 謄写本 | 子：義勝・吉久(仕徳川家康)〈青木系図〉 | 三方原討死 |
| 戦六 66 | | |
| 群書 29 | | 奉公衆「一番衆」 |
| 織 434 | 子：小十蔵〈美作古簡集〉 | |
| 影写本 | | |
| 織 434 | | |
| 織 434 | 子：重右衛門〈美作古簡集〉 | |
| 謄写本 | | |
| 記録 152 | | |
| 影写本 | | |
| | | |
| | | 大舘晴光への贈答 |
| | | |
| 戦六 1128 | | |
| 戦六 3 | 子：修理亮か？〈黒川文書〉 | |
| 戦六 133 | | |
| 戦六 144 | | |
| 戦六 189 | | |
| 戦六 960 | | |
| 戦六 960 | | |
| 戦六 960 | | |
| 戦六 1147 | | |
| 戦六 984 | | |
| 戦六 971 | 子：与四郎盛至〈寛政譜〉 | 天正10年本能寺の変の時家康の伊賀通路を助ける |
| | | |
| | 子：為延／孫：為兄〈佐治系図〉 | 伊勢貞宗への贈答 |
| 大史 8-16 | 親：為永／子：為貞〈佐治系図〉 | 富野氏系 |
| 戦六 75 | | |
| 戦六 77 | | |
| 戦六 1027 | 子：為重／孫：為次〈佐治系図〉 | |
| 戦六 1022 | 子：為兄〈佐治系図〉 | |

**【表】甲賀諸氏被官化一覧**

| 姓 | 名 | 主 | 時期 | 出典 |
|---|---|---|---|---|
| 青木 | 貞景 | 松平清康 | 明応1年(1492) | 諸系譜(国立国会図書館所蔵) |
| | 右衛門尉(正信) | 六角承禎 | 永禄10年(1567) | 芦浦観音寺文書 |
| | 義(吉)継 | 徳川家康 | 元亀3年(1572)以前 | 青木系図(東京大学史料編纂所所蔵) |
| 岩室 | 岩室 | 足利義尚 | 長享1年(1487) | 山中文書369 |
| | 弥四郎 | | | 長享元年九月十二日常徳院殿様江州御動座当時在陣衆着到 |
| | 長門守(重休) | 足利義輝 | 永禄2年(1559) | 美作古簡集 |
| | | 織田信長 | 永禄2年(1559)以降 | 高木文書 |
| | | | 永禄8年(1565) | 美作古簡集 |
| | 小十蔵 | | 天正2年(1574) | |
| | | 織田信雄 | 天正10年(1582) | |
| | | 木下勝俊 | 天正14年(1586) | |
| | 治部少輔 | 足利義昭 | 天正2年(1574)以降 | 記録御用所本古文書 |
| 大野 | 蔵人 | 伊庭貞隆 | 永正17年(1520)以前 | 頓宮文書 |
| | 中務丞 | 六角定頼 | 享禄1年(1528) | |
| | 右京進 | 足利義輝 | 永禄7年(1564)以前 | |
| 大原 | 同名中 | 足利義昭 | 永禄11年(1568) | 大原勝井文書 |
| 嵯峨 | 中務丞 | 六角義賢 | 天文8～永禄1年(1539～1558) | 蒲生文書 |
| 黒川 | 与四郎 | 六角高頼 | 応仁2年(1468) | 黒川文書 |
| | 兵庫助 | | 文亀3年(1503) | |
| | 修理亮 | | 永正1年(1504) | |
| | 次右衛門 | 六角定頼 | 永正11年(1514) | |
| | 蔵人 | 六角承禎・義治 | 永禄11年(1568) | |
| | 修理進 | | | |
| | 甚右衛門 | | | |
| | 与四郎 | | 永禄年間？ | |
| | 六右衛門 | | 元亀2年(1571) | 京都大学文学部博物館所蔵倉垣文書 |
| | 与次郎(盛治) | | 元亀1年(1570) | 書上古文書五 |
| | | 織田信長 | 天正1年(1573)以降？ | 寛政重修諸家譜 |
| | | 徳川家康 | 天正10年(1582)以降 | |
| 佐治 | 高為 | 足利義尚 | 文明10年(1478) | 親元日記 |
| | 弾正左衛門(為永) | 六角高頼 | 文明16年(1484) | 後法興院政家記 |
| | 今村 | | 延徳3年(1491) | 小佐治文書 |
| | 太郎 | | 延徳3年(1491) | |
| | 美作守(為定) | | 延徳年間？ | |
| | 玄蕃允(為延) | 伊庭貞隆 | 文亀2年(1502) | |

| | | |
|---|---|---|
| 奉書 3945 | | 畠山尚慶の添状あり |
| 戦六 721 | | |
| 織 88 | | |
| 織 453 | 子：為興(住尾州)〈佐治系図〉 | 尾張国大野の佐治氏 |
| | 子：一成(住大野)〈佐治系図〉／妻：お犬(織田信長妹)〈佐治系図ほか〉 | 大野佐治氏・天正2年9月28日伊勢長島討死 |
| 戦六 12 | | |
| 戦六 74 | | |
| 戦六 188 | | |
| 戦六 260 | | |
| 戦六 310 | | |
| 戦六 955 | | |
| 影写本 | | |
| | | |
| 戦六 1030 | | |
| | | |
| 戦六 966 | | |
| 甲賀 下巻<br>蒲生 10巻 | | |
| | | |
| 記録 148 | | |
| | 子：保俊(参州高橋討死)・保正(三方原討死)／孫：保英(姉川合戦功名)・保正(三方原戦死)／曽孫：保成／玄孫：保次〈寛永伝〉 | |
| | | |
| 記録 145 | | |
| 記録 1311 | | |
| 記録 155 | | |
| 記録 152 | | |
| 戦六 1254 | | |
| 戦六 159 | 子：源内左衛門行定〈寛永伝〉 | |
| 大史 9-16 | 子：定持〈寛永伝〉 | |
| 戦六 1107 | | |
| 綜覧 | | |
| 戦六 666 | | |
| 戦六 844 | | 永禄9年蒲生野合戦討死 |
| 戦六 864 | | |
| 戦六 929 | | |
| 戦六 1128 | 子：賢持・成持〈寛永伝〉 | 元亀1年野洲川合戦討死 |

| | | | | |
|---|---|---|---|---|
| | 佐治 | 足利義材 | 永正18年(1521) | |
| | 太郎左衛門尉(為兄) | 六角義賢 | 天文21年(1552) | |
| | 美作守(為次) | 織田信長 | 永禄11年(1568) | 佐治家乗 |
| | (左馬允)為平 | | 天正2年(1574) | 反町十郎氏寄贈武家文書展覧会解題目録 |
| | 為興(信方) | | 天正2年(1574)以前 | 佐治系図〈小佐治文書〉 |
| 杉山 | 藤八 | 六角政勝 | 文明2年(1470) | 古証文四 |
| | 藤五郎 | 六角高頼 | 延徳3年(1491) | |
| | 三郎兵衛尉 | 六角定頼 | 永正11年(1514) | 模写古文書 |
| | 三郎右衛門 | | 大永5年(1525) | 古証文四 |
| | 藤三郎 | | 享禄4年(1531) | |
| | 右兵衛尉 | 六角承禎・義治 | 永禄10年(1567) | |
| 多喜 | 三河守 | 京極政高 | 文明5年(1473)以降 | 賜盧文庫文書七 |
| | 越中守 | 足利義昭 | 永禄11年(1568) | |
| | 丹波守 | 六角高頼 | 永正15年(1518)以前 | 木村政信氏所蔵文書 |
| | 亀井 | 足利義輝 | 永禄1年(1558) | 言継卿記 |
| | 藤介 | 六角義治 | 永禄12年(1569) | 喜多文書 |
| | 平助 | 織田信長 | 元亀1年(1570) | 山中氏所蔵文書・大野与右衛門氏所蔵文書 |
| | 十右衛門資次 | 今川氏真 | 永禄13年(1570) | 寛永諸家系図伝 |
| | | 徳川家康 | 天正12年(1584) | |
| 服部 | 同名中 | 足利義昭 | 永禄11年(1568) | 記録御用所本古文書 |
| | 保長 | 松平広忠 | ? | 寛永諸家系図伝 |
| | 中(保次) | 徳川家康 | 永禄8年(1565) | |
| | | | 天正5年(1577) | 記録御用所本古文書 |
| | 服部 | | 元亀3年(1572) | |
| | 政季(政光) | | 天正20年(1592) | |
| | 要介 | 足利義昭 | 天正1年(1573)以降 | |
| | 甚丞 | 六角義治 | 永禄8～元亀3年(1565～1572) | 木村政信氏所蔵文書 |
| | 新左衛門尉(実乃) | 足利義尹 | 永正5年(1508) | 御内書案 |
| | 源内左衛門(行定) | 足利義晴 | 大永2年(1522) | 御内書引付 |
| | 新九郎資胤 | 足利義晴 | 享禄1～天文19年(1528～50) | 御内書要文 |
| | | 六角定頼 | 享禄3年(1530) | 二水記 |
| | 四郎三郎 | 六角定頼 | 天文17年(1548) | 法政大学能楽研究所般若窟文庫所蔵文書 |
| | 新左衛門尉賢持 | 六角承禎・義弼 | 永禄4年(1561) | 頂妙寺文書 |
| | 三郎左衛門尉 | 六角承禎・義弼 | 永禄5年(1562) | 古簡雑載五 |
| | 新九郎正持 | 六角承禎・義治 | 永禄10年(1567) | 八坂神社文書 |
| 三雲 | 対馬守(定持) | 六角承禎・義治 | 永禄1年(1568)以前 | 蒲生文書 |

| | | |
|---|---|---|
| 戦六 1271 | | |
| 戦六 947 | | 天正１年までは六角方 |
| | | |
| 戦六　8 | | |
| 戦六 15 | | |
| 戦六 67 | | |
| 戦六 1026 | | |
| 戦六 1121 | | |
| 戦六 1321 | | |
| 戦北 789 | 子：弥四郎政次〈山上系図〉 | |
| 戦北 4750 | | |
| 徳　下1 | | |
| 徳　下1 | | |
| 戦六　2 | | |
| 戦六　7 | | |
| 戦六 16 | | |
| 戦六 66 | | |
| 戦六 65 | | |
| 奉書 3945 | 子：橘六・橘左衛門久俊・大和守俊好〈山中系図〉 | 後藤賢豊への贈答 |
| 戦六 1315 | 子：長俊〈石田論文〉 | |
| | | |
| 戦六 923 | 兄：橘六・久俊〈山中系図〉 | |
| 戦六 962 | | |
| 戦六 1201 | | 秀吉右筆になる |
| 大史 11-3 | | |
| | | |

| | | | | |
|---|---|---|---|---|
| | 忠持 | 六角氏 | ？ | 八坂神社文書 |
| | 新左衛門尉成持 | 六角承禎・義治 | 永禄10年(1567) | 芦浦観音寺文書 |
| | | 織田信雄 | 天正12年(1584) | 寛永諸家系図伝 |
| | | 徳川家康 | 天正12年(1584) | |
| 望月 | 弥次郎 | 六角政勝 | 文明1年(1469) | 木村政信氏所蔵文書 |
| | 越中守 | 六角行高(高頼) | 文明2年(1470) | |
| | 将監 | 六角高頼 | 延徳1年(1489) | |
| | 村島 | | 延徳年間？ | |
| | 吉棟 | 六角承禎・義治 | 永禄1年(1558)以前 | |
| | 左近将監 | 大原高盛 | 元亀年間？ | |
| 山上 | 山上 | 北条氏政 | 永禄5年(1562) | 陶山静彦氏所蔵江成文書 |
| | 強(郷)右衛門(久忠) | 北条氏直 | 天正12年(1584) | 山上家文書 |
| | | 徳川家康 | 慶長11年(1606) | 川崎文書 |
| | 弥四郎(政次) | | 慶長7年(1602) | |
| 山中 | 太郎 | 六角政勝 | 応仁1年(1467) | 山中文書172 |
| | 筑前守 | | 応仁3年(1469) | 黒川文書 |
| | 橘左衛門尉(重俊カ) | 六角高頼 | 文明2年(1470) | 山中文書175 |
| | 橘六 | | 長享1年(1487) | 山中文書369 |
| | 太郎左衛門 | | | 山中信忠氏所蔵文書 |
| | 増千代(貞俊カ) | 足利義材 | 明応4年(1495) | 山中文書192 |
| | 新左衛門尉 | 六角義賢 | 永禄6年(1563)以前 | 山中文書370 |
| | 小島 | | | |
| | 大和守(俊好) | 六角承禎・義治 | 永禄9年(1566) | 山中文書366 |
| | 新三郎 | | 永禄11年(1568) | 山中信忠氏所蔵文書 |
| | 橘内・山城守(長俊) | | | 古今消息集四 |
| | | 柴田勝家 | 元亀3～天正2年(1572～74) | 古証文五・寛永諸家系図伝 |
| | | 丹羽長秀 | 天正12年(1584) | 寛永諸家系図伝 |
| | | 堀秀政 | 天正13年(1585) | |

(注1)　被官関係は知行宛行状・軍勢催促状・感状・贈答などから復元し、被官関係が確認できる一番古い文書の発給年を時期として表記している。年未詳文書については、発給者当主の在位期間から想定した。

(注2)　名前部分は、史料の表記に従い、実名が分かる場合は(　　)で記入した。

(注3)　出典のうち、「山中文書」については、『水口町志』下巻所収の文書番号を付記した。

(注4)　刊本・写本の略称は以下の通りで、刊本は文書番号を付記した。
「戦六」は『戦国遺文　佐々木六角氏編』、「謄写本」は東京大学史料編纂所所蔵謄写本、「織」は『織田信長文書の研究』、「記録」は『記録御用所本古文書』、「影写本」は東京大学史料編纂所架蔵影写本、「大史」は『大日本史料』の編-冊の番号、「奉書」は『室町幕府奉行人奉書集成』、「甲賀」は『甲賀郡志』、「蒲生」は『近江蒲生郡志』、「綜覧」は『史料綜覧』(但し東京大学史料編纂所ホームページの大日本史料総合データベースを利用)、「戦北」は『戦国遺文　後北条氏編』、「徳」は『徳川家康文書の研究』下巻之一、をそれぞれ示す。

に味方するような状況も見受けられる。

その後、いわゆる明応の政変以降、混乱を極めた京都における権力争いのなかで、山中氏は明応四年（一四九五）に六角高頼と敵対する足利義材方から軍勢催促を受けている(44)。同様に佐治氏は、文亀二・三年（一五〇二・〇三）に六角高頼と対立した伊庭貞隆の軍勢に加わって高頼と対立し、永正十八年（一五二一）には細川高国と対立して京を離れていた足利義稙とその配下にあった畠山尚慶から軍勢催促を受けている。しかし、佐治氏は天文二十一年（一五五二）・二十二年の六角氏と浅井氏との対立に際し、六角方として従軍していたことが確認できる(45)。

以上取り上げた諸氏のうち、特に岩室・佐治・多喜・望月・山中各氏は、石田晴男氏によって幕府奉公衆・御家人と捉えられた一族である。だが、応仁から天文期までの動向をみる限り、幕府奉公衆として将軍の動員に応じることもあれば、より近くの権力にも協力するというように、その関係はきわめて流動的であった。実際に、石田氏によって六角氏被官と位置づけられた三雲氏も、永正年間には足利義尹の動員を受けているのである(46)。おそらくは、ある特定の権力との固定された被官関係というよりは、同名中の保全という観点から、状況や時期に応じてさまざまな権力との関係を取り結んでいたというのが実状なのではないだろうか。

そして、六角氏の戦国大名化が進み、領域支配が展開されるようになると、三雲氏のような、六角氏との被官関係を強化した甲賀侍を除いては、六角氏による甲賀諸侍への軍事動員はあまりみられなくなり、戦時においても甲賀での「境目」警固が主となったようである(47)。しかし、その間にも、甲賀諸士から六角氏当主やその家臣に対する贈答がみられることから、六角氏との関係がまったく途絶えたわけではないようである(48)。このように、甲賀の在地にいながら六角氏と協力関係を維持していた甲賀諸士は、戦国大名領国における国衆のように、味方ではあるが、ある程度独立した存在であったと捉えられよう(49)。

一方で、先に述べた和田や滝川・佐治各氏のように、近江国の外に被官化を求めた甲賀諸士も少なくない。例えば、甲賀の系譜を引くと考えられる岩室長門守重休は、足利義輝のもとを去ったのち、織田信長に仕えていたことが確認でき[50]、山上強右衛門尉久忠は、北条氏の奉者として文書を発給していることから、北条氏の重臣となっていたと考えられる[51]。また、伊賀の事例ではあるが、有名な服部半蔵（正成）の父保長は、伊賀で生まれた後、松平広忠に仕え、その子孫や一族も代々徳川家康に仕えている[52]。同様に、甲賀の青木貞景は、系譜類のみでしか確認できないが、明応元年に三河国碧海郡に移住して松平氏に仕えたようで、貞景の娘は松平清康に嫁し広忠を産んだといわれている[53]。

他権力との被官関係は、甲賀から遠く離れた地で結ばれるため、彼らの動向は必然的に被官関係に特化し、権力との結びつきを強めていく傾向にある。だがそれでも、青木貞景のように、晩年は息子一人を三河国に残し、他の息子二人とともに甲賀に戻ったと記されていることからは、国外に被官化を求めた者でも、いまだ出身地の甲賀とのつながりは切れていなかったことを推測させる。そして、こうしたつながりが惣国一揆領国の非常時に機能するのである。

このように、他国奉公によって、周辺国から遠国までに張りめぐらされた甲賀諸侍のネットワークは、お互いの情報交換を促すとともに、時には甲賀衆を引き連れて他権力に軍勢を派遣してきた。こうした多方面への働きかけは、おそらく甲賀郡中が戦場とならないための有効な手段になったと考えられる。つまり、実際に個々の甲賀諸侍は、それぞれ被官化した権力に率いられて戦場に赴くことになるが、そうした被官関係が各方面と結ばれることで、甲賀郡中に逆にあらゆる権力と敵対しない、一種の中立地帯を生み出すことになったのではないか、ということである。そうしたなかで、甲賀郡中惣全体としては、周辺の「家」権力と同盟関係を結び、領域の安全を強化していく[54]。

だが、甲賀諸侍が散りがかり的に被官関係を結び、甲賀衆という足軽を派遣することで維持されていた平和状況は、六角氏が信長に敗れて甲賀から伊賀へ逃れてきたことによって徐々に変化していく。先に述べたように、甲賀郡中の諸侍としては、上洛してくる信長に対し「請状」を提出し、信長方への協力を約束していた[55]。しかし、信長の敵である六角氏が、甲賀出身の重臣三雲氏の手引きで甲賀・伊賀に匿われているということになれば、当然甲賀も六角氏の味方とみなされ、信長の敵対勢力と認定されることになる。

一方、以前より幕府奉公衆が多かった甲賀郡中は[56]、足利義昭を通じて信長との関係改善を図りつつ[57]、また甲賀諸侍のなかにも、他国奉公を通じて信長に味方する者もいたために、六角氏が伊賀に潜伏しながらも、当初は甲賀郡中が信長の直接の標的となることはなかったようである。その証拠に、元亀元年（一五七〇）六月に六角氏と信長が戦った野洲川合戦後に、信長は甲賀諸侍の働きを賞している[58]。しかし、以前の所縁から、六角方に味方する甲賀諸士も当然多く、野洲川合戦では甲賀諸士が敵味方に分かれて争うような状況になっていた[59]。

ただ、そのような状況下でも、在地レベルにおいては依然として紛争裁定組織としての近隣裁定・郡中惣が機能していた[60]。郡中惣の初見が元亀二年であったことを考えれば[61]、この段階での郡中惣の結集は、敵方に付いた者をある程度排除して形成された組織なのかもしれない。そして、甲賀郡中が本当の意味で危機的状況に陥るのは、信長と対立していた浅井・朝倉が滅亡し、足利義昭が信長と対立して京都を離れた後のことであった。そのような危機的状況に際して、甲賀郡中はどのような行動を取ったのであろうか。

〔史料6〕（年月日未詳）某書状断簡（「山」四一九）

（前欠）(a)前々足軽ちやうし（停止）の儀、念を入て申越候へ、然者以其次、付城之儀可申旨申極て置候、其使帰候、(b)今度之あしかる（足軽）衆ちやうし（停止）の儀、惣国へハ不相届段眼前候、見ふの（壬生野）・さなこ（佐那具）・河井三里へ右之旨最前従郡中申送候へ共、惣国へハ不申届候、其子細者織田当郡へ可令乱入と申砌、郡中より伊賀衆申調令同心処、程なく不及案内、織田と申談候間、左様之出入、対郡中申て置候、然処以福地、郡中より重而存分申候条、いかさま可令馳走と福地ニ

物語候様ニ申たる旨と聞成候、

一、右之趣ハ為此方申遣書状の返事候、此方へ使仁一両人伊州之者とも物語候、(c)此分の世上に候ハヽ、対甲賀、必定信長存分可被申候、其時分郡中ハ不可有正躰候か、左様之砌、俄伊州へ申来候共、はか不可行候、左様ニ候ハヽ、郡中ハ可相果候、左候ハヽ、そくさに(即座)伊州も可相果候、其段ハ眼前に分別候、あわれ此砌、国中と郡中と申談て置度事、はし〳〵申分と聞成候て、わけ聞たる申事候、我々思候ハ、織田永原辺まて来て存分申候ハヽ、とやかくやと在之間ニ、一郡中之儀ハいかゝ可在之候哉、(d)従兼而伊州申談、一左右次第仁さかい目まて人数出候ほとに候ハヽ、公事もあいすむへく候かと思候、取乱候へハ何事も不成物候、今程郡中堅固仁覚悟候事ハ無之候か、菟ニ角ニせん(善)ニもあく(悪)ニも郡中固候て、無別儀候へハ、此方之為も可然候、あしく分別候ハヽ、此次仁此方之手向能様に身かちニ申様皆共存候てハいかゝと思候間、口外不可然候、先此次を以、有様申候、とても事に伊州之儀被相分、被置候ハヽ、郡中之為、可為珍重候、此書状にて合点不可行候か、追而存分可申候、如右之見事ニ被申固寄方候処、無尽期様ニ自然被存候てハと思、態使をも不遣候、雖然伊州之躰、自然具無存知てハと思候間、為覚悟申候、返々今度之才覚きとくさ(奇特)更々難申尽候、先度以青木大形存分申候処、遮而調意儀被申越候間、左様之儀にあまへ候て申事候、不可有退屈候、

一、(e)公方様御様躰、無是非儀候、京都　御退座之儀、荷雪と云者、又本将両人被差下、被　仰出候、右之両人存知之者候間、

御退座不可然旨事、於愚申上たる事候、雖然無御了簡候か、又ハ京都ニ　御座候へハ、織田と被　仰談候筋ニ弥相極候条、諸国へ之御筈ニ真木嶋へ可被移　御座旨被仰候、詮右之通候、無是非(後欠)

史料6は前後欠の断簡で、内容的に意味が取りづらいところもあるが、おそらくは甲賀郡中惣から伊賀惣国へ宛て

た書状であると考えられ、また山中同名中の福西が使者に立っていることから、(62) 山中氏が中心となって作成されたものと想定できる。また、年未詳であるが、傍線(e)から、足利義昭が京都を退去した天正元年(一五七三)七月以降、六角方の甲賀諸士が信長と和睦し石部城を退去した天正二年三月までに比定できる。

この時期、甲賀がどのような状況に追い込まれていたかは、傍線(c)に明らかである。信長に対する包囲網が切り崩されるなかで、次は六角氏を擁している甲賀に対して軍勢が派遣されることを予想し、傍線(d)のように、伊賀惣国との協力関係を取り付けようと働きかけている。もちろん、甲賀が破られれば、「そくさ《即座》に伊州も可相果」という状況にあるため、伊賀衆も一丸となって堅固な警備体制を取るように取り決めているが、注目されるのは郷土防衛のために要請された、傍線(a)(b)の「足軽ちやうし《停止》の儀」である。

第二節で述べたように、甲賀や伊賀の一揆権力は、領域平和のために平時において足軽を他国へ派遣していた。他国への軍勢派遣を通じて味方表明をすることで中立を維持し、他国に攻め入られない状況を作り出していたわけである。だが、「対甲賀、必定信長存分可被申」という、甲賀を敵として侵入してくる勢力が出てきた段階で、郡中領域に足軽働きを禁止したのである。このように敵方と認定されてしまったら、他国とのルートづくりよりも防衛のための兵士の方が必要ということなのであろう。こうして、史料1の「掟書」のような、危機的状況下における領域全体の動員という軍事体制が成立するのである。

しかも甲賀郡中は、足軽停止を隣国の伊賀惣国にも要請している。ここで「見ふの《壬生野》・さなこ《佐那具》・河井三里へ右之旨最前従郡中申送候へ共、惣国へハ不申届候」と述べられているのは、「織田永原辺まて来て」も、伊賀惣国の中心である名張まではまだ距離があるため、甲賀と隣接する村々にのみ要請したものと考えられる(地図参照)。伊賀惣国との同盟関係は、すでに史料1の段階で結ばれていたが、史料6に「織田当郡へ可令乱入と申砌、郡中より伊賀衆申調令

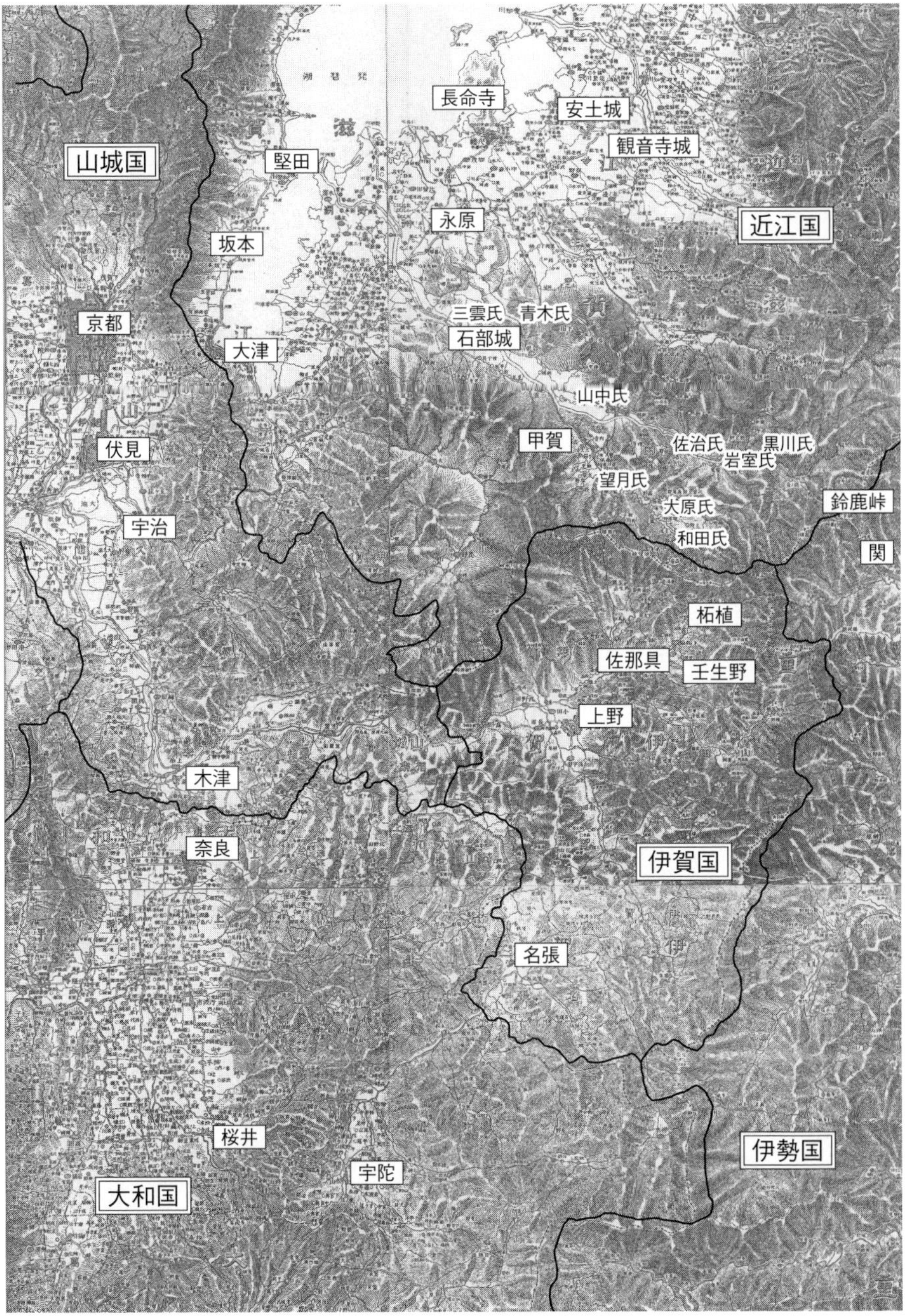


伊賀・甲賀周辺地図（輯製二十万分一図「名古屋」「京都及び大阪」「山田」「和歌山」より作成）

同心処、程なく不及案内」とあるように、危機が回避された段階で疎遠になっていたのだろう。ただ、惣国の非常時において、他国との同盟関係が再確認されたのは、このような他国の侵入に際しては、自国のみ厳重に警固するだけでは不完全と考えていたのためである。こうした事態に備えて、日頃から常に有事の時のために周辺の権力との同盟関係を結んでいたのである。

だがおそらくは、「足軽ちやうし《停止》の儀」を発令しても、戻ってくる者ばかりではなかったであろう。特に、「家」権力の被官として活動している人々は、容易に被官関係を解消することは困難である。一揆の平和が崩壊しようとしている時に、逆に一揆の内部は分裂の危機に直面するわけである。そこで、惣国内の内部分裂を解消するために、他国奉公衆を除いて新たな一揆が形成されてくるものと考えられる。結果として、他国奉公を通じて、信長の被官となっていた甲賀諸侍が多かったためか、最終的には甲賀郡中惣は信長と和睦することで、最悪の事態は回避したが、まさに領国平和が維持できない状況になって、あらためて一揆への結集が求められるものであったと捉えられよう。

## おわりに

以上みてきたように、惣国一揆は平時における他国奉公・足軽衆派遣と、非常時における他国奉公・足軽停止という、二つの方法で領域平和を実現してきた。前者は、諸方面への奉公により、「開かれた」中立地帯を創出し、後者は全住民による郷土防衛により、「閉じられた」一揆領国を成立させる。しかし、このような危機的状況を経ても、他国へ出た甲賀諸侍と在地に残った同名中との関係は切れずに続いていた。

足利義昭から織田信長に仕え、元亀二年（一五七一）に摂津で戦死した和田惟政の子惟長は、惟政死後も信長に仕えていたが、『寛永諸家系図伝』によれば、その後は豊臣秀吉・徳川家康に仕えて、寛永五年（一六二八）に没したとある。[63]その惟長は、慶長十六年（一六一一）、甲賀郡内で発生した山相論を、甲賀諸士の黒川・土山両氏とともに裁許の起請文に血判を加えている。[64]他国において権力に奉公しながらも、郷土の紛争解決に関わっていたことが確認できる。

また、六角氏滅亡後から柴田勝家・丹羽長秀に仕え、後に秀吉の右筆となった山中長俊は、『寛永諸家系図伝』によれば、関ヶ原合戦で石田方に与して所領を没収されたが、のちに京都居住を認められ、家康・秀忠の上洛の時には謁見を許されたという。その長俊は、京都に居住していた慶長八年に、山中与右衛門の山中同名中入りを斡旋し、自ら山中同名中として署判を加えている。[65]このことから、山中長俊のように、長く他国奉公をし、権力との関係を強めてきた者であっても、そして甲賀郡内に居住していなくても、依然として同名中の構成員であったことをあらためて知ることができよう。

もちろん、他国奉公に出た者のなかには、その後甲賀に戻らず、同名中との連絡を断った者もいたであろう。ただ、和田氏や山中氏のように、実際には他国奉公をしながらも、甲賀と密接な関わりを維持していた者も少なくなかったのではないだろうか。それ故に、一揆権力が崩壊した後でも、彼らには帰る場所があったのであろうし、また同名中も江戸時代を通じて形を変えて継承されていったのであろう。

その上で今後問題となるのは、日本の中近世移行期において、なぜ惣国一揆権力は「家」権力によって打倒されたのか、ということである。日本の戦国時代にみられたような一揆的権力の動向は、中世ヨーロッパのスイスの状況と酷似している。[66]中世のスイスは、惣国一揆同様に、周辺の国家に傭兵を派遣することで、中世ヨーロッパの群雄割拠のなかで、緩衝地帯としての中立地帯を作りだし、その永世中立を国際法で認めさせることで現在まで続いているという。一方で、戦国時代の惣国一揆は、緩衝地帯を認めない「家」権力と対立し、最終的に「家」権力によって淘汰されていく。中世ヨーロッパのように、日本の戦国時代において一揆権力が永続しなかったのはなぜか。この問題は今後の私自身の課題でもあり、また中近世移行期論の課題でもあるといえよう。

**註**

（1）峰岸純夫『中世の東国―地域と権力―』（東京大学出版会、一九八九年）、黒田基樹『戦国大名領国の支配構造』（岩田書院、一九九七年）など。

（2）藤木久志『村と領主の戦国世界』（東京大学出版会、一九九七年）、黒田基樹『中近世移行期の大名権力と村落』（校倉書房、二〇〇三年）など。

（3）『一揆』一～五巻（東京大学出版会、一九八一年）。

（4）拙稿「土豪同名中の形成・構造とその機能」（同『中近世移行期における村の生存と土豪』所収、校倉書房、二〇〇九年、初出二〇〇二年）および本書第八章「惣国一揆権力の紛争裁定」（初出二〇〇二年）、川端泰幸『日本中世の地域社会と一揆―公と宗教の中世共同体―』（法蔵館、二〇〇八年）など。なお、惣国一揆の研究史については、拙稿論文を参照。

（5）久留島典子「領主の一揆と中世後期社会」（『岩波講座日本通史　第9巻中世3』所収、岩波書店、一九九四年）。

（6）湯浅治久「戦国期在地領主と「惣国一揆」」（同『中世後期の地域と在地領主』所収、吉川弘文館、二〇〇二年、初出一九九三年）など。

（7）稲葉継陽『日本近世社会形成史論―戦国時代論の射程―』（校倉書房、二〇〇九年）。

（8）石田善人「甲賀郡中惣と伊賀惣国一揆について」（同『中世村落と仏教』所収、思文閣出版、一九九六年、初出一九六二年）。
（9）内容の解釈については、石母田正「解説」（『中世政治社会思想　上巻』所収、岩波書店、一九七二年）に詳しい。
（10）「山中文書」の文書番号は、『水口町志』下巻による（以下、「山中文書」の引用に際しては、「山」と略記し文書番号を併記する）。史料1は、前掲註（9）書、『日本史史料2中世』（岩波書店、一九九八年）、『中世法制史料集』第五巻武家家法Ⅲ（岩波書店、二〇〇一年）に掲載されているが、文字の翻刻においては、適宜東京大学史料編纂所所蔵写真帳を参照した。なお、以下の引用においては、「掟書」と略記する。
（11）石田善人前掲註（8）論文、永原慶二「国一揆の史的性格」（同『中世内乱期の社会と民衆』所収、吉川弘文館、一九七七年、初出一九七六年）、太田順三「荘園と「地域的一揆」体制―石母田正著『中世的世界の形成』をめぐって―」（『佐賀大学教養学部研究紀要』一二巻、一九八〇年）、久保文武『伊賀史叢考』（伊賀郷土史研究会、一九八六年）、松山宏「伊賀惣国一揆掟をめぐって」（『地方史研究』二〇八号、一九八七年）、稲本紀昭「室町・戦国期の伊賀国」（『国立歴史民俗博物館研究報告』一七集、一九八八年）、藤田達生「兵農分離と郷士制度―津藩無足人―」（同『日本中・近世移行期の地域構造』所収、校倉書房、二〇〇〇年、初出一九九七年）などの論文において、年代比定が試みられている。
（12）前者の説は、太田・久保・松山・稲本各氏で、なかでも稲本氏は、永禄三年十一月の松永久秀による大和侵入や、同年十二月の三好勢による伊勢侵攻の動きに注目し、「掟書」成立を永禄三年としている。一方後者の説は、永原・藤田両氏であるが、特に藤田氏は、従来より伊賀と関係が深かった伊勢の北畠氏が信長に降伏した時に、軍事的緊張状態が高まったと捉え、永禄十二年に比定している。
（13）永禄十三年三月二十四日大原同名中与掟写（「大原勝井文書」・「田堵野村大原家文書」）。同文書は以下「与掟」と略記

する。なお、大原同名中や「与掟」については、拙稿前掲註(4)「土豪同名中の形成・構造とその機能」を、また「田堵野村大原家文書」については、本書第三章「「大原同名中与掟写」にみる「同名中」領の基礎構造」を参照。なお、「田堵野大原家文書」は、現在国文学研究資料館に所蔵されている。引用の際には、同館の目録番号を併記する。一方、「大原勝井文書」は、石田善人氏によって紹介され、一部が石田善人「甲賀郡中惣と大原同名中惣について」(同前掲註(8)著書所収、初出一九七六年)や同「甲賀武士団と甲賀忍術」(『万川集海』所収、誠秀道、一九七五年)に翻刻されている。また、「大原勝井文書」の写真帳は、京都大学文学部古文書室に所蔵されているため、文字については同写真帳によって確認した。

(14)　北条領国においては、永禄十一年(一五六八)から元亀二年(一五七一)にわたる甲斐武田氏との抗争と、天正十四年(一五八六)からの豊臣政権との対立において発令されている。

(15)　『戦国遺文後北条氏編』三三四九。なお、同書の引用に際しては、以下、『戦北』と略記し、その文書番号を併記する。

(16)　藤木久志「村の動員」(同前掲註(2)著書所収、初出一九九三年)、黒田基樹「戦国大名の「国役」とその性格」(同前掲註(2)著書所収)。

(17)　北条領国の最前線地域における軍事動員については、黒田基樹「大名被官土豪層の歴史的性格」(同前掲註(2)著書所収、初出二〇〇一年)を参照。

(18)　『続群書類従』第二十一輯上所収。なお、土豪の定義については、拙稿前掲註(4)著書を参照。

(19)　応仁の乱における足軽については、藤木久志「応仁の乱の底流に生きる」(同『飢餓と戦争の戦国を行く』所収、朝日選書、二〇〇一年、初出二〇〇〇年)を参照。

(20)　史料2の「約銭」部分は、『近江古文書志　第1巻　東浅井郡編』や、小和田哲男著『浅井三代文書集』(浅井家顕彰会、

一九七二年）では、「釣銭」と翻刻されている。だが、『己高山中世文書調査報告書』（木之本町文化財調査報告書、二〇〇〇年）に掲載された写真を参照すると、「釣」ではなく「約」と読めることから、本稿では「約銭」と訂正して翻刻した。

(21) 史料3の今川義元判物写を引用して作成された、永禄十二年一月十八日の吉田信生証文（『戦国遺文　武田氏編』一三五七）には、「一ヶ所　青木山田弐反畠五反屋敷弐間、甲賀衆配分之外為薪之料寄進、」とあることから、臨済寺には青木山の田畠・屋敷が寄進されたことがわかる。

(22) 甲賀郡中惣については、本書第八章「惣国一揆権力の紛争裁定」を参照。

(23) 「岩代国信夫郡福島町小倉源蔵所蔵記録」（『近江愛智郡志　第二巻』）。

(24) 「小倉家由緒」には、「永禄十二年辰ノ十二月六日ニ信長公かうふ（甲府）を御立、駿河へ御はたらき被成候」とあるが、記された年月日から、武田信玄による駿河侵攻についての記述と捉えられる。

(25) 『織田信長文書の研究』の引用に際しては、以下、『織』と略記し、その文書番号を併記する。

(26) 谷口克広『織田信長家臣人名辞典』（吉川弘文館、一九九五年）。

(27) 奥野高広『足利義昭』（吉川弘文館、一九六〇年）、久保尚文「和田惟政関係文書について」（『京都市歴史資料館紀要』一号、一九八四年）。なお、久保論文は、和田惟政が義昭の一条院脱出についても深く関わっていたことを指摘している。

(28) （永禄八年）十二月五日織田信長書状（「高橋義彦氏所蔵文書」『織』六〇）。

(29) 天正元年十二月七日甲賀郡奉行人物・伊賀奉行人物連署状起請文（「下郷共済会所蔵文書」『三重県史　資料編近世1』）に、「和田殿・同御同名中」がみえることから、和田惟政が甲賀を離れた後も、甲賀郡和田には和田同名中が存在していたことがうかがえる。

(30) 実際に、永禄十年十二月には、織田信長と浅井長政との同盟に関する情報を、和田惟政が、同じ甲賀出身の六角氏家臣であった三雲氏に伝え、六角氏への披露を求めている（「福田寺文書」『戦国遺文佐々木六角氏編』九五六）。この文書において、惟政が「御書畏令拝見候」と述べていることから、それ以前に三雲氏から惟政に対して信長に関する問い合わせがあったものと考えられる。そうした問い合わせに対し、惟政は「自心切々調略候」と述べているように、逆に六角家臣である三雲氏を通じて、六角氏の調略を試みようとしている。これらのことから、「甲賀」という接点が、主人を異にする和田氏と三雲氏の双方にとって有効に機能していたことをうかがうことができよう。なお、『戦国遺文　佐々木六角氏編』の引用に際しては、以下、『戦六』と略記し、その文書番号を併記する。

(31) 天文十六年伊佐野衆諸氏連署条書に「富野弾正左衛門尉」がみえ、それが「佐治系図」によって佐治同名と確認できる（いずれも「小佐治文書」東京大学史料編纂所所蔵写真帳）。また、「寛永拾一戌歳神保三郎兵衛殿江上ル帳面下書」（「田堵野大原家文書」一〇七）にも、甲賀「廿一家古士連名」の筆頭に挙げられた「佐治同名」として「富野弥十郎」と「富野治郎助」の名前がみえる。

(32) 永禄十一年四月二十七日織田信長朱印状（「佐治家乗」『織』八八）。

(33) 前掲註(26)『織田信長家臣人名辞典』参照。なお、「東国紀行」天文十三年閏十一月（『群書類従　第十八輯』）には、作者の宗牧が桑名から大野に船で渡る際に「この海にもふたがりとて賊難有とか。警固の侍あまた。同名《（佐治為平）》左馬允をのせたれば。おぼつかならず」とあり、佐治氏が伊勢湾航路の海上警備をしていたことがうかがえる。

(34) 伊佐野氏は、為平の代に再び姓を佐治に戻している。また為平は、天正二年に信長から兵粮の調達を命じられている（「反町十郎氏寄贈武家文書展覧会解題目録」『織』四五三）。

(35) 史料5は、すでに「大原勝井文書」として石田善人氏によって紹介されていたが、近年その正文が田堵野大原家から発見された（尾下成敏「史料紹介・織田期甲賀「郡中」関連文書の紹介—滝川一益・六角承禎の書状をめぐって—」（『織豊期研究』一二号、二〇一〇年）参照）。もとは、国文学研究資料館蔵の「田堵野大原家文書」と同系統の文書群であったと考えられる。また、尾下論文で紹介されているもう一通の滝川一益書状写（「水口宿池田文書」）でも、天正二〜十年の間に一益が「郡中御奉行衆」に宛てて、「大原滝川一益」の名で郡中の喧嘩に対する意見を伝えている。

（36）織田信長の発給文書では、一益は「滝川」と記されているし（『織』四六など）、また一益発給文書でも、「滝川左近一益」と署名している（『織』三一四など）。したがって、織田家臣としての一益は、通常「滝川」を称していたといえる。対照的に、史料5のように、「大原瀧川」と署名したのは、大原同名中のメンバーとしての一益の立場を示したものと捉えられよう。ちなみに、明治十一年「川枯神社伝」（「田堵野村大原家文書」一八六）には、甲賀に城を構えた者として、「大原村ニ瀧川」とみえる。

（37）主なものに、石田善人「惣的結合の諸類型」（『歴史教育』八巻八号、一九六〇年）、朝尾直弘「兵農分離をめぐって—小領主の動向をめぐって—」（同『朝尾直弘著作集第二巻　畿内から見た幕藩制社会』所収、岩波書店、二〇〇四年、初出一九六四年）、高木昭作「甲賀郡山中氏と「郡中惣」—小領主の性格規定のために—」（『歴史学研究』三二五号、一九六七年）、村田修三「地域枡と地域権力」（『史林』五五巻一号、一九七二年）・同「用水支配と小領主連合」（『奈良女子大学文学部研究年報』一八号、一九七二年）・同「戦国時代の小領主—近江国甲賀郡山中氏について—」（『日本史研究』一三四号、一九七三年）、宮島敬一「戦国期における在地領主層の一動向」（『史学雑誌』八七編一号、一九七八年）、久留島典子「中世後期在地領主層の一動向—甲賀郡山中氏について—」（『歴史学研究』四九七号、一九八一年）などがある。

（38）石田晴男「両山中氏と甲賀「郡中惣」」（『史学雑誌』九五編九号、一九八六年）。なお、石田氏の提起した「両惣領」

に関しては、その後、久留島典子「甲賀山中氏に関する二・三の問題」（佐藤和彦編『中世の内乱と社会』所収、東京堂出版、二〇〇七年）においても検討されている。

(39) 湯浅前掲註(6)論文。

(40) 甲賀古士については、石田善人前掲註(13)「甲賀武士団と甲賀忍術」に詳しい。

(41) 「長享元年九月十二日常徳院殿様江州御動座当時在陣衆着到」（『群書類従　第二十九輯』）、および「山中文書」三六九（『戦六』六六）。

(42) 甲賀二十一家とは、一般的に柏木三家（山中・伴・美濃部）、庄内三家（鵜飼・服部・内貴）、南山六家（大原・和田・上野・高峰・多喜・池田）、北山九家（黒川・頓宮・大野・大河原・岩室・佐治・神保・隠岐・芥川）を指すといわれているが、記録によって若干の異同があるようである。

(43) 「賜蘆文庫文書」七（東京大学史料編纂所所蔵影写本）、および「木村政信氏所蔵文書」（『戦六』一〇三八）。

(44) 「山」一九二（『室町幕府奉行人奉書集成　奉行人奉書篇下巻』三九四五）。

(45) 「小佐治文書」（『室町幕府奉行人奉書集成　奉行人奉書篇下巻』三九六〇）、および「小佐治文書」（東京大学史料編纂所所蔵写真帳）。

(46) 「御内書案」（『戦六』一五九）。

(47) 天文二十一年に佐治氏が浅井氏との戦争に動員されて以降は、織田信長の上洛時まで甲賀諸士に対する軍事動員や知行宛行などはみられない。永禄九年の浅井氏との大規模戦争においても、六角氏の重臣に取り立てられた三雲賢持が討死する一方で、山中氏は戦場に赴かず、「境目之儀堅固」に守るよう命じられている（『戦六』九二四）。

(48) 『戦六』三七〇・一一二八・一二七〇など。

(49) 国衆の定義については、黒田基樹『改訂増補　戦国大名と外様国衆』(戎光祥出版、二〇一五年、初出一九九七年)・同前掲註(1)著書を参照。

(50) 「美作古簡集」(『織』四三四)、および「高木文書」(東京大学史料編纂所架蔵影写本)に、信長の赤母衣衆の一人として「岩室長門守」の名前がみえる。

(51) 山上氏は、『新編相模国風土記稿』に「山上家譜に拠に久忠の祖父土佐守忠詮江州山上里甲賀郡の属に住し、山上を以て家号とす」とある。また山上氏については、萩原龍夫「幕臣となった後北条旧臣山上氏」(『東京史談』菊池山哉先生追悼号、一九六八年)、および小和田哲男「山上強右衛門尉とその家系」(『戦国史研究』二八号、一九九四年)を参照。

(52) 『寛永諸家系図伝』、および『記録御用所本古文書』一四五・一四六・一五五など。

(53) 「東照宮御実記」(『新訂増補国史大系第三十八巻　徳川実紀』)・「徳川幕府家譜」(『徳川諸家系譜　第一』)、および『諸系譜』・「青木系図」(東京大学史料編纂所謄写本)など。なお、徳川氏の系譜については、中村孝也『家康伝』(講談社、一九六五年)・同『家康の族葉』(講談社、一九六五年)を参照。

(54) 史料1にあるように、甲賀郡中惣は伊賀惣国一揆と同盟関係を結んでいたが、伊勢の北畠や長野とも同盟関係を結んでいたことがわかる(「山」四一〇・四三三)。実際に、織田信長が北伊勢の北畠氏を攻めた時、北畠氏は「甲賀衆・伊賀惣国催テ江州一揆蜂起」したという(「多聞院日記」永禄十二年九月七日条)。これは、北畠氏との同盟関係にもとづく軍勢派遣と捉えられる。

(55) (永禄十一年)八月二日織田信長判物(「山中氏所蔵文書」『甲賀郡志　下巻』、および同文書の写は「大野与右衛門氏所蔵文書」、『織』九三)。

(56) 信長の上洛に際し、多喜越前守(「賜蘆文庫文書」七)・大原同名中(「大原勝井文書」)・服部同名中(『記録御用所本古

文書』一四八・一四九）が、足利義昭に軍勢催促されている。
(57)（年未詳）十月七日足利義昭御内書（「山中氏所蔵文書」『甲賀郡志　下巻』）に、「対其郡に、信長存分深重雖有之、堅加異見無別義旨、言上可然候」とあり、甲賀から信長への「異見」に義昭が関わっていたことをうかがわせる。
(58)（元亀元年）六月九日織田信長朱印状（「大野与右衛門氏所蔵文書」『近江蒲生郡志　巻拾』）。また、以前は浅井氏と契約していた伊賀衆も、織田方の柴田勝家・木下秀吉の動員を受け、小谷城の麓まで出陣している（（元亀四年）六月四日浅井長政書状写、「嶋記録所収文書」『三重県史資料編　近世１』）。
(59)野洲川合戦で、六角重臣の三雲定持が討死し、また黒川氏も盛治が鑓疵を負い、手勢が多く討死するなど、多くの被害を出している（『戦六』九六七）。
(60)永禄十二年六月三日伴家政他五名連署異見状（「小佐治文書」）に、同名中の一部が信長方についた多喜氏と山中・伴・岩室各氏が連署をして、佐治同名中領内の紛争に異見を述べている。
(61)元亀二年八月二十七日郡中物異見状（「山」二四三）・（元亀二年）八月二十七日郡中物書状（「山」三六二）。
(62)福西が山中同名であることは、「山」二一六などから確認できる。
(63)天正元年二月二十三日織田信長黒印状（「細川家文書」『織』三六〇）など。
(64)慶長十六年十月一日黒川盛至・土山盛得・和田惟長連署起請文（「牛飼共有文書」東京大学史料編纂所所蔵写真帳）。
(65)慶長八年五月八日山中同名中物連署書状（「山中信忠氏所蔵文書」東京大学史料編纂所所蔵写真帳。この写しは「山」二六六）。なお、「山中信忠氏所蔵文書」に関しては、東京大学史料編纂所助教の村井祐樹氏にご教示いただいた。この場をかりてあらためてお礼を申し上げたい。
(66)森田安一『（三補版）スイス―歴史から現代へ―』（刀水書房、一九九四年）。

# 第十章　十五～十七世紀における村の構造と領主権力

## はじめに

本章の目的は、十五～十七世紀における村と領主との関係、およびその下地となる村・地域社会の構造を、政治的枠組みの改変や、「戦争から平和へ」という当該期の歴史的段階をふまえて追究することにある。

本章が対象とする十五～十七世紀という時代設定は、一九八五年以降の村論が提示した、自立的な村の動向を基軸とした枠組みである。それは、民衆を歴史変動の主体と捉え、土地所有論を基軸とした政治的な「中世」「近世」という時代区分の相対化を目指した議論であった。近年では「中世」「近世」を連続した一つの時代として把握する研究も増えてはいるが、一方でその枠組みについては、研究者によって若干の違いが見受けられる。

周知のとおり、十五～十七世紀という枠組みをはじめて提起したのは勝俣鎮夫氏である(1)。氏は十三世紀末期の惣村の成立から、十五世紀における村請の成立を経て、十五世紀後半における村町制の体制的形成を日本史上の転換点と位置づけた。それは、稲葉継陽氏によれば、先行する荘園制の枠組みを異化・相対化する過程を経て実現されたものであり(2)、村・町を基盤とした領主権力の本質および村町制そのものは、幕末～明治維新にいたるまで継承されると、神田千里・黒田基樹両氏は指摘する(3)。

このように、十五～十七世紀という枠組みのうち、十五世紀という起点に関しては、いずれも十五世紀後半における村町制の成立に画期を求める点で一致している。いわば、転換点としての村町制の成立を、近代社会の淵源と捉える「二区分法」的な時代区分にもとづいた認識である。ただし、十五～十七世紀という枠組みのうちの「十五世紀後半」こそが画期であるとし、十五世紀前半については、村町制の契機となった村請が成立した時期という、副次的な位置づけしか与えられていない。

一方で、十五～十七世紀という枠組みの終点である十七世紀については、なぜここを終点とするのか、また十七世紀のどこに画期があるのか、という点についてはあまり発言がなされていない。それは、勝俣氏による村請制論の提唱以来、当該期を長い転換期と捉えることによっている。しかしまったく指摘がないわけではない。黒田氏は、平和の形成と表裏一体的に進展した慢性的飢饉状況の克服過程のなかで、十七世紀半ば以降に小百姓経営の相対的安定化と、小百姓の「家」の成立がみられること、またそうした状況に対応した「統一的農政の確立」や「地方知行制の形骸化」などを実現した「藩権力」の確立がみられることに、十七世紀半ばを終点と捉える意味をみいだしている。神田氏は、十五世以降はじまる土一揆の時代が島原の乱で終結し、訴訟を掲げた百姓一揆へと変化していった十七世紀前半を歴史的な変遷期と捉え、池上裕子氏は村方騒動による小百姓の力が、村請制のもとで実現していた有力百姓の特権を破棄したことに、時代の転換を位置づけている(4)。

また、自立的な村の動向からではなく、権力の政策によって区分する視点からは、やはり豊臣政権による政策を画期と捉える見解も根強い。特に、兵農分離を豊臣政権が上から強行した政策と捉え、ここに「中世」から「近世」への転換を位置づける研究は、近年の通史シリーズにもみられる傾向である(5)。このように、終点である十七世紀をめぐっては、その要因も時期についてもさまざまであり、一致をみていないのが現状である。

以上のように、村論以後においては、単に「中世」「近世」という区分ではない、十五～十七世紀の枠組みを評価する動きがみえるが、その起点および終点については、微妙な認識のずれが存在している。その理由は、おそらく十五～十七世紀を一貫して追究する具体的研究の欠如にあるといえよう。実際に、村論の基盤となった村請についてですら、十七世紀までを見通した研究が行われていないのである。

そこで本章では、十五～十七世紀という枠組みを再検討し、当該期社会の歴史的段階を位置づけるために、村請とそれを支えた「村の構造」という視角から、当該期社会のあり様を追究していく。具体的には、①年貢収取の具体的なあり方を検討し、十五～十七世紀における村請の実態を確認すること、②村請を支えた村の構造を検討し、土豪の機能および土豪と村との関係を追究すること、③村請以外の部分に関わる土豪の役割分担を明確化し、従来の土豪像および村の構造論を再検討する、という三点を課題とする。こうした追究は、村請をめぐる研究状況の錯綜を整理する意味でも、また従来「中世」「近世」を区別してきた太閤検地・兵農分離・村方騒動などの事象を歴史的に位置づけるためにも必要な試みであると考える。

## 第一節　十五～十七世紀における村と村請

十三世紀末頃から形成されてきた村を基盤に、中世後期荘園制下では村請制による年貢等の請負が成立し、さらに「荘園制から村町制へ」の移行のなかでそれが体制化するとされている。しかし一方で、荘園制的収取体制の継続や地下請・近世的村請との比較から、村請をめぐる議論は混乱している。そこで本節では、収取の具体的な実務のあり方を検討し、村請による収取方法の実態を確認する。

## 1　村の枠組みと請負の諸形態

まずは、荘園制と村との関係について整理しておきたい。中世後期荘園制においては、荘園制下における対領主の枠組みは「荘園」および「荘家」である。一方で、近隣村との関係に現れる枠組みとして、荘園制下の「村」の存在も確認できる。(6)こうした「荘」と「村」とは、政治的枠組みと生活共同体としての枠組みのずれであったと捉えられるが、中世後期においては、近江国菅浦や山城国上久世のように、「荘」と「村」が一致している村も少なくない。(7)しかし逆に、村町制が一般化する戦国期以降も、上野国北谷や和泉国上神谷のように、内部に複数の小村を含んで設定される村も存在する。(8)こうした違いは、どの枠組みを自立可能な枠組みとして村の側で設定したかの違いであり、複数の小村を含んでいる東国の「郷」なども、村の側の自立の単位という意味で同じ「村」として扱いうると考える。

一方、収取における請負のあり方については、先にも述べたように、近年では地下請や村請、近世的村請などの概念が混乱した状況にある。例えば志賀節子氏による勝俣村請論批判などは、あるべき近世的村請との比較において、中世における村請の段階を捉える議論となっているが、(9)比較対象である近世的村請についても、実は見解はさまざまなのである。兵農分離によって弱体化した経済外強制を補強する目的で、太閤検地を通じて統一権力が設定した新たな制度として、村共同体や村請制が概念化されて以降、(10)領主不在でも年貢が上納される仕組みを近世的村請と捉えるようになり、近年では村方騒動によって確立する小百姓参加による村政運営のなかでそれが機能したとされている。(11)しかし、実際に収納実務の面で近世前期の村請の実態に迫った研究はそれほど多くなく、近年では牧原成征氏が、検見などで定められた年貢を肝煎(庄屋)の責任で皆済する制度を村請と位置づけるなど、(12)近世史研究のなかで必ずしも統一的な理解に至っていない。

では、地下請や村請とはなにか。結論からいえば、地下請(百姓請)は領主と「荘家」、代官請(守護請)は領主と「請負代官」「直務代官」という、領主との間で契約された一定額の年貢請負形態であり、一方の村請はその「荘家」や代官と村との間で結ばれた年貢請負形態を示す。したがって、地下請・代官請と村請とは重層的に存在しうる請負形態であり、その意味で併存可能な請負形態であった[13]。現在、荘園経営に関する史料のほとんどが荘園領主側にしか残されていないため、「地下請」としか表面上現れない場合が多い。しかし、「日根野」「入山田」という荘園単位（地下請）における年貢収納が、実際には「村」ごとに行われていたことが示すように[14]、収納の場面では村請であるという事態は十分に想定できる。このように、荘園側に残された地下請を示す史料と、村請にもとづいた実際の収納とがずれることは、室町期荘園制下の収取においては一般的な事態であったといえよう。

## 2　室町～戦国期における年貢収取

では、実際にどのように年貢の収納を行っていたのか。室町期の日根野荘では、①荘園制下の「日根野東方」を収納単位として、各百姓が村の政所および蔵に納入し、納入日ごとに納入者・納入額を記載する[15]。その上で、②納入された年貢を納入者ごとに集計して「東方」という単位で番ごとに記載し、最終的に③「日根野・入山田荘」という荘園単位での算用状を作成して領主へ提出している[16]。収納の第一段階として、村のなかで百姓が個々に納入するあり方は菅浦でも同様であったことから[17]、当該期では一般的な方法であったと考えられよう。その後年貢は、数度に分けて村から領主へ直納され、すべて納入されると領主からの請取が発給された。

こうした収納過程の①②の段階で作成された史料の端裏書に、領主側が写したという記載があることからもわかるように、在地での収納のために作成されたこれらの算用状は、本来荘園領主のもとに残る性格のものではなかった。通常ならば、領主のもとには③の段階での算用状のみが提出され、残されていくために、当該期の請負は地下請・代官請として表面化していたのであるが、実際にはその前段階に「村」単位の収納が行われていたことは明らかである。しかもその方法には基本的に戦国期でも変化はみられない[18]。

一方、日根野や菅浦など、比較的遠隔地に存在する荘園と、荘園領主の膝下に存在した荘園とは、年貢納入方法が若干異なっていた。東寺領の山城国上野荘では、各百姓が東寺の惣倉に年貢を直納している。その後、受け取った領主側の実務担当者によって納入者に請取が発給され、その請取を納入者が荘官に提出することで、荘官側で人別の納入年貢が集計される。最終的に算用状が作成された段階で、百姓ごとに未進・過上が計上されて催促が行われている[19]。戦国期に、竹生島の膝下であった菅浦からの納入でも同様の方法が取られていたことから[20]、比較的領主が近くにいる場合には、個別百姓による領主への直納という方法が取られていたことがわかる。

このような、膝下荘園における年貢収納方法を、久留島典子氏は「百姓直納体制」と評価した[21]。しかし、後に述べるように、領主の蔵への直納は、村請が確立した近世においてもみられていることからすれば、最終的に村側で一括して計上している点をもって村請と捉えることは可能であろう。以上から、室町期における年貢収納実務は、実際には「村」単位で行われ「荘」単位で算用されたこと、またそれは戦国期においても基本的に変わらなかったことを指摘しておきたい。

次に、損免交渉と未進処理についてみていく。勝俣鎮夫氏が指摘したように、損免交渉は村ごとに行われ、村高から「何石」「何分一」という形で減免されていた[22]。そうして獲得された損免分は、村内で各百姓に耕地単位で配分されたようであるが[23]、特に被害が大きい場合は内検を行った上で領主と交渉をし、損免額を決定した[24]。内検の実施をもって、個別百姓支配への回帰と捉える議論もあるが[25]、戦国期や後に述べる近世においても、損免確定には検見が原則であったことからすれば[26]、内検は損免額を確定するための手段の一つであり、これをもって村請ではないということはできない。

一方未進処理については、算用状が作成され、百姓の未進分が確定した際に、在地から未進徴符が領主側へ提出された。その後領主は、それにもとづいて催促使を派遣し百姓個人に催促を行った(27)。しかし、催促使下向を阻止し、年貢納入の延期を求める村側は、請文を捧げて年貢納入の延期を要求するという手続きを取るのが一般的で(28)、それでも年貢が支払えない場合には、領主側との間の借銭として処理するか、あるいは村が他所から借用して弁済していた(29)。

以上のように、損免も未進も、基本的に「村」単位で責任を負っており、それは室町期も戦国期も大きな変化はなかったといえる。

### 3　織豊〜江戸前期における年貢収取

では、太閤検地を経た統一政権以後の年貢収納方法に変化はあったのだろうか。

〔史料1〕寛永七年十二月二十五日　浅井郡菅浦村午之御年貢御納帳（「菅浦文書」租税6）(30)

（表紙）
「寛永七年
浅井郡菅浦午之御年貢御納帳
十一月廿一日　　庄屋左近」

十一月廿八日
同廿日納
壱石　はまノ弥三郎（黒印）
同日
壱石　上ノ左近（黒印）
同日
三斗　孫四郎（黒印）

同日
五斗　清左衛門（黒印）

同日
五斗　平四郎（黒印）

（中略）

（駒井半兵衛）
（黒印）以上十三石六斗四升二合本米　（佐和次郎右衛門）
（黒印）

（中略）

大豆納

十二月十五日納
弐斗四升四合　はまノ
弥三郎（黒印）

同日
九升六合二夕　東ノ
平四郎（黒印）

（中略）

（駒井半兵衛）
（黒印）納合弐百拾九石九斗　（佐和次郎右衛門）
（黒印）

内

油実百五拾五石　納

米三拾八石九斗四升　納

米拾九石四斗七升　三分一銀納

此銀四百廿八匁三分四リン、但石ニ付廿二匁ツヽ、

大豆六石四斗九升　納

（佐和次郎右衛門）
（黒印）以上弐百拾九石九斗　（駒井半兵衛）
（黒印）

右已下、庄屋立相御納所候間、庄屋相符ニ而御蔵へ入置申候、以来為証文庄屋納庭帳ニ副いたし遣申者也、以上、

寛永七年　駒井半兵衛（黒印）

午ノ十二月廿五日

佐和次郎右衛門（黒印）

菅浦庄や

左近

〔史料2〕寛永四年十二月二十三日　江州浅井郡内菅浦村卯之名寄帳（「菅浦文書」租税3）

（表紙）「江州浅井郡内菅浦村卯之名寄帳」

一、高四百七拾三石　菅浦村

内

三拾石　永荒

六石　ヲノ山かけ

弐百三拾四石一斗三升五合　当立毛皆損

残テ弐百弐石八斗六升五合　本毛

此取百五拾五石壱升　油実納

右之名寄

高拾石七升三合　又二郎（黒印）

内

四斗五升　　永荒
五石一斗一升四合七才　　当立毛皆損
残テ四石五斗八合九夕三才　　本毛
此取三石三斗一合　　油実納
（中略）
高合四百七拾三石
此取百五拾五石壱升　　油実納
但御下札面
（中略）
右之名寄帳御下札之面を以、惣百姓不残立相、免割仕ル納所申候、少も相違之儀御座候ハヽ、庄屋・年寄共曲事ニ可被仰付候、為後日名寄帳指上申候、以上、

寛永四年
卯十二月廿三日　　菅浦庄や
左近
半四郎（以下、七名の署名略）

〔史料3〕寛永十八年七月吉日　八条村物成勘定帳（「福永文書」租税8）

（表紙）（一六四一）
「寛永拾八
辰之御物成

庚辰　七月吉日」

一、高六百四拾石九斗三升 三百弐拾石四斗六升五合　五ッ取 辰之御物成
一、高六石 六ッ五分取 三石九斗　小物成
一、弐石六斗七升弐合　定納改
以上三百弐拾七石三升七合
九石八斗壱升壱合　口米
本口合三百三拾六石八斗四升八合
一、拾六石八斗四升二合　右指栗
一、拾六石六斗九升　夫米中間
都合三百七拾石三斗八升
此払方
一、辰ノ十一月廿九日 弐拾壱石六升　松原御蔵
此表五拾四表、（俵、以下同じ）但壱升欠
（中略）
一、巳三月十日 拾四石八斗五升八合　御城米之蔵
此表三拾八表、但九合欠
（中略）

一、三斗八升《七月廿九日》　此表壱表但二升欠　松原御蔵へ入
藤兵衛より

（中略）

一、弐斗弐升壱合　卯之年過米

都合三百七拾石六升三合

三斗一升七合　未進

史料1によれば、幕藩制下の菅浦村では、まず村のなかに設置された領主の御蔵に各百姓が年貢を納入し、納入日ごとに納入者・納入額が記載されたことが確認できる。そして史料2によれば、各百姓から年貢が集められた後、「名寄帳」を作成して納入した年貢が納入者ごとに集計される。近江国福永村の事例ではあるが、最終的には史料3のように、領主のチェックを受けて郷中御蔵から城下の蔵および領主の御蔵へ、十一月～翌年八月の間に納入・算用され、その上で未進・過上が計上されたことがうかがえる。一方、牧原成征氏が信濃国虎岩村の事例で指摘したように、(31)各百姓が年貢を領主の蔵に直納する場合もあり、その際には領主側の実務担当者からの請取を得て、肝煎が領主の蔵への納入分と、郷中御蔵への納入分を合算して算用する方法がとられていたという。以上のように、太閤検地を経た後でも、年貢収納実務においては前時代との違いはみられない。

また、損免交渉では、村ごとに給人が田を刈り取る前に在所に赴き、百姓とともに検見を行って損免額を決定するのが基本であった。(32)その上で、未進催促も個人に対して、郷中に入部して行われており、翌年七月までに皆済するように定められていた。(33)実際の未進処理は、室町・戦国期と同様に、請人を立てて弁済するか、あるいは借銭化して翌

年に繰り越すのが一般的だったようで、そうでなければ村内の庄屋による立て替えによってまかなわれていた(34)。こうした処理方法は、基本的に室町期以来変わる点がないといえ、また実際に領主側の関与がまったくなくなったわけではないことからも、従来いわれてきたような「近世的村請」とは様相を異にしているといえよう。

## 小括

収納の面からみた村請の特質は、村高が設定されている点、損免は村高からの差し引きである点、収納実務・損免交渉・未進処理が村単位で行われていた点にあり、それは基本的に十五〜十七世紀までは大きな変化はみられない。近年、このような請負形態を村請と捉えない傾向にあるが、それは村のなかですべての実務が完結すると捉えた「近世的村請」を前提にしているためであるといえる。しかし、その「近世的村請」概念がもはや成り立たず、しかも具体的な収納方法が近世前期まで変化しなかったことからすれば、この点のみから村請と地下請および近世的村請との違いを論じることはできず、また太閤検地など、十五〜十七世紀の間のどこかに、村請の画期を見出すこともできない。収納実務の面からみれば、十五〜十七世紀は同じ構造をもった時代であったといえよう。

# 第二節　村の存立とその構造

本節では、第一節で確認した、村請を可能にしていた村の構造を具体化する。近年における「自力の村」論においては、村請が村のどのような構造を基盤としていたのか、具体的には村のどのような階層によって支えられていたのか、という点が曖昧となっている。本節では、村の有力層であった「土豪」に注目して、彼らの活動と村請との関係を考察し、その上で村の構造の解明および土豪と百姓との関係を位置づけたい。なお、本節では、被官化していない者や商人などもあわせて検討対象とするために、従来の研究で使用されていた「沙汰人」「侍」「有徳人」などを含めて、村と直接関係をもちながら村の「生存」を支える活動を行う人々を「土豪」と総称して検討する(35)。

### 1　村の存立と土豪

村請を可能にするためには、一定度の村領域と耕作する百姓の確保が不可欠である。しかし、安定しない百姓の経営状況に規定され、未進と逐電が常態であった中世社会においては、百姓を仕付けて耕作を続けることは困難であった(36)。そのため、領主側も未進が多い場合に限って百姓に対して譴責を行い、少分の場合は請文による納入延期を認めていたのである(37)。こうした未進処理や、井料下行・損免要求など、村の存立をはかる領主との交渉は、「侍分」「地下人」といった人々を中心に行っていたが(38)、荘官とは異なる「侍分」は応永年間（一三九四～一四二八）頃から確認できるという(39)。

百姓の逐電に苦慮する領主と村は、やがて土豪を中心に村請を維持する動きをみせるようになるが、特に十五世紀半ばの内乱以降、領主への未進が深刻化したことをうけて、領主側も「請人」を設定するなど、未進回収に乗り出すようになってくる(40)。「請人」は、未進回収のための百姓同士の保障体制として設定されたが、重要なのはそれが最終的に荘官を含む土豪の責任によって請負われている点にある。十五世紀初めから存在した土豪が、十五世紀半ば以降、村請の責任者として立ち現れてくるのである。こうして、百姓の未進を一括して公文が請負ったり、個人の未進を村の未進として把握するなど、未進を村の借物として土豪が責任をもつ体制が確立していく(41)。それは、近世における庄屋の立替機能として継承されていくものと考えられるが、こうした弁済方法が進展したのは、未進百姓や損田を実際に把握していたのが土豪であったことによる。そのため、領主側も催促使などを極力入れずに、土豪を窓口として年貢納入や催促を行うようになるのであろう。(42) このように、村請を維持するためには土豪の未進弁済が不可欠であったために、土豪が応永期以来担っていた役割が、十五世紀半ば以降土豪の融通として顕在化していくことになっていく。

では、村請を支えた土豪の家は、いつどのように形成されてくるのか。先学によれば、土豪の家は十五世紀半ば以降に確立するといわれている。(43) 実際に、土豪の家は同列の土豪によって、また村の意向によって、その跡職を継承させるべき存在と位置づけられていた。(44) これは、村の存立が土豪によって可能となっていたことを示す証左であるといえ、領主ですらもこうした有力百姓の改替を回避する意向を示すようになっている。(45) この点から、応永期以降登場する土豪の「家」は、村請の仕組みに不可欠な存在であったがゆえに、十五世紀半ば以降に村・土豪・領主という、三者の社会的要請にもとづいて確立したと捉えることができる。そして、この土豪の「家」を維持しつつ、百姓の保護がはかられていくことになる。

## 2　土豪の経営と資金調達

土豪の未進弁済により、村請の仕組みが維持されていたわけであるが、そのためにはそれ相応の資金が必要となってくる。必要な時に資金を提供できる土豪は、まさに地域の銀行的存在であったといえるが、(46) 融通を可能とした原資はどのように調達されたのか。主たるものは、土豪独自の経営によって地域に蓄財された資金であろう。具体的な経営内容については、中世では不明な点が多いが、一つは土豪の広域的活動にもとづく商売であったと考えられる。

〔史料4〕「鎮守八幡宮供僧評定引付」長享元年九月二十日条（「東寺百合文書」ね函一一六）

一、公文申云、近年之未進巨太之間、不可然之間、当年者自寺家被下人、為公文出人地下所々之口ニ居警固、相止売買米、旧未進之衆可専寺納事肝要歟之由存候、無子細者、早々可申付歟之由申、如何之由披露了、仍衆儀之趣、公文申分尤可然、乍去為寺家可被下人事者不可叶、為公文可然之様致計略、於未進者、可究済之由、堅可申付云々、

〔史料5〕長享元年九月四日恋川光久等連署書状（「東寺百合文書」を函四〇五―九）

就未進之儀、明日御使可被下之由、蒙仰候処、沙汰人在京候て留守候間、御下向候共地下之儀不可相調候哉、迷惑仕候、此之趣注進仕候ハヽ、定而可罷下候歟、又非私儀ニ候之間、在京あるへく候哉、自是左右可申上候、其間之事者御下向御延引候ハヽ、各可畏入候、沙汰人留守之事ハ、地下之儀戸方あるへからす候、可為御察候、

恐々謹言、

（異筆）「長享元」

九月四日　利倉民部丞　忠俊（花押）

和田兵庫助　康貞（花押）

恋川平衛門尉　光久（花押）

公文所法眼（聴快）御坊

人々御中

史料4・5から、地下において年貢納入責任を負っていた土豪が、しばしば生業によって得た穀物を都市へ販売していたことがうかがえる。また、山間部で集められた木材や燃料を平野部へ移送したりもしていた[47]。おそらくは、江戸湾を横断して商売を展開した上総国天神山湊の野中氏のように[48]、一定領域に縄張りを作りながら[49]、村で行いうる生業や商売を主導することで利益を上げていたものと想定される。

また、得られた利益は、地域内部において運用されていたようであり[50]、その利潤はさらなる融通へと投下されていた。頼母子などの地域金融も、その延長上にあるものといえるが[51]、こうした生業にともなう広域的な土豪の商業活動と地域内における資金運用が、土豪経営を支えていたと捉えられよう。

一方、土豪のすべてが即座に資金提供できたわけではない。土豪の規模よっては必要な時に蓄財がないこともあり、その場合には土豪が村を代表して、隣村や都市金融から借り入れをして融通を行っていた。例えば、天文十五年（一五四六）に室町幕府に申請された分一徳政のなかには、村ぐるみの貸借（村借）と捉えられる個別百姓の負債も少なからず含まれていた[52]。この事実は土豪を代表者とした村借が、土豪名義で、しかも土豪の土地を担保に広く行われていたことを想定させる。それは、近世における村役人の土地を担保とした村借に通じるものといえよう[53]。

借銭などの外部からの資金調達は、地域内での土豪の「信用」があって可能となったが、一方で土豪自身の所持地の質入れは、土豪の「信用」を担保にしていた。日根野荘の領主九条政基でさえ、土豪を通じて、土豪の土地を担保にしなければ、在荘費用を借りることができなかったという事例からも、土豪の「信用」の重要性がうかがえよう[54]。土豪の「信用」圏は、生業や商売・金融・婚姻など、日常的な付き合いを通じて形成されたと捉えられ、そうした土豪が形成する地域ネットワークと、そこにアクセスできる土豪の「顔」は、土豪自身が融通できない場合の外部資金調達ルートとして機能していた。特に、有力な土豪がいない村ほど、土豪のネットワークを必要としていた。こうした土豪自身の経営と外部資金調達という、地域経営者としての土豪の存在を得て、村の自立が維持されていたと捉えられるのである。

### 3　村のなかの土豪と百姓

では、土豪の融通によって、土豪と百姓との間にどのような関係が結ばれたのか。従来の研究では、土豪は百姓を支配し、被官化していく存在と位置づけられ、特に「小領主」論・「地主」論といった中間層論においては、それが百姓の下人化・隷属化の問題として議論されてきた。確かに、土豪による融通は、未進弁済を受けた百姓との間に被官関係を生み出すことになる。しかし、その被官関係が、未進の累積した百姓に対する領主の改替を阻止する方策として機能していたとすれば、土豪による百姓の被官化は、百姓の保護を目的とした行為であったと捉えられよう(55)。確かに、土豪による未進弁済によって、耕地の年貢納入責任は土豪側に移ることにはなるが、耕作については依然として百姓側で行っている場合が多い。これまでは、土豪による百姓の被官化を「土豪の土地集積」と評価してきたが、内実は百姓からの要請に応じた未進弁済を通じて、土豪へと土地が集まってきたというのが実態であろう(56)。

しかも、村人資格の認定や剥奪、潰れ百姓の分散などは、村の意向によって行われるものであり(57)、その意味で被官化が下人化に直結するわけではなかった。近世にもみられるように、村内に形成された土豪の被官が、村の名請人でもあった実態に鑑みれば(58)、被官化した後でも、百姓自身は村成員として存在し続けたといえるであろう。一方で、土豪の未進弁済が、土豪の資金や土豪による外部資金調達(借銭)によってまかなわれたことにより、融通が多くなればなるほど土豪自身の没落を招くこともしばしばあった(59)。同様の役割を果たす土豪は、その後も村のなかから新たに再生産されたと考えられるが、土豪の融通は自身の「家」の存立との微妙なバランスの上で成り立つ機能であったといえよう。

## 小　括

土豪による年貢未進分の一括請負および未進分の代弁は、未進と逐電を繰り返す百姓を仕付けるための方策であり、村請を支えた仕組みでもあった。融通の原資は、生業にもとづく土豪独自の経営と、広域的な活動によって形成された土豪の「信用」による外部資金調達によって生み出されていた。そのため、土豪を中核とした村請のあり方を「侍請」と捉える議論もあるが(60)、土豪が最終的に年貢請負責任を請負うシステムこそが当該期の村請であり、それは庄屋を責任者とする近世まで変わらない。したがって、土豪による百姓の被官化も、従来のような家父長的大経営の拡大ということではなく、村成員の経営維持を目的としたという意味において、村請を支える仕組みの一つと位置づけられる。

# 第三節　戦争／平和と村の構造

村の構造を解明するために、最後に村請に関わる部分以外の土豪の機能について検討していく。特に、戦争から平和へという社会構造の変遷をふまえ、中世と近世の断絶期といわれた中近世移行期の村の構造を、土豪の被官化や軍事動員の側面に注目して追究する。

## 1　土豪の諸機能と社会的身分

久留島典子氏や稲葉継陽氏が明らかにしたように、土豪が村のなかで果たしていた機能は、法・政治・外交・経済・宗教・軍事など、さまざまな側面におよんでいた(61)。これらは、村の自立を維持するために必要とされた諸機能であったが、なかでも土豪の社会的身分を規定する上で重要であったのが、外交面と軍事面である。外交面では、土豪は相論・訴訟や用益維持にかかる費用を負担し、また対外勢力と交渉して禁制を獲得するなど、地域におけるつながりを駆使して村の安全に努めていた[62]。また、用益をめぐる村落間相論において、村の武力とは別に土豪の武力の存在が確認できるように[63]、村内の安全保障という側面においては、直接的には土豪の軍事力が求められていたことがうかがえる。さらに、こうした土豪の軍勢が、合力関係にあった隣村への援軍として村から派遣されていることからすれば[64]、村の武力発動の中核に土豪の武力が位置づけられ、またそれが村や地域社会のなかで認識されていたと捉えられよう。土豪の軍事活動は、特に十五世紀半ば以降に顕著になっていく。

土豪の軍事活動は、中間層論を越えて、土豪に関する新たな議論を提示した近年の「侍」身分論が、その議論の中心に据えた土豪の主要な機能であった。「侍」身分論は、かつての中間層論において強調された中近世の断絶および兵農分離論の克服を目指して、まさに兵農分理論の核であった「兵」としての土豪とその被官化を、村に対する機能として位置づけた。これにより、土豪の被官化による領主化という、「小領主」論の議論の核を克服したといえるが、一方で「侍」身分形成の契機は、依然として武家権力への被官化にあったと捉えられているため、被官化による身分上昇という、「小領主」論の枠組み自体の否定にはなっていない[65]。そうしたなかで、被官化していない横断的階層としての「侍」身分が、室町期には一般的に存在していたことも指摘されている[66]。このことは、必ずしも被官化が「侍」身分形成の要因ではなかったことを示している。そうであれば、従来注目されてきた被官化した「侍」身分は、そのなかの一部に過ぎなかったことになろう。この点を整理し図式化すると、次のようになろう。

- 土豪
  - 「侍」身分になる者（武力担当者）
    - 被官化する者
    - 被官化しない者
  - 「侍」身分にならない者

つまり、本報告で土豪と捉えた者のなかには、「侍」身分になる者とならない者とが存在し、しかも「侍」身分になる者のなかにも、被官化する者としない者とが存在したということになる。

被官化が「侍」身分形成の契機ではなかったとすれば、どのようにして「侍」身分が形成されてくるのかが問題となる。結論からいえば、それは村のなかの役割分担によって生み出されるものと考えられる。例えば、伊豆国長浜村の大川氏の事例では、近隣との相論や江戸・三島での訴訟など、外交費用の負担を担っていた「年寄中」は、村役を免除されていた[67]。また、興福寺大乗院領においては、「侍分」の屋敷には「土公事」という領主賦課の人夫役が免除されている[68]。こうした役負担の違いが、村内における身分の違いを表現していたものと想定できよう。

ではなぜ、そうした役負担の違いが村のなかに存在したのか。その背景には、やはり土豪の軍事活動があったと考えられる。伊藤俊一氏が指摘しているように、守護の軍役は荘園所職をもつ「沙汰人」に限られていた状況から、十五世紀半ば頃になると「沙汰人」とともに「侍」身分までもが対象とされるようになるという[69]。こうした守護からの賦課に対し、村は軍事担当者である土豪を代表として派遣することになったが、それはすでに、村の戦争において軍事面の中核を担っていた土豪を、村のなかの「侍」身分と位置づけていたからであろう。つまり、「侍」身分は軍事担当者として村のなかで区別されていたからこそ、村役が免除されていたのである。その意味で、「侍」身分は村が創り出した身分であったと捉えられよう。そして、村のなかで創り出された「侍」身分は、地域社会のネットワークを通じて広く認知されていき[70]、権力による軍役賦課対象に設定されていく。一方で、村のなかでの身分差によって、荘家への守護賦課役や領主への奉公を引き受けた彼らを、領主側も「侍」身分として認定していき、それが人夫役などの領主賦課役の免除につながったものと考えられる。

## 2 戦争の展開と参戦の構造

このように、村の軍事担当者という役割分担の結果創り出された「侍」身分は、村の戦争のみならず、村が関わるその他の軍事面を担うこととなった。十五世紀以降の内乱の展開が、村の戦争以外の権力の戦争に「侍」身分を参戦させることになったが[71]、そうした構造はどのようにして形成されてきたのか。戦乱が続くなかで、山城国伏見荘にみられるように、「侍七人下人五十人」という「侍」身分の武力を中心に、村人を動員して村は自力で地域防衛を行っていたが[72]、その軍勢は基本的に村の戦争における武力編成と同様であった。またその編成は、村が主体的に権力の戦争に参戦する場合も同様で、山科七郷では、敵方についた在所を攻めるために一郷あたり一〇人ほどの軍勢を出すように「野寄合」で定めている[73]。このことから、権力の戦争に村が参戦する場合でも、実際に派遣されたのは「侍」身分の軍隊であったことがうかがえる。おそらくそれは、村の武力担当者という認識、すなわち「侍」身分の身分的本質を背景にしていたであろう。こうした在地状況があったからこそ、権力による村への動員が可能になったのである。

すでに被官化していた「侍」身分は、個別の主従関係を通じて参戦していたので、実際の村への動員は必然的に被官化していない「侍」身分に担われることとなり、まさに村の武力が権力の武力となる構造を生み出していくこととなった[74]。勝俣鎮夫氏が指摘したように、戦国大名北条氏の軍事動員においても、「陣役を致さざる者」という、大名に被官化していない存在によって大名の軍役が担われており[75]、実際に動員に応じて参陣した者も「足軽衆」や「一揆衆」など、大名に被官化していない存在であった[76]。このことから、土豪の被官化が一般化したとされる戦国期においても、依然として被官化していない「侍」身分が存在し、そうした者が権力の戦争に動員されていたことを知ることができる。従来の「侍」身分論では、被官化した者ばかりが取り上げられてきたが、地域的危機に際して、実際には被官化した「侍」身分だけでなく、被官化していない「侍」身分をも大名が動員していたことが重要であり、それがまさに戦国期的な軍事体制であった。

一方で、このように被官化していない「侍」身分は、権力の戦争に参戦するなかで、参戦への褒美と引き替えに被官化していく場合もあった(77)。大名への被官化は、諸役免除や知行宛行という「侍」身分側の利益はもちろんであるが、領主賦課の公事が村に免除されていた事例をふまえれば(78)、村が彼らの被官化を望む場面があったのかもしれない。だが、自村において自身が負担していた年貢分の免除を権力から認められることはあっても、その他の給分は基本的に居住村の外に与えられていた。この点から考えるならば、「侍」身分は居住村において領主化したわけではなく(79)、また被官化によって村の構造が変化したわけでもなかったといえよう。

しかし被官化は、「侍」身分の本来の機能である地域防衛を逸脱し、遠方への動員をも要求される。さらに、領主による被官関係の解消や、敗戦による所領没収によって、村から排除される場合もあり(80)、自身の存立が領主側の動向に左右されるという意味で、被官化は「侍」身分にとって危険を伴うものでもあった。そのため、すべての「侍」身分が被官化したわけではもちろんなく、領国内の平和領域化に伴って、伊豆国長浜村の大川氏のように、被官関係の解消も進展していく。これは、村との関係のなかで「侍」身分が選択した結果であり、村のなかでの位置を確保しようとした「侍」身分の取るべき道であったといえよう。従来の研究においては、「侍」身分の被官化の側面を重視し、それを兵農分離とからめて議論してきたが、すでに主をもつ「侍」身分と、主をもたない「侍」身分とは、権力との関係において、主もちを「兵」、主なしを「百姓」と区分されていたのである。したがって、重要なのは、被官化に特化して領主と行動をともにした「侍」身分よりも、むしろ広範に存在する主をもたない「侍」身分であろう。それは、彼らが大名との関係においては百姓であっても、在地においては武力を担当する「侍」身分として、その後も村のなかに存在し続けていくことになるからである。

### 3　戦時から平時へ

戦争状態が解除され、領域平和が形成されると、地域防衛が必要なくなった地域においては、被官関係の解消も進行したと想定される。しかしその後においても、「侍」身分が担っていた軍事的機能が、村のなかで必要とされていたことに変わりはなかった。

〔史料6〕寛文元年閏八月二十八日　小田原村仁兵衛等連署返答書（「小田原区有文書」(81)）

乍恐返答書言上

一、小田原村御百姓中より不謂新法之義御訴訟申上、何共迷惑仕候御事、

一、私共すねふりと申義ハ、林・村田・駒村と申三人《かふ（株）》ニ而御座候（中略）其より以来　御公儀様御役義仕、殊ニ廻り状ハ則すねふりの内より仕来候ても、村中人足役・あるき役ハ先年より不仕候、然所ニ百姓中より当年新法をたくミ、村之人足役・あるき役我々へ仕候へと申懸、何共めいわく仕候御事、

一、すねふり三家之義、右之通ニ而御座候、然ニ戸田左門様膳所御城主様之時分、大坂陣へ右之三人《かふ》之もの共召つれ可被成と被為仰付、則私共方より御もち弓之御役義請取、膳所御城様へ相詰居申候へとも、御殿様大坂へ御立無御座候御事、

一、あるき役仕候百姓廿八人御座候内、庄屋親子・肝煎并ニ久右衛門・長兵衛・六兵衛、右之もの共新法をたくミ、よわき百性共ともない不謂義御訴訟申上、何共迷惑致候、別村中ニ草臥候百姓田畑山林売申もの候ハヽ、別百姓方へ皆々買取申候、子細者庄屋九左衛門へ御尋可成候ハヽ、隠無御座候御事、

（中略）

右之条々、被為聞召分、如先年被為　仰付被下候ハヽ、有難可奉存候、以上、

仁兵衛（黒印）
源左衛門（黒印）
多兵衛（黒印）

寛文元年丑ノ閏八月廿八日

近上

御奉行様

後日とめ書也

史料6によれば、少なくとも大坂の陣までは、周辺有事に際して「侍」身分が参戦するという構造が、村のなかに潜在的に継承されていたことが確認でき、しかもそれが「侍」身分は軍役、百姓は人夫役という役の違いにもとづく村の構造を維持していた。しかし、参戦が必要なくなる世の中になると、「侍」身分に免除されていた村役が村内で問題とされるようになってくる。

〔史料7〕元和六年一月十七日　大西重兵衛等連判誓文状（「里内家文書」『近江栗太郡志　第二巻』）

覚

一、手原村地下中役銭事、前々より究り有之処に、今新儀ニ侍衆も百姓なミ同前ニ役銭をさせ可申候やうに仕懸候、先年より有来ル如く、い（役）つ方へ罷出候ても御理り可申候上事、

一、てはら村侍と百姓とやく儀米積之事、侍衆ハ丸之大やく、百姓ハ丸やくニ先年より究り申候、其上人足の用処なとニ侍たるものは一切ニあるき不申候事、（中略）

元和六年

申ノ一月十七日　　　　　　大西重兵衛（花押）（以下、一一人署名略）

〔史料8〕元禄九年三月十三日　九兵衛御侍成之節定書（「大橋家文書」『近江神埼郡志稿　上巻』）

覚

一、種村者従往古名字をなのり候百姓者侍方と申、文使役相勤来候、名字無之百姓者仲間方と申、棒役相勤来候事、

一、仲間方之者侍方へ入候事、当郷士大橋・辻村・大西氏三家本等之内より名字を免来候、雖然村中於不同心ハ不能免事、一同ニ承引之上ニ候得者、座入相勤、侍方へ可入来候、自今以後如古例村中一人ニ而も於不同心ハ不可令免、村中不残同心於有之者、座入相勤侍方へ可入事（中略）

右个条之通、村中急度相守、至後代も聊違乱有之間敷者也、

元禄九年子三月十三日　　　彦助

右之通何も一同ニ承知仕、御尤ニ奉存候、依之為後鑑連判仕置候処仍如件、

庄屋　庄右衛門（以下、二七人署名略）

〔史料9〕宝永五年二月二十三日　長兵衛不作法堪忍ニ付一札写（「歴代古書年譜」仁三七）(82)

一札之事

一、私儀不慮ニ不作法仕、貴殿御立腹之上、我等在所ニも相済申事難成候所、当村伊戸村三郎右衛門殿其外御年寄衆大勢頼、御侘事被成被下、御了簡之上、御かんにん被成被下、忝存候、此上ハ我等於当地ニ向後妻ヲ持申間敷候、然上ハ九郎右衛門一家方へ兄弟共ニ出入堅仕申間敷候、殊ニお市なと何方ニ而出合候共、一言もかわせ申間敷候、右之通少ニ而も相背申候ハヽ、如何様ニも被成候共、一言之申分無御座候、為後日手形如此候、以上、

箕浦村せと川

宝永五年子ノ二月廿三日　　長兵衛印
　善太郎殿

史料7のように、村内での「侍」身分と百姓との対立は、与えられた役を務めない「侍」身分に対して、村の役を均一化しようとする動きであり[83]、それこそが従来村方騒動として、村の構造変化と捉えられてきた動向であった[84]。実際に、村方騒動を機に、小百姓の村政参加がみられるという意味においては、村の構造変化と捉えられる部分もあるだろう。しかし、史料8のように、役負担の違いは常に問題にされながらも、曖昧化した役負担の違いを再確認し、さらに維持していこうとする事例も多く存在することからすれば、少なくとも近世前期までは役負担の違いは村のなかで認められ、継承されていたといえよう。このことは、土豪の社会的身分が近世を通じて継承されていたことを示している。近世前期においても継続していた奉公人役や郷士制度などの軍役のほかに[85]、経済的融通など、百姓とは異なる役割を果たしていたことによって維持されたものと考えられる。実際に、史料9のように、十七世紀後半における小百姓の「家」の成立以後も、依然として土豪の存在が必要視されていたことから考えれば、小百姓の「家」の一般的成立と、土豪の身分的特権の維持とは、矛盾なく村のなかで併存するものであったといえ、その点においては村の構造に本質的変化はなかったということができよう。

## 小　括

村の成り立ちを維持した土豪の機能のなかでも、外交面と軍事面は村の自立に不可欠な要素であった。これらを土豪が担ったことにより、村内身分としての「侍」身分が形成され、百姓との役負担の違いを確立させることとなった。そして、十五世紀後半の内乱以降、村に要求された動員をうけて、被官化していない「侍」身分も村の代表者として参戦していく。領域平和形成後、こうした役割を果たさなくなる段階で、村方騒動という形で村の構造が動揺する場面もあったが、土豪は、その後もこうした役割を潜在的に継承しながら、村のなかに存在し続けるという意味において、村の構造は基本的に近世前期まで変化はなかったといえる。

## おわりに

以上の検討をふまえて、「中世」から「近世」への移行について、あらためて整理しておく。第一節で明らかにしたように、十五〜十七世紀までの村請の実務には、「中世」「近世」という従来の枠組みを経ても大きな変化はみられない。したがって、従来いわれてきたような太閤検地による村請制の設置という画期はみいだせず、収納実務のあり方から「中世」と「近世」とを区分することはできない。また、土豪と百姓との役割分担は十七世紀にも継続しており、特に土豪による経済的融通は近世前期社会においてもなお、なくてはならないものとして位置づけられていた。それはすなわち、土豪を必要とした村の構造であり、近世前期においてもその点に変化はなかったのである。さらに、「兵」としての「侍」身分は、潜在的に村のなかに継承され、平和領域形成後も、周辺有事において「侍」身分が参戦するという意識は、地域社会のなかに残されていく。つまり、彼らは村のなかではいまだ軍事担当者なのであり、その意味で兵農分離による土豪の否定という議論についても見直しが必要であるといえよう。

このように、従来の枠組みである「中世」「近世」を飛び越えて継承される事象をふまえるならば、いわゆる「中世」「近世」という枠組み自体についても再検討が必要となってきているといえよう。はじめにでも指摘したように、十五〜十七世紀という時代設定についても、より詳細に位置づけていく必要があると考えるが、本章ではその起点を十五世紀における村請の一般的成立に捉えた。十五世紀半ば以降に、領主権力自立的な村や町を直接の権力基盤とした結果、村町制を成立させた段階に、権力の質的転換がみられることは確かである。だが、そうした領主権力の変化によっても変わらない村の構造は、すでに十五世紀における村請の成立期に転換がみられるのであり、それはその後十七世紀を通じて変化しないと捉えられるのである。以上の検討から、今後においては「中世」「近世」の枠組みを越える研究視角が必要であり、その場合少なくとも十五〜十七世紀までを分析対象とすることが、中近世移行期研究に求められるといえよう。

註

（1）勝俣鎮夫『戦国時代論』（岩波書店、一九九六年）。
（2）稲葉継陽『戦国時代の荘園制と村落』（校倉書房、二〇〇三年）。
（3）神田千里『戦国乱世を生きる力』（中央公論新社、二〇〇二年）、黒田基樹『中近世移行期の大名権力と村落』（校倉書房、二〇〇三年）。
（4）池上裕子『織豊政権と江戸幕府』（講談社、二〇〇二年）。
（5）本書補論「太閤検地・兵農分離と中近世移行期研究」（初出二〇一一年）を参照。
（6）榎原雅治『日本中世地域社会の構造』（校倉書房、二〇〇〇年）。
（7）蔵持重裕『中世村の歴史語り』（吉川弘文館、二〇〇二年）・同『中世村落の形成と村社会』（吉川弘文館、二〇〇七年）、久留島典子「中世後期の「村請制」について」（『歴史評論』四八八号、一九九〇年）。
（8）池上裕子「中近世移行期を考える」（『人民の歴史学』一七九号、二〇〇九年）、拙稿「近世前期の地域秩序と村域形成」（渡辺尚志編『畿内の村の近世史』所収、清文堂出版、二〇一〇年）、および本書第五章「戦国期における村請の構造と土豪」（初出二〇一二年）。

（9）志賀節子「和泉国日根荘入山田村・日根野村の「村請」をめぐって」（『史敏』五号、二〇〇八年）。

（10）佐々木潤之介『幕藩社会論』（塙書房、一九六九年）、深谷克己『百姓一揆の歴史的構造』（校倉書房、一九八六年）。

（11）水本邦彦『近世の村社会と国家』（東京大学出版会、一九八七年）。

（12）牧原成征「十七世紀の年貢収取と村請制」（東京大学日本史学研究室紀要別冊『近世政治史論叢』所収、二〇一〇年）。

（13）田中克行『中世の惣村と文書』（山川出版社、一九九八年）、岡野友彦「「応永の検注帳」と中世後期荘園」（『歴史学研究』八〇七号、二〇〇五年）。

（14）『政基公旅引付』文亀三年十月十四〜二十七日条など。

（15）文明十三年十月日根野荘（東方カ）年貢納帳（「九条家文書」一一〇、『新修泉佐野市史4　史料編古代・中世Ⅰ』所収）。以下、「九条家文書」は同書による。

（16）文明十二年（カ）日根野村東方納帳案、日根野・入山田領家方年貢納帳并算用状案（「九条家文書」一一四）。

（17）田中前掲註（13）著書。

（18）天文八年菅浦山畠春成帳（「菅浦文書」一〇六七）・天文十七年八月十四日菅浦年貢算用状（「菅浦文書」九〇七）。いずれも『菅浦文書　下巻』所収。

（19）「廿一口供僧方評定引付」長禄元年八月晦日条（「東寺百合文書」く函二一）。

（20）永禄十二年六月二十一日竹生島花王坊実憲綿銭請取状（「菅浦文書」一二〇六）、（年月日未詳）竹生島花王坊菅浦庄算用状（「菅浦文書」一〇一九）。いずれも『菅浦文書　下巻』所収。

(21)　久留島典子「中世後期の社会動向」(『日本史研究』五七二号、二〇一〇年)。
(22)　勝俣前掲註(1)著書。
(23)　「鎮守八幡宮供僧評定」永享九年九月二十八日～十月二十三日条(「東寺百合文書」ワ函五三)・応永十五年九月上久世庄名主百姓等申状(「東寺百合文書」を函九〇『大日本古文書　東寺文書之六』)。以下、「東寺百合文書」を函については同書による。
(24)　勝山清次『中世年貢制成立史の研究』(塙書房、一九九五年)。
(25)　志賀前掲註(9)論文。
(26)　(年未詳)十月六日浅井久政書状(「加藤文書」『浅井三代文書集』)に「当損免立田ニて可被相極候、少も被苅取候者、免不可行候」とある。
(27)　「鎮守八幡宮供僧評定」文明十二年十二月二十日条(「東寺百合文書」ね函二一)。
(28)　(天正十八年)二月九日遠山犬千代カ朱印状(「藤間文書」『戦国遺文後北条氏編』三六四〇)。以下、『戦国遺文後北条氏編』については『戦北』と略記し、文書番号を併記する。
(29)　「鎮守八幡宮供僧評定引付」正長元年六月二十六日条(「東寺百合文書」ワ函四二)。なお、この点については、黒田基樹『戦国期の債務と徳政』(校倉書房、二〇〇九年)、銭静怡「戦国期における菅浦の借銭問題」(池享編『室町戦国期の社会構造』所収、吉川弘文館、二〇一〇年)において指摘されている。
(30)　「菅浦文書」近世分および「福永文書」の分類・文書番号は、滋賀大学経済学部附属史料館によって作成された目録による。
(31)　牧原前掲註(12)論文。

(32)　文禄五年三月朔日石田三成掟書(「池野文書」『近江国古文書志　第1巻　東浅井郡編』)。
(33)　万治三年九月吉日彦根藩掟書(「田中文書」『近江国古文書志　第1巻　東浅井郡編』)。
(34)　菅原憲二「近世前期の村算用と庄屋」(『日本史研究』一九六・一九七号、一九七八・一九七九年)、稲葉前掲註(2)著書、牧原前掲註(12)論文。
(35)　「土豪」概念については、拙稿『中近世移行期における村の生存と土豪』(校倉書房、二〇〇九年)序章を参照。
(36)　応永三十四年十二月三日上久世庄百姓等申状(「東寺百合文書」を函一四一)、「鎮守八幡宮供僧評定引付」文明十六年二月八日条(「東寺百合文書」ワ函七八)。
(37)　「鎮守八幡宮供僧評定引付」永享二年四月二十六日条(「東寺百合文書」ワ函四四)。
(38)　「鎮守八幡宮供僧評定引付」長禄三年十一月二十二日条(「東寺百合文書」ね函一一)。
(39)　久留島前掲註(7)論文。
(40)　文明十九年三月十一日久世上下庄未進文書(「東寺百合文書」を函三九二)。この点については、久留島典子「東寺領山城国久世庄の名主職について」(『史学雑誌』九三編八号、一九八四年)において指摘されている。
(41)　(長享元年)閏十一月晦日上久世公文寒川家光書状(「東寺百合文書」を函四〇五―一三)・「鎮守八幡宮供僧評定引付」長享二年十二月十三日条(「東寺百合文書」ね函二七)・(明応九年)十二月十九日和田貞次・利倉弘盛連署書状(「東寺百合文書」を函四九三)。
(42)　この点については、東国の事例でも確認できる(天文十一年)十一月十六日北条家朱印状「大川文書」『戦北』二二二など)。
(43)　坂田聡『日本中世の氏・家・村』(校倉書房、一九九七年)。

(44)「鎮守八幡宮供僧評定引付」明応元年九月四日条(「東寺百合文書」ね函三一)・『政基公旅引付』永正元年閏三月三・四日条、および坂田前掲註(43)著書、藤木久志『村と領主の戦国世界』(東京大学出版会、一九九七年)。
(45)天正十八年一月四日某判物写(「相州文書所収三浦郡永嶋荘兵衛所蔵文書」『戦北』三六〇二)。
(46)承応三年十二月七日富田治左衛門・同勝左衛門等米借用証文(「福永文書」貸借6)、および拙稿前掲註(35)著書。
(47)天文四年七月長命寺結解米下用帳(「長命寺文書」、外園豊基編『日本中世における民衆の戦争と平和』所収)。
(48)滝川恒昭「上総天神山湊と野中氏」(『千葉県の文書館』四号、二〇〇〇年)、盛本昌広『中世南関東の港湾都市と流通』(岩田書院、二〇一〇年)。
(49)(永禄八年)十二月一日北条氏邦朱印状(「長谷部文書」『戦北』二二〇二)。
(50)(天正十三年)三月二十一日北条氏邦朱印状(「飯塚家文書」『戦北』二七八八)。
(51)窪田涼子「戦国期地域社会における憑子の構造」(蔵持重裕編『中世の紛争と地域社会』所収、岩田書院、二〇〇九年)。
(52)「徳政賦引付」天文十五年十一月十二日条(『室町幕府引付史料集成　下巻』)・前掲註(46)史料、および脇田晴子『日本中世都市論』(東京大学出版会、一九八一年)、黒田前掲註(29)著書。
(53)渡辺尚志『近世の豪農と村落共同体』(東京大学出版会、一九九四年)。
(54)『政基公旅引付』文亀三年四月三十日～五月二日条。
(55)文明十九年三月九日久世上下庄未進年貢等条目案(「東寺百合文書」を函三九一)・文明十九年三月十八日上久世庄公文寒川康光書状(「東寺百合文書」を函三九三)・長享元年十月五日上久世庄公文寒川家光請文(「東寺百合文書」を函四〇一)。

(56) 寛永二十年十一月一日二郎左衛門畑地売券（「大川家文書」八一『日本常民生活資料叢書　第十五巻』）。
(57) 久留島典子『一揆と戦国大名』（講談社、二〇〇一年）、大塚英二『日本近世農村金融史の研究』（校倉書房、一九九六年）。
(58) 天正十七年十月二十五日弥三郎・九郎連署被官人売券写（「福永文書」売買二四）。なお、村内に形成される被官の二類型については、拙稿前掲註(35)著書を参照。
(59) 元禄十三年四月河内村入法他連署訴状案（「大川家文書」四六一『日本常民生活資料叢書　第十五巻』）、および黒田基樹『戦国期領域権力と地域社会』（岩田書院、二〇〇九年）。
(60) 湯浅治久『中世後期の地域と在地領主』（吉川弘文館、二〇〇二年）。
(61) 稲葉前掲註(2)著書、久留島前掲註(7)論文。
(62) 稲葉継陽『日本近世社会形成史論』（校倉書房、二〇〇九年）、峰岸純夫『中世災害・戦乱の社会史』（吉川弘文館、二〇〇一年）。
(63) 「粉河寺旧記」応仁元年五月八～十九日条（『粉河町史　第三巻』）。
(64) 文安六年二月十三日菅浦惣荘置書（「菅浦文書」六二八『菅浦文書　下巻』）・（文亀二年）七月一日中庄隆久書状（「伊藤泰詮家文書」『志賀町史　第四巻』）。
(65) 伊藤俊一『室町期荘園制の研究』（塙書房、二〇一〇年）、稲葉前掲註(2)著書。
(66) 池上裕子『戦国時代社会構造の研究』（校倉書房、一九九九年）、湯浅前掲註(60)著書。
(67) 慶安三年十一月十六日長浜村年寄衆返答書（「大川家文書」一六四『日本常民生活資料叢書　第十五巻』）。なお、侍（土豪）が相論・訴訟にかかわる諸費用を負担し、百姓が公役負担とその諸費用を負担するという土豪と百姓とが負担する役の違いについては、深谷幸治「中近世移行期近江村落の役負担と階層」（『帝京史学』二三号、二〇〇八年）において指摘されている。
(68)『大乗院寺社雑事記』延徳四年三月七日条。
(69)『看聞日記』応永二十六年八月十一日条、および伊藤前掲註(65)著書。
(70)榎原前掲註(6)著書。
(71)応仁元年六月二十一日斯波義廉下知状（「東寺百合文書」里函一〇〇）に「於西岡、寺領地下人等相支路次及合戦」とある。
(72)『看聞日記』永享六年十月四日条。
(73)『山科家礼記』応仁二年六月二十日条。
(74)『山科家礼記』応仁二年五月二十一～二十二日条、および小林一岳「村落領主制論再考」（遠藤ゆり子・蔵持重裕・田村憲美編『再考中世荘園制』所収、岩田書院、二〇〇七年）、徳永裕之「百姓層の武家被官化と守護権力」（蔵持重裕編『中世の紛争と地域社会』所収、岩田書院、二〇〇九年）。
(75)（天正十五年）七月晦日北条家定書（「小沢秀徳氏所蔵文書」『戦北』三一三三）、および勝俣鎮夫『戦国法成立史論』（東京大学出版会、一九七九年）。
(76)（天正三年）八月八日北条氏邦朱印状（「吉田系図」『戦北』一七九三）。
(77)（永禄四年）一月二十一日北条氏照朱印状写（「静嘉堂本集古文書ア」『戦北』六六二）、および黒田前掲註(3)著書、本書第四章「戦国大名被官としての土豪」（初出二〇一〇年）。
(78)黒田前掲註(59)著書。

(79)　黒田前掲註(3)著書。
(80)　「鎮守八幡宮供僧評定引付」永正十三年十一月十二日条(「東寺百合文書」ね函四八)。同様の事例は播磨国大部庄(徳永前掲註(74)論文)・播磨国鵤庄(稲葉前掲註(2)著書)においても確認できる。
(81)　「小田原区有文書」については、二〇〇六年滋賀県大石小田原地区における史料調査の際に閲覧、撮影させていただいた写真をもとに翻刻した。
(82)　「歴代古書年譜」については、長浜市立長浜城歴史博物館における史料調査の際に閲覧、撮影させていただいた写真をもとに翻刻し、同館の整理番号を付した。また、閲覧・撮影に際しては同館館長の太田浩司氏にお世話になった。あらためてお礼申し上げたい。
(83)　慶安三年十二月八日長浜村層百姓返答書(「大川家文書」一六四『日本常民生活資料叢書　第十五巻』)、および深谷幸治『戦国織豊期の在地支配と村落』(校倉書房、二〇〇三年)。
(84)　水本前掲註(11)著書。
(85)　藤田達生『日本中・近世移行期の地域構造』(校倉書房、二〇〇〇年)、黒田前掲註(59)著書。

# 補論　太閤検地・兵農分離と中近世移行期研究

## はじめに

本論の課題は、これまでに発行された通史シリーズを通じて、戦国期から中近世移行期に関する研究動向を整理することである。周知のとおり、当該期の研究では、現在まで通説となっている「中世」「近世」という時代区分をめぐって、古くから中世史・近世史双方の研究者によって激しい議論が積み重ねられてきている。これら議論の焦点は、中世と近世を分ける指標とされた太閤検地・兵農分離など、統一政権による諸政策の位置づけにあるといえるが、それがいまだに研究上の一つのアポリアであるという点において、中近世移行期研究の構図は、現在に至るまで基本的には変わっていないといえるかもしれない。

しかし、中世・近世という時代区分、あるいは中近世の断絶という見方に関して、それを考えるための視角や論点がまったく変わらなかったわけではもちろんない。これまでには、中近世移行期を考えるためのさまざまな切り口が提示され、そのなかで、中世と近世という枠組みを重視する議論と、また逆にその区別を相対化して中近世を連続的に捉えようとする議論が、対立しながら新たな視点を模索する動きを生み出してきた（1）。

それぞれの議論は、その時々の研究動向や社会的背景に規定され、かつ変化していく。したがって、時代時代に書かれた通史シリーズは、そうした時期的な特徴や変化の過程を捉える上で、格好の素材であるといえよう。だが本論では、紙幅と執筆者の能力の限界から、戦国期中近世移行期に関する議論すべてについて整理することはできない。そのため、ここでは中近世移行期を考える上で核となる太閤検地・兵農分離論を取り上げて、その研究推移を辿っていくことにしたい。

## 一　一九八〇年代までの太閤検地・兵農分離論

現在、近世の起点はどこかと問われれば、たいていはそのはじまりを太閤検地・兵農分離といった、統一政権の諸政策に求めるだろう。言うまでもなく、そうした見解を定着させる出発点となったのは安良城盛昭氏の研究である(2)。安良城氏の研究では、「名主」などによる中間搾取を否定し、全剰余労働部分の収奪を意図した太閤検地政策が、重層的な土地所有関係を整理し、中世的な家父長的奴隷を名請人として強制的に自立させた「封建革命」として高く評価される。生産力の発展に伴って進行していた小農民層の自立化状況を受けつつ、統一政権が小農民の土地保有を政策的に推し進めた「小農民自立政策」として、太閤検地を理解するわけである。

こうした安良城氏の学説は、いわゆる生産力発展論を背景とし、特に土地所有関係の歴史的性格・変化が、前近代社会の構造・進化を規定するという考えのもとに提起された議論であった。そのため、中世から近世への移行は、奴隷制から封建制へという、生産関係の変化と理解され、同時代の政策である兵農分離についても、封建的土地所有との関係から論じられることとなった。時として恣意的な収奪をし、直接耕作者である小農民経営を阻害する要因となる給人、すなわち封建領主たる「兵」を在地から引き離すことで、被搾取階級である「農」の小経営確立を促すこととなった点において兵農分離を土地所有問題と関連づけたわけである。安良城氏に至って、太閤検地とともに、兵農分離が封建制の確立と密接不可分の問題として議論されるようになったといえよう(3)。

では、これら統一政権の政策は、これまでの通史シリーズのなかでどう論じられてきたのか。安良城氏の議論から十年後、朝尾直弘氏は、太閤検地を重層的土地所有関係を排除した全剰余労働収奪の政策とした上で、土地所有関係を複雑化していた荘園制機構の打破を可能にしたのが、兵農分離による在地性を止揚した常備軍の形成であったと述べている(4)。こうした傾向は、安良城氏の議論にはじまる一九五〇年代の太閤検地論争が、検地帳・名寄帳研究や役屋体制論などの諸問題に展開しつつも、論争としての決着に至らなかったために、太閤検地そのものではなく、それと密接不可分の政策として行われた兵農分離に注目した六〇年代の研究状況を背景としている(5)。六〇年代は安良城氏が政策基調と捉えた小農自立政策の論点を継承し、実際にそれを実現せしめた幕藩体制の構造や流通体系・軍役の問題などの分析が盛んに行われた時期であったが、そうした研究状況に変化の兆しが現れるのが、七〇年代以降の通史シリーズである。

尾藤正英氏は、安良城氏が基盤とした発展段階論を歴史認識の基準とすることに対する疑問が、一九五〇年代の論争から二十年後の新たな動向になっていると指摘する(6)。安良城氏の議論では、奴隷制から封建制への進化を生産力発展に伴う歴史的必然として制度的に捉えるために、太閤検地による「革命」的な政策の動因については説明されない。ゆえに変化の過程を動態的に認識する方法、具体的には階級闘争の実像から当該期の社会変革を統一的に描く研究が盛んになってきているというのである。

実際に脇田修氏は、農民と封建領主との間の階級間矛盾に対する対処法として兵農分離を捉え、しかもそれは小農民側の要請ではなく、動揺した封建領主支配の再編成が封建領主層側によって必要とされた結果であったと述べる(7)。

脇田氏の議論からも明らかなように、土一揆や一向一揆、下剋上に代表される反権力闘争に対して、支配階級が行った反動的な封建的支配体制の再編、すなわち階級対立に伴う当該期社会の諸矛盾への対応の帰結として、兵農分離を理解した点に、当該期研究の特徴をみることができよう。このような見解の背景には階級闘争の視角があるわけだが、それを理解する上で欠かせない議論が、一九六〇年代後半から七〇年代に展開した中間層論である。

安良城氏の太閤検地論に対しては、小経営確立の時期をめぐって主に中世前期の研究者からの反論が新領主制論として提起されたが(8)、一方で、中世後期研究においては、戦国期を独自な時代として追究しようとした戦国大名研究によって、土豪層の動向に注目した研究が展開されることとなった(9)。戦国の動乱を在地剰余のゆくえをめぐる諸階層の激突と位置づけ、在地剰余生産物（加地子）をめぐる土豪と農民との対立を当該期の主要な階級矛盾と設定したのである。なかでも、土豪が在地剰余を確保するための経済外強制をどこに求めるか、ということが中間層論の主要な論点となり、上級権力への被官化による領主化（小領主化）と、土豪同士の横の連合による地主化の二方向が対立する議論として提示された。これら在地剰余をめぐる階級矛盾を重視する視角は、生産力発展による農民層分解と、その歴史的帰結として太閤検地・兵農分離を捉えようとした、安良城氏をはじめとする生産力一元論への克服をめざしたものであった。

一九七〇年代以降の通史シリーズのなかでは、こうした中間層論を基軸に戦国社会の歴史的特徴が描かれるようになるが(10)、そこで土豪と農民との階級対立を、克服すべき戦国期の主要な課題としたことにより、戦国大名にはなしえなかった両者の対立を止揚する権力として、逆に統一政権の対応を強調することとなった。太閤検地による土豪層の中間搾取の否定と、兵農分離による土豪層の在地離脱が、土豪と農民の厳しい対立状況に対して権力側が与えた一つの「解答」と位置づけられたのである。この点からもわかるように、階級闘争の視角からでは、安良城氏と同様に、統一政権の諸政策を「画期的」と位置づけざるを得なかったといえよう。

一方で、戦国大名研究のなかでは、中間層論を背景とした戦国大名の領国支配論が展開される。戦国大名による在地掌握には、中間層を支配の末端に軍役衆として組み込むことが必要不可欠であったためである(11)。と同時に、戦国大名検地に関する研究が加速し、検地で把握された「検地増分」に「名主加地子」が含まれていたことから、すでに太閤検地以前に戦国大名が在地剰余を把握していたことを指摘し、安良城太閤検地論への批判を試みたのである(12)。

しかし、逆に安良城氏が検地増分を「隠田」の摘発によるものと反論したことで、両者の論争は隠田摘発による面積の拡大か、名主加地子得分すなわち作合否定か、という議論に収斂していく(13)。結果として、太閤検地論争や中間層論、大名領国制論などは、安良城氏の提起した太閤検地・兵農分離の画期性と、中世・近世の断絶という枠組み自体の問い直しには至らなかった。その後、太閤検地・兵農分離をめぐる議論は、安良城理論に対する本質的な批判をみないまま、一九八〇年代の通史シリーズでは「通説」以上のことは語られなくなっていく。そうしたなかで、中近世移行期の枠組みを捉え直そうとしたのが、村論の視角であった。

## 二　村論以後の中近世移行期研究

すでにこれまでにも整理されているとおり、村をめぐる議論が大きく転換したのは、一九八五年以降のことである(14)。勝俣鎮夫・藤木久志両氏の研究が、その後の村論を牽引していくことになったが、両者の議論の特徴は、従来の〈領主・農民関係〉論から〈自力の村対領主〉論へ分析視角を移したことにあった(15)。こうした視角の転換を含めて、従来の村研究の軌跡をまず確認しておこう。

通史シリーズのなかで、村を本格的に扱った最初は、おそらく石田善人氏であろう。(16) ここで石田氏は、「農民と土地と村落とが三位一体的な結合をもつ村共同体としての実体」を示す指標として、「①村落が一個の完結体として確立し、②そこに住む農民が独立的な小規模経営を営みうる態勢が存在し、③かつそれらの農民が村落と不可分に密着しており、④村落が再生産の手段としての不動産（田畠・山林・屋敷など）や所職・動産を所有し、灌漑用水を管理し、⑤年貢を農民の責任で上納する地下請が成立し、⑥さらに農民の手でみずからの生活を律するための法規制、またはそれに違背する者を処罰しうる検断事実の存在」を挙げた。そして、こうした特徴を中世の村のなかに捉える切り口として、室町期の「惣村」にみられる惣有財産、年貢の地下請、惣掟や自検断の問題を挙げた。

石田氏の議論では、村共同体の指標や惣村の特質など、現在の村論の起点ともなる議論が提示されたが、このような観点から中世の村を描き出した通史シリーズは、一九八〇年代以前では、いまでも村研究の中心的な事例である和泉国日根野荘を事例に、村の運営機構や村正員の維持、村の平和、裁判の問題などを論じた杉山博氏の研究しかほとんどみられない。(17) それ以外は、久留島氏も指摘するように、「村は一揆を生み出す場か、そうでなければ土豪・地侍による支配の場」(18) としての地位しか与えられておらず、村社会を単独で扱った文章はみられない。(19)

しかし、石田氏の村落理解も、近世的村落への移行という側面において、当該期の研究状況を色濃く反映している。たとえば、自治的な惣村結合は戦国大名領国支配の確立に至って崩壊していき、その後形成される近世村落は、太閤検地によって「歯牙を抜かれ」た支配機構の末端組織であったとする。つまり、中世の村から近世の村へは直接的に継続しない断絶があり、まさにその移行過程が課題として残されたわけである。以後、この課題を村の具体像の追究から解明しようとする動きは、近世史研究の側から現れてくる。

水本邦彦氏は、近世における村落の位置づけを深化させることが、幕藩制国家の構造的特質を明らかにする鍵と捉え、「村方騒動」と「村役人の役割・位置」をその解明のための切り口とした[20]。水本氏は、中世末期における「年寄中」による年貢請負体制から、幕藩体制確立の過程で、新たに設定された「庄屋」個人請への転換が、それまで同列だった年寄衆中との対立を生み、初期村方騒動を発生させたと述べる。これにより、庄屋＋年寄衆による集団運営方式が確立するが、それに続く前期村方騒動での小百姓衆の運動が、さらなる村構成員の村政参加を可能にしたとする。

水本氏の議論では、庄屋の設定が中世と近世を分ける政策として重視され、その後の年寄衆による集団運営方式によって、中世末期以来の自力の村に回帰したと捉えられている。つまり、「否定と再生」（断絶と継承）というシェーマで中近世移行期を理解するのである。一方で、水本氏の議論を、中世の村から近世の村への移行のなかで連続的に把握しようとする動きは、中世史研究の側から現れてくる。それが、勝俣氏の「村請制」「村町制」論であり、藤木氏の「自力の村」論であった[21]。

両氏の研究によって、年貢や公事納入の請負・貢納儀務と、それに対する領主の責務という、村と領主との相関関係や、武力を伴う村の自力救済・自検断の方法、村の内部組織と他村との関係など、村に視点を据えたことでみえてくる村の本質が明確化されたといえよう。そのなかで、特に重要な点は、両氏の研究が、近世まで繋がる村の特質を、中世後期の村の特質のなかに発見したことである。なかでも、中世の村と近世の村との断絶を象徴するとされた庄屋の存在が、十四世紀末にまで遡ると確認された現在では、中世・近世の移行を、単に兵農分離等々による断絶とのみ捉える理解に、修正が迫られているといえよう。

こうした村論の展開をうけて、一九九〇年代以降に発行された通史シリーズでは、ほぼ例外なく村の問題が取り上げられることとなったが、その上で中近世移行期を連続した時代として理解する場合、やはり問題となるのは太閤検地・兵農分離をどう捉えるかであろう。以下、太閤検地・兵農分離理解について、九〇年代以降の通史シリーズでの見解と、その背景となった研究動向をみておこう。

太閤検地については、検地の実施方法や検地基準、石高理解に関する具体的な研究の進展とともに、通説的な太閤検地理解の捉え直しが進んでいる。通史シリーズのなかで池上裕子氏は、太閤検地を豊臣政権による独自の政策とする理解に対して、太閤検地がそれに先行する織田政権の方針を継承した政策であったことや、太閤検地で設定された反別一石五斗という斗代が「生産高」ではなく「年貢高」であり、しかも当時の人々にとっての標準的な値であったことなどから、安良城太閤検地論に対する本質的な批判を行った(22)。

また、近世の村や百姓の土地所有に関する研究において、検地帳を土地所有の根拠とするようになるのが、太閤検地が実施された後の寛文・延宝期以降であったこと、中世末期の土豪の土地所有が、江戸時代以降も継承されていたことが解明されたことは(23)、小農自立を統一権力の政策基調と捉える理解に一石を投じることとなった。これらの研究は、太閤検地の画期性や中近世の断絶という議論を根本から覆すものであり、中近世移行期研究に再検討が必要となったことを示したといえよう。

一方、兵農分離に関しても、新たな動きが出てきている。兵農分離を、在地において百姓支配を拡大する土豪の存在を否定し、城下町集住を前提とした「兵」と、在地居住を継続する「農」に強制的に分ける政策という理解に対し、こうした兵と農の区分は、中世後期以来存在したことを提示した「中世的兵農分離」論である。勝俣鎮夫氏は、すでに村論以前に、戦国大名の百姓に対する軍事動員が、非常時の、しかも日数制限のある特別な場合に限られていたことをもって、戦国段階で兵と農の区別があったことを指摘している(24)。その後藤木久志氏は、軍役を務める「兵」と、陣夫役(夫役)を務める「農」という役割分担がすでに中世社会に存在しており、その後の刀狩令をはじめとした豊臣政権の対百姓政策を、「農の成熟」を前提とした職能別身分編成と捉える見解を示した(25)。

これらの研究をうけて、新たな兵農分離理解を、通史シリーズのなかで提示したのが稲葉継陽氏である。稲葉氏は、戦国大名領国下において村共同体を主導していた土豪層であり、戦国大名の在村給人となっていた存在を、「中世的兵農分離」の「兵」と位置づけ、彼らに従う武家奉公人が在地社会から提供されていたことを指摘した(26)。その上で、「戦乱の継続、さきにみた在村下級給人の増加は、このような郷村における奉公人需要に拍車をかけ、それは陣夫役の賦課ともあいまって、郷村の成り立ちと「農の成熟」に逆行する方向でのみ作用した」とし、豊臣政権における「身分統制令」や「人払令」といった兵農分離政策は、こうした下級奉公人と百姓とを区分したものと位置づけた。

稲葉氏のこうした見解は、藤木氏が明らかにした戦場における「雑兵たちの世界」を背景に、稼ぎ場としての戦場への村人の流出と、それによる「村の疲弊」への対応として、兵農分離政策を捉えた理解であった。この理解は、これまで在村給人のような土豪層の否定と武士の城下町集住とによる兵農分離という見解に対する、新たな兵農分離像を提示したといえ、これにより旧来の兵農分離像からの脱却が、今後の課題として浮かび上がってきたといえよう(27)。

## おわりに

本論では、通史シリーズを中心に、太閤検地・兵農分離に関する研究動向に絞って、中近世移行期研究の推移を辿ってきた。戦後歴史学のなかで、太閤検地・兵農分離に関する理解は変化しつつあるが、いまだにはっきりとした決着はついていないというのが現状であろう。

今後さらなる追究が必要であるが、その際にはやはり「中世史」「近世史」という研究の分断状況を変革する必要があるだろう。通史シリーズをみてもわかるように、これまで「中世」「近世」という枠を越えて、戦国期から江戸時代初期までを取り上げた通史の巻はみられない。通史シリーズの編成自体に、すでに中世と近世の断絶が想定されているのである。こうした状況を打破するためには、中世・近世という枠にとらわれず、それを踏み越える研究視角が今、求められているといえよう。

## 註

（1）時代区分をめぐる研究動向については、久留島典子「日本前近代史の時代区分―一五―一七世紀の社会変動―」（歴史学研究会編『歴史学における方法的転回』所収、青木書店、二〇〇二年）に簡潔に整理されている。

（2）安良城盛昭「太閤検地の歴史的前提」（同『日本封建社会成立史論　上』所収、岩波書店、一九八四年、初出一九五三年）・同「太閤検地の歴史的意義」（同『幕藩体制社会の成立と構造〔増訂第四版〕』所収、有斐閣、一九八六年、初出一九五四年）。

（3）兵農分離の研究動向については、稲葉継陽「兵農分離ノート―戦争と平和の視角から―」（『文学部論叢（熊本大学）』第七三号、二〇〇一年）に整理されている。

（4）朝尾直弘「豊臣政権論」（『岩波講座日本歴史9　近世1』所収、岩波書店、一九六三年、のち同『朝尾直弘著作集第三巻　将軍権力の創出』再録、岩波書店、二〇〇四年）。

（5）こうした研究動向については、三鬼清一郎・筧真理子・北島万次「織豊政権」（『日本歴史大系8　幕藩体制の成立と構造上』所収、山川出版社、一九九六年）および、野尻泰弘「近世地域史研究の潮流」（『歴史評論』七三一号、二〇一一年）を参照。

（6）尾藤正英「近世史序説」（『岩波講座日本歴史9　近世1』所収、岩波書店、一九七五年）。

（7）脇田修「織豊政権論」（『講座日本史4　幕藩制社会』所収、東京大学出版会、一九七〇年）。

（8）新領主制論については、菊池浩幸・清水亮・田中大喜・長谷川裕子・守田逸人「中性在地領主研究の成果と課題」（『歴史評論』六七四号、二〇〇六年）を参照。

（9）中間層論に関する研究史整理は、宮島敬一「村落領主論（中世）」（『日本村落史講座1　総論』所収、雄山閣、一九九二年）および拙稿「中世・近世土地所有史の現在」（同『中近世移行期における村の生存と土豪』所収、校倉書房、二〇〇九年、初出二〇〇四年）を参照。

（10）藤木久志「戦国の動乱」（『講座日本史3　封建社会の展開』所収、東京大学出版会、一九七〇年、のち「戦国期社会における中間層の動向」と改題し、同『戦国社会史論』再録、東京大学出版会、一九七四年）、峰岸純夫「村落と土豪」（『講座日本史3　封建社会の展開』東京大学出版会、のち同『日本中世の社会構成・階級と身分』再録、校倉書房、二〇一〇年）・同「検地と土豪・農民」（『日本民衆の歴史3　天下統一と民衆』所収、三省堂、一九七四年）など。

（11）藤木久志「戦国大名と百姓」（『日本民衆の歴史3　天下統一と民衆』所収、のち「村の百姓と戦国大名」と改題し、同『戦う村の民俗を行く』再録、朝日選書、二〇〇八年）、永原慶二『日本の歴史　第14巻　戦国の動乱』（小学館、一九七五年）・同「大名領国制の構造」（『岩波講座日本歴史8　中世4』所収、岩波書店、一九七六年、のち同『永原慶二著作選集　第6巻　戦国期の政治経済構造・戦国大名と都市』再録、吉川弘文館、二〇〇七年）など。

（12）有光友學「戦国大名今川氏の歴史的性格—とくに「公事検地」と小領主支配について—」（『日本史研究』一三八号、一九七四年）、勝俣鎮夫「戦国大名今川氏検地の一事例」（同『戦国法成立史論』所収、東京大学出版会、一九七九年、初出一九七五年）・同「戦国大名検地の施行原則」（同前掲書所収、初出一九七六年）など。

（13）安良城盛昭「戦国大名検地と「名主加地子得分」・「名田ノ内徳」—勝俣鎮夫『戦国法成立史論』によせて—」（同前

掲註（2）『日本封建社会成立史論　上』所収、初出一九八一年）、勝俣鎮夫「戦国大名検地について―安良城盛昭氏の批判に答える―」（『史学雑誌』九二編二号、一九八三年）。

（14）村論に関する研究史は、稲葉継陽『戦国時代の荘園制と村落』（校倉書房、一九九八年）および、黒田基樹『中近世移行期の大名権力と村落』（校倉書房、二〇〇三年）の序章を参照。

（15）藤木久志『村と領主の戦国世界』（東京大学出版会、一九九七年）の「はしがき」を参照。

（16）石田善人「郷村制の形成」（『岩波講座日本歴史8　中世4』所収、岩波書店、一九六三年）。

（17）杉山博『日本の歴史11　戦国大名』（中央公論社、一九六五年）。なお、同書の執筆事情については、二〇〇五年に中公文庫から発行された新装版の「解説」を参照。

（18）久留島前掲註（1）論文。

（19）例えば、石井進「中世社会論」（『岩波講座日本歴史8　中世4』所収、岩波書店、一九七六年、のち同『石井進著作集　第6巻　中世社会論の地平』再録、岩波書店、二〇〇五年）では、石田氏の郷村制研究を継承し、自力救済をはかる惣の主体性を評価しつつも、その反面、「領主のイエ支配権の拡大に対する抵抗の組織」としての側面を重視している。村落上層百姓や村落領主と対立する拠点としての惣村イメージが強い見解といえよう。

（20）水本邦彦「初期「村方騒動」と近世村落」（同『近世の村社会と国家』所収、東京大学出版会、一九八七年、初出一九七四年）・同「前期村方騒動と小百姓」（『講座日本近世史　三』所収、有斐閣、一九八〇年、のち同前掲書に再録）。

（21）勝俣鎮夫「戦国時代の村落」（同『戦国時代論』所収、岩波書店、一九九六年、初出一九八五年）、藤木久志『豊臣平和令と戦国社会』序（東京大学出版会、一九八五年）。

（22）池上裕子『日本の歴史15　織豊政権と江戸幕府』（講談社、二〇〇二年）・同「検地と石高制」（『日本史講座第五巻

近世の形成』所収、東京大学出版会、二〇〇四年)。こうした見解は、早くから安良城氏に対する批判として提起されていたが、その後の近世史研究における安良城理論の批判的継承のなかで、ほぼ黙殺されていた。それが、ようやく八〇年代以降に再評価されたという意味でも、中近世移行期を考える上で重要であるといえよう。なお、安良城太閤検地論に対する本質的な批判の動向については、黒田前掲註(14)書の序章および、拙稿前掲註(9)論文を参照。一方、水本邦彦氏は、池上氏らの「斗代＝年貢高」・「検地帳石高＝年貢賦課基準高」という説に対して、実際の年貢徴収は「検地帳石高―免除高＝年貢石高」であり、その意味で検地帳石高を生産高に近い数値とした旧来の説も成り立ちうると、新説への難点を指摘している(同『全集日本の歴史十　徳川の国家デザイン』、小学館、二〇〇八年)。その上で、「生産高＝年貢高」であれば、「斗代＝年貢高」と「斗代―免除高＝年貢高」が同時に成り立ちうる仮説を立てている。

(23)　神谷智「近世初中期における質地証文と百姓高請所持」(同『近世における百姓の土地所有―中世から近代への展開』所収、校倉書房、二〇〇〇年、初出一九九四年)・同「中近世移行期における土地売買と村落」(渡辺尚志編『新しい近世史4　村落の変容と地域社会』所収、新人物往来社、一九九六年五月、のち同前掲書に再録)、渡辺尚志「村の世界」(『日本史講座第五巻　近世の成立』所収、青木書店、二〇〇四年、のち同『近世の村落と地域社会』再録、塙書房、二〇〇七年)、拙稿「土豪の土地所有と村」(同前掲註(9)著書所収、初出二〇〇一年)。

(24)　勝俣鎮夫「戦国法」(『岩波講座日本歴史8　中世4』所収、岩波書店、一九七六年、のち同前掲註(13)『戦国法成立史論』に再録)。

(25)　藤木久志「村の動員」(同前掲註(15)著書所収、初出一九九三年)。

(26)　稲葉継陽「兵農分離と侵略戦争」(池享編『日本の時代史13　天下統一と朝鮮侵略』所収、吉川弘文館、二〇〇三年、のち同『日本近世社会形成史論―戦国時代論の射程』再録、校倉書房、二〇〇九年)。

（27）　従来の兵農分離論では、近世では名主・庄屋となるような、年貢納入の責任者（多くは在郷被官となっていた者）も、兵農分離の対象として想定していた。しかし、武士としての属性を強めていった土豪と、村の成り立ちとの関係を重視した土豪とでは、近世への移行のなかで自ずとその動向は異なってくる。実際に、在郷被官が村に残らないと、年貢の徴収もままならない。したがって、兵農分離については、どういう存在を対象としたのかについての検討も引き続き必要になってくるといえよう。

# あとがき

二〇一一年、私たちは東日本大震災という「未曾有」の大災害を経験した。本書に収めた論文のうち、一番新しいものはこの年に発行されたものである。三月十一日、東日本大震災が起こったときは、翌日に開催する予定であった歴史学研究会大会中世史部会報告第二回準備会で報告するために、千葉の実家でレジュメを作っていたが、実家は東京湾岸の埋立地に立地していたために液状化を免れず、被災地となった。当然、準備報告会は延期となり、私もレジュメ作成を一時中断して、地域の人びととともに液状化で吹き出た土砂の撤去に一日を費やしたが、それはまさに、普段さほど意識していない地域コミュニティが危機的状況において、自発的に立ち上がった瞬間でもあった。私自身、前著以来「村の生存」を念頭に研究を進めてきたが、三・一一を経て、さらにその視角への意識を強くしつつ、新たな課題に取り組んでいかなければならないと考えている。そのためにもまず、これまでの自分の研究を整理しておきたいという思いから、戦国期の地域権力・惣国一揆論を中心に一書にまとめることにした。

本書は、著者にとって二冊目の論文集となる。立教大学大学院博士課程後期課程に在学中の二〇〇〇年、初めて学術雑誌に載せてもらった論文から、二〇一一年の歴研大会中世史部会報告まで、十二年にわたって執筆してきた文章が収録されている。そのため、特に昔の論文には表現に未熟なところも多く、最近の文章との違いが顕著にみてとれるが、そのようなところもこれまでの自分の研究の軌跡として、恥ずかしながらもそのまま載せることにした。本書の刊行は筆者が福井に来てから、ということになるが、収載している論文はいずれも筆者が関東に在住していた時に執筆したものである。したがって、執筆にあたっては立教大学の藤木久志先生・蔵持重裕先生、およびそのもとでのゼミをはじめとして、村落交流史研究会、歴史学研究会中世史部会、東京歴史科学研究会、戦国史研究会、井戸村文書研究会など(とりわけ、ゼミや各研究会のあとに必ず開催される飲み会)における議論が元になっている。福井に来てからは、これらの研究会(飲み会)に参加する機会はかなり減少したものの、いまだに私の研究や発想を支えてくれている重要な場となっている。

首都圏と違い、研究会の数や機会が少ない福井においては、石川県金沢城調査研究所の木越隆三氏とともに立ち上げ、福井・石川・富山三県の研究者とともに年三回程度開催している北陸中近世移行期研究会が、私にとって日本中世史・近世史研究の現状について議論するほぼ唯一の場となっている。その他、福井県内では文化財・博物館行政に携わるさまざまな分野の研究者が集まる「名無し研究会」という研究会が月一で開催されており、そのサブグループ研究会では、特に歴史分野の研究者とともに福井に関わる史料の講読会が行われている。また、二〇一四年度より文部科学省科学研究費補助金を取得し、現在福井県朝倉氏遺跡研究協議会の会長を務めておられる池上裕子氏や、一乗谷朝倉氏遺跡資料館の佐藤圭氏らとともに、朝倉氏関係史料の収集と一乗谷周辺村落の現地調査を行っている。以上の会合が、私の福井での研究環境を豊かなものにしてくれている。今後においても、中世・近世の史料が豊富な福井県の研究を進めていく上での貴重な示唆を私に与え続けてくれるだろう。

また、福井は歴史的遺構が数多く残る土地柄のためか、私が福井に赴任してからは戦国史研究会(二〇一四年九月)や民衆思想研究会(二〇一五年八月)をはじめとして、毎年、多くの研究者が福井に調査・巡見に訪れてくれる。その多くは八月・九月に集中するため、かなりタイトなスケジュールとなることもあるが、福井に住んでいると、関東および各地の人たちと交流し、情報交換する機会をなかなか持てないため、私や福井在住の研究者にとってはとてもよい刺激になっている。地方にあっては、史料・文献を入手することさえ困難な状況にあり、研究者のみならず、卒業論文・修士論文を執筆する学生の不便さは、首都圏などの都市部と比べて格段の差があると実感している。現在の研究環境は、福井に来るまでの私の研究環境がいかに恵まれていたかを逆に示している。

そのため、慣れない土地での生活を当初は周りの人たちに心配されたけれども、福井で出逢った人たちが、「(私が福井に来てから)飲み会が増えた」、と言いながらも飲みに付き合ってくれるためか、私の福井での生活はわりと充実している(ただし後述するように勤務大学の職場環境を除いては、であるが)。また、幸いにも同世代が多い職場で同僚にも恵まれ、定期的に「女子会」(?)と称して集まっては日々の憂さを晴らしている。さらに、大学・大学院時代以来の旧友である野口華世氏・高松百香氏・鈴木織恵氏・石田浩子氏・伊藤瑠美氏とは、某氏がわれわれに命名した(?)という「奇女」を文字って「KJO」というラインのグループを作り、毎日、少し目を離すと未読が三〇〇を超えるくらい頻繁に「会話」をしている。そのため、自分が彼らとは遠く離れた場所にいるということをたまに忘れるほどである。以上の人たちはみな、隙あらばすぐ怠惰になる私を励まし、奮い立たせてくれるかけがえのない存在である。

今回この本をまとめることができたのは、このように多くの人たちによる支えがあってのことであるが、なにより日々の忙しさにかまけて遅々として作業が進まない私を、根気強く待ってくれた岩田書院の岩田博氏のおかげである。本文と図版を入れたまま、序章の執筆が大幅に遅れてしまったにもかかわらず、学会等の書籍販売で会えば必ず笑顔で迎えてくれた。その岩田氏のご厚意に甘えっぱなしになってしまい、たいへんご迷惑をお掛けしてしまった。本書の刊行をこころよく引き受けてくれた岩田氏には、感謝とともにお詫びを申し上げねばならない。

二〇一二年に福井に移り、早いものでもう四度目の冬を迎えようとしている。移住当初、山々の雪景色に高揚していた気持ちもすっかり落ち着き、今では「また長靴の季節がやってくる(泣)」という気分である。加えて、ここ数年で大学をめぐる環境は急激に悪化し、「大学ガバナンス改革」と称して進められた諸規則改定、さらには人文・教育系学部の廃止や社会的要請の高い分野への転換を求める通知によって、「大学の自治」および「学問の自由」は奪われつつある。また、国立大学に対する運営費交付金を大幅に削減し、「自己収入」を増やしてまかなうという財務方針が示され、「大学崩壊」の危機が叫ばれている。一方でつい最近では、「安全保障関連法」が強行採決されるなど、「民主主義」が踏みにじられ、「立憲主義」がないがしろにされる現況のなかで、ともすれば漠然とした将来への不安に押しつぶされそうになるが、このような時代の変革期にこそ歴史学が果たしうる役割があるだろうし、そのなかで自分がここ福井できることもあるだろう。常に現状を冷静にみつめ、対応・行動できる柔軟さを持ち合わせていたいと思う。

最後に、実家を離れて福井に来てからも変わらず、私の一番のよき理解者として支え続けてくれている両親に、これまでの感謝を込め、また今後の健康・長寿を祈念してこの本を捧げたい。

二〇一五年十一月

長谷川　裕子

# 初出一覧

序　章　本書の視角と構成　（新稿）

## 第一部　戦国期領域権力の構造

第一章　戦国期「家」権力論の成果と課題
（原題「戦国期在地領主論の成果と課題」『歴史評論』六七四号、二〇〇六年、を修正・加筆）

第二章　畿内近国「国衆」の動向とその性格
（原題「戦国期畿内周辺における領主権力の動向とその性格―近江国坂田郡箕浦の今井氏を事例として―」『史苑』六一巻一号、二〇〇〇年）

第三章　「大原同名中与掟写」にみる「同名中」領の基礎構造
（原題「新出「大原同名中与掟写」の紹介と検討」（『国史学』一八〇号、二〇〇三年、を修正）

第四章　戦国大名被官としての土豪
（原題「北条氏照領国の土豪―小田野氏と三沢十騎衆―」『多摩のあゆみ』一三九号、二〇一〇年）

第五章　戦国期における村請の構造と土豪
（原題「東国の郷村にみる村の構造―下総国八木郷と上野国北谷郷を事例として―」『中世房総と東国社会』岩田書院、二〇一二年）

第二部　戦国期領域権力の特質

第六章　用水相論の実態と戦国大名権力

（原題「中近世移行期村落における用水相論の実態とその展開―近江国姉川・高時川用水を事例に―」『立教日本史論集』八号、二〇〇一年）

第七章　紛争裁定にみる戦国大名権力の特質

（原題「紛争裁定にみる戦国大名権力の特質―分国法・裁判文書の検討を通じて―」『史苑』六九巻 合併号、二〇〇九年）

第八章　惣国一揆権力の紛争裁定

（原題「戦国期における紛争裁定と惣国一揆―甲賀郡中惣を事例に―」『日本史研究』四八二号、二〇〇二年）

第九章　惣国一揆権力の平和維持と軍事行動

（原題「惣国一揆の平和維持と軍事行動―伊賀・甲賀の他国奉公と「足軽」―」『京郊圏の中世社会』高志書院、二〇一一年）

第十章　十五～十七世紀における村の構造と領主権力

（原題「15～17世紀における村の構造と領主権力」『歴史学研究』八八五号、二〇一一年）

補　論　太閤検地・兵農分離と中近世移行期研究

（原題同じ、『歴史評論』七三四号、二〇一一年）

**著者紹介**


長谷川　裕子（はせがわ・やすこ）

1972年　千葉県生まれ
1995年　明治大学文学部史学地理学科卒業
2002年　立教大学大学院文学研究科博士課程後期課程満期退学
2008年　博士（文学・立教大学）取得
現　在　福井大学教育地域科学部准教授


**主要論著**

『中近世移行期における村の生存と土豪』（校倉書房、2009年）
『中世・近世土地所有史の再構築』（共編著、青木書店、2004年）
「湖西の村の「生存史」―鵜川をめぐる小松・打下の三百年闘争　」
（蔵持重裕編『中世の紛争と地域社会』、岩田書院、2009年）
「近世前期の地域社会と村域形成」（渡辺尚志編『畿内の村の近世史』、清文堂、2010年）
「東国の郷村にみる村の構造―下総国八木郷と上野国北谷郷を事例として―」
（佐藤博信編『中世房総と東国社会』、岩田書院、2012年）
「「生存」をめぐる中近世移行期研究」（『人民の歴史学』197号、2013年）
「戦国時代の戦場と足軽・傭兵―非常勤兵士の実像―」
（高橋典幸編『生活と文化の歴史学5　戦争と平和』、竹林舎、2014年）
「江戸時代初期の越前に現れた「領」―結城秀康・松平忠直の領国支配機構―」
（『福井大学教育地域科学部紀要』4号、2014年）
「「モノのもどり」をめぐる日本中・近世史研究」（『歴史評論』779号、2015年）
「越前朝倉氏にみる戦国武将の自他認識―『朝倉宗滴話記』が語る戦国社会―」
（『戦国史研究』70号、2015年）

**戦国期の地域権力と惣国《そうごく》一揆《いっき》**　中世史研究叢書28

2016年（平成28年）1月　第1刷　400部発行　**定価[本体7900円＋税]**
著　者　長谷川 裕子
発行所　有限会社岩田書院　代表：岩田　博　http://www.iwata-shoin.co.jp
〒157-0062 東京都世田谷区南烏山4-25-6-103　電話03-3326-3757 FAX03-3326-6788
組版・印刷・製本：亜細亜印刷

ISBN978-4-86602-941-2 C3321　¥7900E